中国近代基层社会治理著作整理丛书

主　编　但彦铮　胡尔贵
副主编　佘杰新

比较地方自治论

吕　复　著　　徐吕子　李超杰　整理

知识产权出版社
全国百佳图书出版单位

—北京—

图书在版编目（CIP）数据

比较地方自治论/吕复著；徐吕子，李超杰整理. —北京：知识产权出版社，2025.1

（中国近代基层社会治理著作整理丛书/但彦铮，胡尔贵主编）

ISBN 978－7－5130－9134－3

Ⅰ.①比… Ⅱ.①吕… ②徐… ③李… Ⅲ.①地方自治—研究—中国—民国 Ⅳ.①D693.62

中国国家版本馆 CIP 数据核字（2024）第 009075 号

责任编辑：常玉轩 林竹鸣	责任校对：谷 洋
封面设计：陶建胜	责任印制：孙婷婷

中国近代基层社会治理著作整理丛书

主编 但彦铮 胡尔贵

副主编 佘杰新

比较地方自治论

吕复 著

徐吕子 李超杰 整理

出版发行	知识产权出版社有限责任公司	网 址	http://www.ipph.cn
社 址	北京市海淀区气象路 50 号院	邮 编	100081
责编电话	010-82000860 转 8792	责编邮箱	linzhuming@cnipr.com
发行电话	010-82000860 转 8101/8102	发行传真	010-82000893/82005070/82000270
印 刷	北京中献拓方科技发展有限公司	经 销	新华书店、各大网上书店及相关专业书店
开 本	720mm×1000mm 1/16	印 张	21.75
版 次	2025 年 1 月第 1 版	印 次	2025 年 1 月第 1 次印刷
字 数	232 千字	定 价	120.00 元

ISBN 978－7－5130－9134－3

出版权专有 侵权必究

如有印装质量问题，本社负责调换。

总　序

国家安全是民族复兴的根基，社会稳定是国家安全的支柱。而维护社会秩序和实施安全治理，不仅需要正确的理论指导，还需要科学合理的制度设计以及充分且多样化的实践。因此，坚持理论与实践有机结合，坚持"古为今用、洋为中用"的理念，兼收并蓄，立足国情和当前实际并放眼未来，积极进行理论创新、制度创新和实践创新，才能不断夯实社会稳定的基础，进而建设高水平的平安中国。

为了全面、详细和系统地了解安全治理的理论渊源、制度变革及政策实践，我们与中国社会科学文献出版社合作，陆续推出了"安全治理研究"系列丛书第一批译丛。该系列译丛，主要以警察科学的知识和理论体系的建构为主要内容，因此，既有百科全书这样的巨著，又有西方警察发展历史及其警察学教材，还包括当代警务改革、警察科学理论以及安全治理理论发展方面的最新著作。这些著作的译述，能够帮助我们了解西方警察学术的发展历程及其最新发展。而后，我们又与知识产权出版社合作，推出了"社会治理丛书"两辑。该系列丛书中的译著，主要关注的是各国运用警察学、犯罪学和相关理论维护社会秩序和实施安全治理活动中的经验做法，兼具理论与实践。同时，该丛书还包括部分以我国当前的社会治理和犯罪治理问题为导向，进行专题实证研究的学术著述。"读史可以明智。""了解和熟悉历史才能把握现在；研究并洞悉现在才能展望未来。"警察在社会与安全治理的过程中，具有十分重要的地位作用。我们与法律出版社合作，推出了"民国时期警政研究校勘丛书"。该丛书收录了民国时期警政研究的代表性作品，是一套兼具警政研究学术价值、警察制度史料价值和警政实务现实意义的优秀丛书，丛书作者都是民国时期的专家。

今天，我们再次选择与知识产权出版社合作，推出"中国近代基层社会治理著作整理丛书"，通过历史透镜，审视近代中国乡村社会的村治历程、举措及其经验，可以为我们思考如何全面推进乡村振兴战略提供历史借鉴。2021年中央一号文件《中共中央 国务院关于全面推进乡村振兴加快农业农村现代化的意见》提出："深入推进平安乡村建设。"党的二十大报告强调要完善社会治理体系，并指出："健全共建共治共享的社会治理制度，提升社会治理效能""建设人人有责、人人尽责、人人享有的社会治理共同体"。为此，我们挑选《比较地方自治论》《地方自治概论》《地方自治述要》《乡村自治》《村治之理论与实施》《村制学讲义》《地方自治概要》《农村自治实验记》《地方自治通论》《中国各市自治概述》等十余本富有价值的民国专著，全面掌握当时地方自治、村民自治的历史背景、实践探索、制度机制。尽管时代发生了诸多变化，但是，民国时期以及近现代的过往实践和当时学者的思考、研究和建言，仍然具有一定的借鉴意义。有些做法，我们未必赞成，但足以引起思考；有些做法，值得我们借鉴，则更见现实意义；有些做法，已显得不合时宜，但反观其与当时时代的紧密联系，也足以给我们启发。尽管原作者在当时所处的政治立场不同、身份特殊，但他们不乏真知灼见。"温故而知新"，我们还可以说"温故而创新"。希望这种"温故"的工作足以让我们在全面推进乡村振兴战略过程中"知新"，进而做到"创新"。"沉舟侧畔千帆过，病树前头万木春"，我们期盼这些著作的重新整理，在剔除原作者政治立场之后，读者以现代的眼光审视这段历史中有关社会与安全治理的理论、制度及其实践，能够做到古为今用，开卷有益。

我们深信，在全面推进依法治国、推进中国式现代化的历史征程中，通过古今中外有关安全治理和社会秩序维护的理论、制度及其实践的梳理，可以进一步提升我们的理论水平，增强对中国特色社会主义的理论、道路、制度和文化的自信心。

由于时代不同，整理工作实属不易，即便我们用尽了"洪荒之力"，仍有可能存在不足与问题，万望各界专家海涵并指正。最后我们要感谢西南政法大学师生和编辑同志对本丛书出版的大力支持，感谢他们倾囊相助，无私奉献！

编校组
2023 年 11 月·山城重庆

凡　例

1. 本套丛书的原著于1931—1948年陆续由商务印书馆、正中书局、大东书局、昌明书屋、民智书局、村制月刊社等出版发行。此次整理出版，均以当时出版发行的底本为据。

2. 为方便今天的读者，此次整理将原著的繁体竖排全部改为简体横排。繁体字统一改为规范简体字，规范简体字参考《通用规范汉字表》（2013年版）。古体字、异体字（参考《第一批异体字整理表》及历次修改内容）的改动于原文无损者，一般改为规范简体字；部分可能引起误解的人名、地名酌情保留。通假字、异形词、非推荐词仍予保留。

3. 原著中因排字等原因造成的明显错误，如"已""己""巳"等，此次整理时据上下文径改，不作特别说明；对于脱字和衍字，改动不存在疑问、不影响文意的，整理时径改，不另行说明；书中出现的外国名词拼写出现的明显错误，也径改不注。

4. 为了保持原著意味，某些民国时期习惯使用的表达方式和用词，不影响当今读者的阅读和理解，如"著、着""的、地、得""吗、么"等混用情形，均不作修改。

5. 对当今不经常使用的某些字词，或者容易出现歧义、理解有困难的字词，由整理者以脚注方式进行注释。

6. 原著大部分没有标点，少部分只有句读，此次整理时以《标点符号用法》（GB/T 15834—2011）为依据重新加以标点。

7. 由于作者的政治倾向和时代局限，书中一些地方存在不当评论与表述，整理时予以标明或作删除处理。

8. 图表位置尊重原文，适当作修图处理。文中示意图排版时重新绘制，图题一律放置图下。表重新绘制，表题放置于表上，跨页加"续表"二字。

9. 数字、纪年如为汉数，尊重原文尽量不作修改；数字为统计数据时，局部统一为阿数。

10. 脚注除特别说明，均为整理者注。

邹　序

全民政治，为中国国民党政治建设之最高理想，此在国父遗教中，规定甚明，而其实现之关键，则在地方自治。《建国大纲》规定：县为自治单位，凡一省全数之县皆达完全自治者，得选举省长，为本省自治之监督；全国有过半数省份达于完全自治，则召开国民大会，颁行宪法，实施宪政。故地方自治，为实施宪政之基础，亦即全民政治之基础。

现值抗战建国时期，国家庶政殷繁。举凡兵役、工役、公债、粮政、限价等特殊事项，尤非动员全民自动踊跃推行不可。而动员全民之最有效办法，厥为地方自治。苟自治制度健全，自治工作齐举，则国家施政当可事半功倍。故地方自治者，实亦抗战必胜、建国必成之必由蹊径也。

健秋先生系国会老同事，对地方立法夙多致力。护法之役，联袂随国父南下，嗣粤省倡议自治，乃相与研拟地方自治法规，建议特多；又曾身任河北定县县长，实际经验积累极丰；二十年来执教燕京大学、中山大学，讲授比较地方自治，最能启发学生；现来渝任立法委员，因鉴于目前地方自治之切要，爰将历年讲稿出版问世。全书以各级自治机关为经，而以各国制度为纬，作比较之阐释，而归结于我国制度之应如何取舍，自一般大处之原理著论较多，甚能收取长补短之效。而申论高级地方自治一编，主张我国省级应实行自治，此在目前时贤高唱废省或削弱省权之际，不能不谓为空谷足音，尤为本书独特之处。全书中外学理经验兼收并蓄，其编排次序亦与坊间自治书籍不同，足供学术界之参考及从政者之借镜。用序数语，以作介绍。

民国三十二年三月十六日，大埔邹鲁序于重庆。

孙　序

　　立法委员吕健秋先生近著《比较地方自治论》，凡分三编，都十八章。第一编论地方自治之定义、起源、区域等；第二编论高级地方自治组织；第三编论下层自治机构。全书系统颇为完全，且自属稿至于成书，历时颇久，非草率从事者可比，盖亦目前不可多得之书也。

　　书为比较地方自治论，故每论一机关，辄举美、德、英、法、日本诸国之制，以作比较。鄙意以为比较之义，可概括为两端：一曰取法，二曰求真。他人有良法美意，吾取而行之，固无不可，但此尚非比较之根本意义。比较法之根本意义，在求得真理，此近世任何科学之所以重视比较研究也。意在求真，则凡有裨于真理之阐明者，皆可取以相较，固不必问其为何国之制度也。本书于此，收效殊多。

　　其次著者之旨，仍以实用为归。故每论高级组织或下层机构，均殿以吾国现行之制。于高级地方自治之省，主张于国家宪法所列举之中央事权外，凡非关全国一律通行之事，其立法行政之权，均保留于各省；而以直接、比例、平等、秘密之选举法，设立一院制之高级地方议会，并以直接、平等、秘密之选举法，设置民选省长，而以适当之监督权归于中央。此其为说，姑无论是否即为定论，然提供意见，任人商讨，见仁见智，固学者所有事也。

关于地方自治之著作，今日尚在萌芽时期，而地方自治之完成，又系极为迫切之需要。故学者研究，著为文章，无论侧重事实或侧重理论，亦无论侧重基层或侧重高级，皆所急需。健秋先生此书，殆适应时代之急需者。

中华民国三十二年二月，孙科。

再版自序

本著既已付梓，刊行之后，有时取而检阅，深觉余义尚多，有欠详尽。特别之处，为中国地方府于其前后变迁史证，未加详述。故特增补一编二章以殿之。重版有日，不禁有言焉。

尝谓一国之政治，须有其基层组织，可称为基层之政治组织者。厥惟地方自治，必政治上有此基层组织，而后可以言宪政。故有有地方自治之国家，容或一时可以无宪政，但宪政之国家，则断不能无地方自治。吾国当清末季，因筹备宪政之故，举办各级地方自治，虽自今视之，其所定各事，未可谓为尽当，然使其存而不废逐渐改善，至今成为完善之地方自治制度，亦未可知。惟三年之春一律停罢，而又未有更善之法以代之，遂使地方演为纯粹之官僚政治。地方之事，无论利害兴革，一切由官主宰，人民无由过问。虽欲以官监官，上级官府，连翻设置，终则成效甚寡；而扶同循隐，上下以伪相与，弊端反而百出。此纯恃官治必至之势也。

地方自治，其用意固多，然使人民能有机会，得以养成政治人才亦其一端。凡对于政治而能于其既往现在，确然认识，于其未来，又能确然推断，有其兴趣，而又能有措施之规划与其发动之精神者，谓之政治人才。养成此种人才，于地方之中较易为之。以其机会较多，事务切近故也。广土众民之国家，遇途人而叩以时政，一时茫然无以置答者必多。若就其所住之地方之事而问之，则听之不倦，言之有据。由此扩充范围，按级而上，则闻见既广，聪明自增，经历亦多，国家政治人才，亦从此而出。旷观今日民主宪政国家，其国家政治人物，考其经历，其不起自地方政治团体之中者，盖寥寥也。此种人物以与平日服事公卿，夤缘亲贵，假借特殊宠遇，博取禄位者相较，其为时望所归、众情所服相去何啻天壤。故在此种国家之中勿论遭际若何时代，随时皆有适当人才。承接传授，平时久有储备，不足虑也。

地方自治，既为政治基层组织，故为宪政基础。今者吾国政府，有于战事终结后一年内施行宪政之皇皇宣言。此可谓与民更始，举国布新，民国史中自此重开纪元也。然则为使将来宪政基础坚固，政治人才逐渐养成，勿论何时，国家不以乏才为叹，发挥民治精神，洗涤官僚积习，则树立真正完善之各级地方自治，诚为不可忽视之事。拙著虽陈义不高，出言无当，然刍荛之献，私心亦冀其或有一得也。

中华民国三十又二年除夕，北平吕复再序于渝都之歌乐山寓斋。

自　序

不佞往岁执教燕京大学，所任课目之中，有"中国地方政府"一门。此门于讲授之始，觉其若但就现行各级地方政府组织法规立论，则未免不敷讲述。即就沿革以言，吾国政府虽历经变迁，然历代以来，以中央为最多。至于地方，往往沿袭前代之旧，即有更张，为事无多。且政制之事，其短长得失，非参观互证，无由相形而见。故比较之法尚焉。于是乃取外制而与吾国之旧制现制，互相参证，就立法理论，而言吾国地方制度之应如何取舍。其所取资，为美、德、英、法诸国。以其为制多出自创，而又各有体系，且又为他国仿行之本。至若日本，其地方制度，本仿法制而来，自无创获。然吾国当清季变法，九年筹备宪政之际，其时所谓新政，大都仿自日本。当时所行之各级地方自治，亦复如是。故斯论于比较之际，亦并及之。

抗战之后，不佞承乏国立中山大学讲席。其政治学系课程之中，原定有地方自治一门，即由不佞任之。其教材大体仍本昔在燕京时之旧稿，而间有增删。先后十年始行脱稿。从游诸君，以笔记仅能得其大概，未能详尽，咸以出版来相督促。不揣其陋，遂以讲稿付梓。疏误之处，实所难免。取而正之，是所望于当世之研究斯学者。

中华民国三十年孟秋之月北平吕复谨序于粤北武溪之校舍。

目　录
CONTENTS

第一编　总　论

第一章　地方自治之定义 …………………………… 003
第二章　地方自治之起原 …………………………… 006
第三章　地方自治之设定 …………………………… 011
第四章　地方自治之等级 …………………………… 020
第五章　地方自治之区域 …………………………… 025
　第一节　上级区域 ………………………………… 025
　第二节　下级区域 ………………………………… 028
　第三节　特别区域 ………………………………… 032
第六章　居民及选民 ………………………………… 037
　第一节　居　民 …………………………………… 037
　第二节　选　民 …………………………………… 038
第七章　地方自治之自治权 ………………………… 053

第二编　论高级地方自治机关

第八章　议　会 ……………………………………… 069
　第一节　美　制 …………………………………… 069

第二节　德　制 …………………………………… 074
　　第三节　英　制 …………………………………… 077
　　第四节　法　制 …………………………………… 080
　　第五节　日　制 …………………………………… 082
第九章　中国之高级地方议会 ……………………………… 086
第十章　高级地方行政机关 ………………………………… 093
　　第一节　美　制 …………………………………… 093
　　第二节　德　制 …………………………………… 103
　　第三节　英　制 …………………………………… 107
　　第四节　法　制 …………………………………… 112
　　第五节　日　制 …………………………………… 116
第十一章　中国高级地方行政机关 ………………………… 128
第十二章　上级地方自治监督 ……………………………… 132

第三编　论下级地方自治

第十三章　县乡镇区等 ……………………………………… 139
　　第一节　美　制 …………………………………… 139
　　第二节　德　制 …………………………………… 149
　　第三节　英　制 …………………………………… 153
　　第四节　法　制 …………………………………… 155
　　第五节　日　制 …………………………………… 156
第十四章　中国之县区镇乡村 ……………………………… 167
　　第一节　县 ………………………………………… 167
　　第二节　区乡镇 …………………………………… 186
第十五章　市 ………………………………………………… 201
　　第一节　美　制 …………………………………… 201

第二节　德　制 …………………………………… 211

第三节　英　制 …………………………………… 219

第四节　法　制 …………………………………… 227

第五节　日　制 …………………………………… 234

第十六章　中国市制 …………………………………… 243

第十七章　下级地方自治之监督 …………………… 253

第四编　论特别地方自治

第十八章　京师地方自治 …………………………… 267

第五编　补论中国地方制度及自治问题

第十九章　中国地方制度之变迁 …………………… 285

第一节　上级各地方 ……………………………… 285

第二节　下级各地方 ……………………………… 301

第三节　地方军职 ………………………………… 306

第四节　边　官 …………………………………… 310

第五节　结　论 …………………………………… 312

第二十章　将来中国地方自治之拟议 ……………… 315

第一节　上级之部 ………………………………… 315

第二节　下级之部 ………………………………… 325

第三节　结　论 …………………………………… 325

第一编　总　论

第一章　地方自治之定义

地方自治者，对于官治而言也。何为官治，即于地方之上，根据国家法律而来之国家行政，由国家所任命之官吏而执行之事也。其行政责任，无论官职如何微末，地方如何辽远，亦必直接或间接向国家负之。自治之义反是，乃地方本其住民之意思，而自定法律。由此法律，发生自治行政。再由根据此等法律所产生之自治人员执行之。其人员直接或间接皆对地方负其责任。其法律谓之自治法律；行政谓之自治行政；人员亦谓之自治人员。在自治程度甚高之地方，且有可以自定自治之组织者。地方自治之意义既明，尤须于"地方"二字注意。盖人间不乏有自治而非地方者。凡因特定之事而成立公私团体，其团体亦往往有多少自治之权。至久者如西方之寺院自治，其中如神职之选举罢免、财产之管理处分。近世如新兴之工厂自治，其中有工厂立法、工厂行政。行政之中最要者，则有警察卫生等事，皆自治之事也。

地方自治，虽系别于官治之事，然必不能驾官治而上之。盖地方自治之权，纵然极大，亦必处于国家之下。不但不能与国家宪法有背，虽至国家法律，亦不能与之有背。关乎同一事端，国家地方，皆可立法。前者必优于后者也。至于团体自治，不但在国家之下，有时且在自治之地方之下。如寺院自治，其财产之经营处分，不能不受国家所定关于财产法律之支配。且有因系寺院财产之故，法律上有特为之设定限制者，其受其限制，自不待言。至于神职之进退任免，在定国教之国，亦有由国家参与者。晚近工厂自治，其势甚盛，其权亦渐扩大，但国家宪法及法律，如有涉及工厂之规定者，自亦必从其所定。于此可知地方自治及团体自治，皆在国家监督之下。如某一自治团体，设立于有自治权之地方之内，则此团体之自治，即在该地方自治之下。即其团体之自治，不许其有碍地方之自治是也。二者如有两不相容之处，则地方之自治，又必优于团体之自治。后者必受前者之监督也。准此而论，地方自治之定义为于国家宪法或法律所许之范围内，有自治权之地方，而别于因特定事务成立之特别自治团体者也。地方自治之定义既明，但地方何以必须自治，其故有二：盖国家所司之事至为繁复，若不分巨细，举地方之事而尽皆归其办理，于势自难兼顾。于是于法律之上或于宪法之上，允许其自治，盖所以处理国家无暇径行处理之事也。此其一也。积人民而为国家，故国家之事，即人民之事，人民亦无不欲参与国事者。但国务殷繁，人民众多，势难尽许人民与闻。至若地方，区域则小于国家，事务则减于国家，而与人民之关系，则更为切近。人民对于地方之事，较之国事，尤为关切。故国家设定地方自治制度者，所以宣民隐、顺民情也。此其二也。明此二义，即知地方自治之重要。故论宪政者，恒以地方自治为宪政基础，绝非过言。考之各国，勿论君制抑或民主，苟为真正宪政国家，皆必于地方树立自治制度者，职此故也。

地方自治之定义，与其关系之重要，适已言之。惟其既为宪政基础，而吾国迟至今日，仍未有完全之地方自治制度。虽清末曾颁行各省《府厅州县自治章程》及《城镇乡自治章程》，以及《京师地方自治章程》，在吾国地方自治史中，可谓稍近完备者。然不幸至于民国三年，亦复罢废。今立法院虽于此亦制定数种法律，惜未规定确实施行时期，缓急亦任之行政者之意见。即有行之者，亦甚寥寥。故今日而言地方自治，若只就吾国著论，殊觉其少可发挥。无已惟有取各国之地方自治，及吾国之曾经施行，行之而复废止，以及现有之地方自治法规而尚未施行者，彼此加以论列。以立法之理论，评其何者究于吾国为宜，以定将来之取舍，并备学者之参考，此本著所以取比较式之故也。

第二章　地方自治之起原

地方而有权可以自治，吾国于古无之。《周官·大司徒》所属王畿百里之内有乡、州、党、族、闾、比，谓之六乡。百里之外有遂、县、鄙、酂、里、邻，谓之六遂。至诸侯之国，则有县与郡或邑。管子治齐分国为五乡，分乡为五州，分州为十里，分里为十游。十家为什，五家为伍。然此只可谓之为地方，而不得即谓为自治之地方。何也？若王畿之六乡六遂，乡则有乡老、乡师、乡大夫，州有长，党有正，族有师，闾有胥，比有长；遂则有遂人、遂师、遂大夫，县有正，鄙有师，酂有长，里有宰，邻有长。皆王命之官而非地方所选。其中一切政事，如受法、颁法、读法、登民数、稽赋役、大比、会政、祭祀、婚冠之礼、文、戒、禁等事，皆国家行政也。其诸侯之国，如管子所谓之乡师、州长、里尉、游宗、什长、伍长、闾有司等，亦皆由官署置，而非出于民选。其唯一之政事，如稽考民之善恶贤否，下责于家长而上总于士师，亦国家行政也。故正月之朔，国君布宪于国，五乡之师及五属大夫，受宪于太史，习宪于君前，如管子之所言，则宪乃国法而非地方自治之规约也。此等地方，纵然画分有序，要为便利国家行政而设，非为自治而设也。

吾国封建时代，既寻不出地方自治之渊源，郡县时代亦然。秦既普设郡县，地方概归中央直辖。传至汉代，复有乡官之设。汉时县下为乡，大者置郡所署职之三老，曰有秩三老。小者为啬夫，掌治一乡，知其民之善恶贫富。乡有游徼，掌循徼司禁奸盗。乡下为亭，亭有长，主司盗贼，承望都尉。亭下为里，里有魁主，知里民之善恶。民有什伍，什主十家，伍主五家，以相检察，以告监官。此等乡官，皆官为署置，官即县令长也。大乡之三老则为太守所署。虽为本土之人，然其性质，仍为国家官吏之佐属，与后世地方官佐治人员相似，不过不由中朝选出耳。传至有隋，则并此而亦无之矣。然亦不能因此即谓吾国地方全无自治之事也。盖民间日常生活，恒有必须彼此互助之事。苟其无大害于官府，官府亦往往听民自为。守望、振贷、联欢，地方人民恒多立约共守。而书院、社仓、善堂等类，又其荦荦大端。不过此等事，大都本自地方习惯，而其势力又甚微细，究不可与近代之地方自治并论也。

近代地方自治，若求其起原，则不能不远征于外史也。外国之地方自治，莫要于市，复由此而推及于其他地方。考其由来，不只一端。试分述之。

（一）市府时代

此如古时雅典、罗马等市，皆完全由其市民自治其市。再如英国散克逊时代，其地方之村（shires）、百户（hundreds）、镇（townships）及市（borough）皆由其地方住民自治其地方。然此时此等地方与近代之地方自治，仍非无别。因古代希腊罗马之市，几与国无别。自各市同盟以御波斯之后，希腊始由市而渐形成为国。自奥古斯陶（Augustus）得地渐多，殖民于外之时，罗马始有国家趋势。英之古时地方，自诺门征服之后，村渐变为州（county），百户皆亡，镇则入于封建诸侯之手。惟市尚保其多少之自由，而为后世地方自治之基础。然地方自治团体，具有法人资格，罗马时代，实已有此义矣。

（二）封建及王政初兴时代

自罗马衰亡之后，欧陆诸市，坠为荒墟。虽渐有存者，亦皆为当时教会所维持。厥后地方割据之诸侯，渐知维持地方秩序。凡封建诸侯从其所领城市之中征求财赋、强征力役兵役之时，各城市之人，乃自敛财赋以与之，并自募壮丁，出应兵役。久之以此为质，遂易得地方之自治权，自选官吏，自理其政。至教会所维持之市，其市民亦渐脱其羁绊而归于自治，此今日中欧自治市之来源也。惟法国封建时之市，因其平民与富豪互争之故，卒为国王所乘。初则饵以小利，终则夺其自治权。彼时市豪之所据者，则商会（gild）也。

（三）东西通商时代

欧洲黑暗时代，其中部地方多归荒凉。但地中海沿岸之各市，北至北海，东抵希腊，商务仍然不绝。至十字军东征之后，东西商务，更为推广。各市于是时，始从其国家获得自治权。

（四）海外殖民时代

此端从美洲而起。英人渡美之后，各由本国取得自治规约（charter），而建设自治之州。州内之市，则又从州长取得自治规约，而成立为自治市。自十七世纪之下半为极所常见之事。如纽约市之自治，即始于一六八六年也。

（五）国家革新时代

此谓国家原无自治之地方，惟因当革新之后，有鉴于地方人民之应赋与以自治权，遂取法他国制度，依照其国之原来之一般行政区域，而施行地方自治。此如俄皇亚力山大第二于一八六一年设立省议会及区议会（zemstvo），用间接选举方法选出议员，许人民对于课税、道路、卫生、济贫等事有权加以过问。又于市设市议会（dumas），与省区议会有相同之权。又如日本明治二十一年承其明治四年废藩置县之后，而行市町村自治，二十年而行府县自治是也。反而求之吾国，其地方自治之起原，亦可归之于此类。清末变法，有九年筹备立宪之议。年各有应行举办之事，如推广人民识字、修订法典、调查人口、筹设法厅等类皆是。地方自治，亦其一端。宣统元年十月各省始成立咨议局。至次年京师地方自治，府厅州县自治，城镇乡自治，亦依次成立。其组织选举，皆有章程详为规定。府应州县自治，系仿日本之府县自治。城镇乡自治系取法于彼国之市町村自治，京师自治则斟酌于二者之间，皆由宪政编查馆制定奏请颁行。今虽皆罢废，然推求由来，吾国正式之地方自治，实不能不以此为首出者也。

本章参考书

《周礼·地官》不拘板本。

《管子·权修篇》布宪节。

《牧令书》卷二《政略》第二十篇。

《东西汉会要》乡官节。

William Bennett Munro：

The Government of American Cities 一章二三页。

The Government of Europe 十四章二八九页至三〇页，三十九章七六一页。

Municipal Government and Administration 二章十九页至二二页、三二页。

第三章　地方自治之设定

凡国家任何一地方而使其有自治权，复有自治组织，于法则称为公法团体（public corporation），而为公法上之公团法人（public corporation personality），即有权可以享受及经营财产，有权可为种种之法律行为。可为原告，亦可为被告；可享受利益，亦可赠与利益；可要求赔偿损害，亦可被人以如是之要求。且于其自治区域之内，而可有权以立法，并可依其所立之法而有种种行政。但其权何自而来，孰能使之如是，则应论地方自治之设定（creation）。地方自治之设定，固为国家立法之事，然因地方等级不同，各国国家体制不同之故，而又未能尽同。此则有下举之三端。

（一）本诸国家宪法者

本类之地方自治制度，恒在二重宪法之国家。此盖谓国家宪法之下，其高级各地方，各有其宪法。此种地方宪法，即其地方之自治组织。其地方对于国家有何权利，负何义务，皆载于国宪之中。此不外于国家宪法之中，容认各高级地方，有自治之权。其制既可施之于现有地方，亦可推行于异日加入之地方，此如美国之各州是也。或原为独立之邦，各有原来之宪法，因国家成立之后，乃降居于高级地方之列。而其原有之宪法，亦多受国家宪法之约束，而成为高级地方之自治组织，此如瑞士之各州是。又有本为联邦国家以内之邦，因国家改造之后，一律皆变为国家之高级地方。其与国家处于如何关系之下，则于国家宪法定之，即国家容认其于宪法所定如何原则之下，自定地方之自治组织，此如改造后之德国各州是。但自希特勒专政独裁之后，维马宪法既已失效，其各州自治，亦与之同运。然为研究计，犹不失其足供讲学者参考之价值也。

吾国民国十二年十月十日国会宣布之旧宪法，曾以明文赋与各省以自定省自治法之权。省自治法者，亦即省宪法也。此省自治法，制定之程序以及省制内容，宪法上皆为之设定原则。盖仿效德国之维马宪法而较彼为详。此亦可归于本类之中。惟十二年之旧宪法，因彼时制定机关，行事拂乎民意，旧宪法遂至被弃。故其规定之省自治，亦徒托空文。而省应否于若何原则之下，有自定自治组织之权，自民元以来至今犹为未决之案也。

立法院自二十三年之春，以至二十五年，先后宣布宪法初稿及草案。其中关于自民元以来国论最重之省自治问题，竟置不论。然孙中山先生初非不言省自治也。《建国大纲》第十六条明言一省全数之县，皆达完全自治者，则为宪政开始时期。国民代表大会能选举省长为本省自治监督。夫省长为一省长官，监督全省各县自治，而乃出于地方代表之民选，则省之本体为一高级之地方自治，可谓绝无疑问；则于国家宪法之上为之设定原则，许其自定自治组织，亦所应然。惟必待一省全数之县，皆达完全自治时，省始容其自治，则时间上不免有讨论之余地也。

虽非二重宪法之国家，仍于国家宪法之上，允许地方组织联合之自治机体，自定其组织者，亦非无其例。此如一九三〇年之西班牙新宪法所定各省得经过宪法上所规定之程序，联合而为自治区。自治区对于国家之关系以及如何组织，则由联合之自治区自定自治公约，惟须国会加以批准。且国会于如何情形之下，亦得不加批准。故视上述美、瑞之制，为力稍觉薄弱。然终因联合自治区，对于国家权利与义务，宪法上已以明文为之规定。其自治公约，一旦经国会加以批准，则其地位即非寻常立法程序所全能左右者，则此种地方自治制度，其根本亦甚觉巩固也。

除以上所述者外，可入乎此类者，则有苏联之地方自治。惟苏联除联邦之本体外，其下则有加盟共和国、自治共和国，其下各有各种之自治地方，如边区、特区、自治区、县区市村等。其自治体系国家宪法亦皆为之设定大体。惟其等级甚紧，此处无庸详述也。

（二）本诸通常法律者

在单一宪法之国家，凡其地方自治，勿论系何等级，其设定均由国家通常法律为之。凡地方自治之组织变更以及存废，悉为通常立法之事。但举其著者言之，如英国则有一八三五年之市制（*Municipal Corporations Acts*），一八八八年之地方政府制（*The Local Government Act*）及一八九四年之区村议会法（*The District and Parish Councils Act*）。今日法国上级地方之州（department）及为州行政区域之郡（arrodessment），系本诸一八七一年之法律。下级地方自治之市，系本诸一七九八年之法律，及由此法律而来之其他法令。日本上级地方之府县自治，则出自明治二十年之法律。下级地方之市町自治则出自明治二十一年之第一号法律。吾国前此所行亦属此类。如故清末季曾经施行之各省咨议局章程，则系光绪三十四年六月二十四日奏定者。府厅州县地方自治章程，系宣统元年十二月二十七日奏定者。京师地方自治章程，系同年同月二十四日奏定。城镇乡地方自治章程，系光绪三十四年十二月二十七日奏定。今日方在推行之地方自治，其所根据之法律，则有《县组织法》及其施行法。前者颁于十八年六月五日，后者则在同年十月十二日，以后亦略有修正重行颁布。同日复颁布有区自治施行法。次年七月七日颁有乡镇自治施行法。十九年五月二十日颁布《市组织法》。若《县参议会组织法》，则颁于二十一年六月十八日。《市参议会组织法》，则颁于同年七月十八日。但因未规定实行日期，至今未见举行，其利弊若何亦无从论之。至二十八年九月十九日复公布以命令所定之《县各级组织纲要》。以上所举均为地方自治，本诸通常法律之例。然若此之例，施之于中国，谓其全然合宜，鄙见则未敢深信。何也？吾国广土众民，各地各有特殊之处，若概由中央施以绵密之自治法律，窃恐其宜于此而未能合于彼也。试以人口之分布言之。东三省之村落，不过十家上下，其距离又在五六十里之间，因之普及乡村小学教育，较之内地实为不易。内省若闽广等处，宗法甚盛，虽一村落中，祠堂林立，办学及其他自治之事多可委托为之，远与辽东大异。滇、黔、川边苗猺杂处，民族不齐，数邑之间，风气悬殊。新疆一省之内，居民十六七不谙华语。夫地方情形如此繁杂，今日已颁之地方自治法律，多未见实行。即使行之，法文无论如何详细，欲其能笼罩如此庞杂之地方，恐有未能也。鄙见以为，关于吾国之地方自治制度，国家为之立法未可过于详密，似宜持其荦荦大端为原则之立法，而以其详让之于各省，因地制宜，求其至当。因鄙见终以为，将来吾国宪法，应容允各省有立法之权也。各省虽可于国家允许原则之下，对于所属地方，颁行自治之法，但国家仍可随时加以考核。如发见地方法律与国家所定之自治原则有不合之处，则加以指正，令其改易，固无不可也。

（三）本诸特别立法或地方暂行立法者

此谓国家关于地方自治，不但可施以一律之通行法律，且对于任何一地方，如以为有应行特别立法之处，即特别为之立法。今论此制，宜先述英国。因此例，由彼而创也。

英国当十九世纪之前，地方政府，原无一律之制。各地随时可依愿请求国王，给予以自治约章（Charter），其最初者为一四二九年之 Kinetor upon Hull 自治市约章。当时只依英国习惯之意，认其为一私法团体。自生产革命之后，人口皆趋城市，社会生活，顿异于前。旧日之地方组织，不适于新兴之势，于是地方有志人士或团体，乃具书请求国会。始则多由上院，继则概由下院赋与地方以若何权利，以兴办若何事业，并因举办此等事业，而设立何项机关，如道路、路灯、水利、卫生及济贫等事先后请国会许可而设立之机关，殆不可胜举。此类议案，在国会之中，求其有别于内阁或议员所提之议案，谓之地方议案，亦曰私案。私案亦有涉及私人或地方团体者。但地方请求之案亦可归入此类也。特别立法而赋与地方以特定事权，虽盛行于英国，他国反有以此为禁者。如美国各州宪法对于州议会之立法权，多设此禁。盖恐其对于地方待遇失平，以致发生争端也。吾国民国十二年旧《宪法》，"地方制度"章中，第一百三十条规定"省不得对于一县或数县施行特别法律，但关于一省共同利害者，不在此限"，盖亦师此意也。

地方自人民自行创办自治之事，首数今日河北定县之翟村。清末，村人米逢吉迪刚[1]及其兄阶平创办村治。及民国四年，故村长米晓丹定有《村制总纲》十条。该村乃照总纲改定《村制组织大纲》十条。晏君阳初继于此，设立平民教育促进会。该县于直隶省时即有模范县之名。继此而起者，则有浙江沈定一君于民国十六年创立东乡村治于萧山县。河南彭禹廷君因其本县镇平县于民国十八年惨罹寇祸，乃于次年十月设立十区自治办事处。嗣于二十年十月一日改为全县自治委员会。此自治委员会，全由地方自动，勿论中央或本省皆无法令之根据也。

吾国人民发起之地方自治运动，渐渐取得国家法令上之地位者，首数河北定县之县政实验区。民国二十年二次内政会议，有各省设立县政建设实验区之议决，定有《总纲》十三条。据此大纲，凡各省为改进地方民生，实现地方建设，皆得设立县政建设实验区。其选择

---

[1] 米迪刚（生卒年不详）。据《保定地方志》：米氏为定县（现定州）翟城村人，清光绪三十一年（1905）与谷钟秀一起力倡新学。民国初年留学日本，1914年回国，在其父米鉴三村治规划的基础上，与县知事孙发绪创办模范县的同时，将翟城村办成模范村。其中创办的农村合作社为全国首创。后来，翟城村的经验在山东山西都获得推广。

标准有下举四款。(1)该区情形可代表本省一般情形者;(2)从前办理自治较有成绩者;(3)地方人士了解自治并能出力赞助者;(4)自治场所,有相当设备者。四者之中,凡具其三者,即有可以选定为实验区之资格。凡实验区之内,各省如以为有必须特别研究之处,得于此设立县政研究院等类机关,从事调查研究、设计训练人材、实际试验等事。如设研究院时,则设有院长、副院长,并设调查训练研究实验各股主任。二次内政会议,既有此种总纲。河北省政府遂于同年春间制定《县政建设实验区暂行办法》,计总纲二十一条。而选定定县❶为实验区,并定有《河北省县政建设研究院组织大纲》十五条,并提请内政部聘任晏阳初为县政研究院院长。此近年河北省定县县政实验区设立之由来也。内政会议之此项会议,虽通行各省,但于县政实验区之选定,为之规定特别标准。各省虽据此选定,终系对于特定地方而设者,似亦可归于特别立法之例。惟但出于行政机关之议决,而未经过立法程序,则又未可全然以法律视之。且实验县仍系试办之一种特别官治,与自治主义相去仍甚远也。

地方暂行立法者,盖谓国家关于地方自治,尚未行立法,地方上级政府,有鉴于地方自治之不可再缓,于是暂定自治之法,以行于所属之地方。民国十年至十一年广东省曾一度颁行《县自治暂行条例》《县议会议员

---

❶ 今河北定州市,地理位置比较重要,有相应的战略意义。历朝历代均以定州为核心管辖周边数地。民国元年(1912),定州管辖周边3县;民国二十六年(1937),在定州设置第十一行政督察专员公署,驻扎定县,并辖周边5县。本书作者吕复曾任定县县长。

选举及县长选举》两暂行条例。此外复有《广州市暂行条例》及《广州市选举条例》。均系由省长提出，经过省议会议决，此即地方暂行立法之例也。广东曾行之县长选举，实为吾国民选地方行政长官之先导。设不废弃，未尝不可于此树立纯粹地方自治之模范。惟颁行年余，竟见停罢，未免可惜。如系因人而废之，则拿破仑虽一蹶不振，然其法典今犹行于今法国也。今日吾国所有现行法令，仍不乏有出自袁世凯之时者也。

民国九年六月一日，山西省曾颁行《村自治简章及六政标准》。六政者，水利、种树、蚕桑、天足、剪发、禁烟是也。此亦虽似近于地方暂行立法之例，然径由行政官署为之，并未经过立法程序，不足视为法律。且无地方自治之具体组织，不过特标数门之行政事项，与地方自治之义相去实不可以道里计，而乃自饰其名曰村自治，实未见其当也。

前所述之县政实验区与县政研究院，谓其足以举县政之实。而能使地方事业，日臻美善，经久不坠，实未敢信也。夫县政诚属多端，然按其性质，各有门类可归。土地丈量登记、人口调查统计、保安、道路、工程、卫生、医药、树艺、教育等事，仅有公私学校，平日豫先养成。成学之后，依其所习，择能任用，固不患其不能将事也。即或课室所授，书籍所道，须取证于实际事物，亦系临时应用之事，且关于此等事，国内国外实验已经有得者，事则可以仿行，人亦可以延用。并此诸端，必欲于一区一县之中，求其皆能自行实验求其有得，人才财力，恐皆有限，即有能者，其数亦鲜也。鄙见以为，吾国今日苟欲建设县政，实施自治，不在特别设定区域，试办实验，而在扫除障碍。障碍既除，但能对于地方政务人员及人民之代表，施行公平之选举，对于专门技术人员，施行确实之考试，使真正之建设人才，乐于尽其力于地方。能尽其力于地方，且善于尽其力于地力，则地方建设，期以岁月，自有可观。至于所谓地方自治之障碍者，其事不一。然最甚者，莫如军队。吾国之军队问题，如不加以解决，常使将私其兵，兵私其地，则地方自治，终无观成之日。解决之道为何，即按照国防计画，确定国家至少应有若干军队，而以国家若干财力养之。过此除遇非常之对外战事外，不增一兵，不添一饷，专驻国防地带，而不分布于内地。且使之专以国防为事，不令分理民政。如此大之国家宪政，小之地方自治，皆可推行无滞矣。

本章参考书

《大清法规大全》宪政部卷二、卷三。

《中华民国法规大全》卷一内政门县市组织法等。

《各国现行宪法汇编》民国十二年宪法、西班牙新宪法。

F. A. Ogg：*The Government of Europe* 二二一页至二二五页，四六九页至四七二页。

F. H. Spencer：*Municipal Origin* 一章。

Frank J. Goodnow：*Municipal Home Rull* 五章五七页至六三页。

第四章　地方自治之等级

凡地方自治，皆有等级，惟多少不同耳。其至下者，则曰自治单位。即至此无可再分，而以此为始也。各级地方自治，其等级究以何为标准，各国之中，大概依其行政区画而定。即国家先为求行政便利，而画分全国为多少地方，又使之上下相属，各有统系。但此只可谓之为地方，必国家赋与以自治权时，而后可谓为自治之地方。因此为地方而非自治之地方者，亦非无之，惟非此处应论之事也。

国家赋与地方以自治之权，虽恒依国家行政区域而定，然亦有地方本来即系自治之地方，非为国家行政而设者，且国家行政，反依此本来自治之地方而分配之。今日英国之各级地方多系如是，瑞士各州之地方亦然。盖其地方之自治，由来已久，几可谓有此地方之时，即有其自治。全出于住民之自动，而非国家使之如是。不过国家对于地方自治，以立法之方法，加以整理之时，于此不免有所更张而已。此纯系由于国情历史衍进而来，非可强为者也。各国之中，其地方由来，虽各有不同，约而分之，则不外下列数种。

（一）上级之自治地方

此谓地方紧接于国家，即国家行政，径达于此之谓也。其自治之设立，有出自国家宪法者，有出自通常法律者。如美之州（states），法之州（department），瑞士之州（canton），西班牙之联合自治区，德之州（states），亦可曰省。惟美之州，在彼不视为地方，而其所属之地方，始称曰地方。本著为便于比较讲述，则归之于此。且考其性质，其自治组织，虽极强固，然与国家地位相较，实直接国家高级之地方也。一七八七年费城议宪之时，夏弥尔顿（Alexander Hamilton）亦言今既设立国家政府，各州之所司，宜降为地方团体之事，此其证也。在吾国可归于此类之地方者则为省。近复有直隶中央之特别市。惟其所属之地方，少于省，亦少于县耳。蒙、藏亦可谓为上级地方，惟其组织，远与省异，只可归于特别地方之类矣。

（二）中级之自治地方

此指直属于上述之上级地方而言，各国中级地方，除英美而外，于此设定自治者甚为罕见。如法国之郡（arrondissement）仅为中央行政区域，且并半自治而无之。日本之郡今且废之焉。惟美国州之县（county）虽为州之行政区域，而亦兼为自治之地方。西班牙之省，亦为中级之自治地方，因依其新宪法所定，省可联合而为自治区也。普鲁士之省在其本州则为上级地方，自全国视之则非也，然亦有自治之权，至其下有行政区，则纯为州之行政区域，而无自治之权也。此等中级地方自治，恒与下级地方之自治多有牵混，故为避烦计，以后即与下级地方自治并论，不另列专编也。即如吾国清末曾经施行之府厅州县自治，其中之府，亦指府之本管地方而言，非连同所属州县在内也。因彼时府制，虽有附郭之属县，及所属之在外州县，然亦有不然者。如东三省及贵州等省，府则有无附郭首县者，且有全无属县者。府自治者，盖即指此等府治而言。若有附郭之县，则自治在县而非府，以其无地方故也。故《府厅州县自治章程》，其第一条第一款明定为府之直辖地方，即此故也。

民国既兴，府制罢废，后复有道制。然公私所拟地方自治方案，从无于此为设定自治之议者。若民国十二年之旧《宪法》则但有省自治、县自治及下级自治。下级自治，盖指县属地方而言也。

（三）下级之地方自治

此类之地方自治，往往层数不一。因欲避烦，可赅于此类，不再细分可也。论地方之自治，实以此级为最重要。因其中官治之事为少，自治之事为多故也。其最要者莫如各国之市，如英国之市（borough）与独市，即不属于州之市（county borough），法国之市（commune），在德国如不满二万五千人之城，则联合而为镇，大则为市。美国各州之县与市，日本之市，吾国清末所行之城镇乡自治之城镇，即市之意。其下如英之乡（rural district）、镇（urban district）、村（parish）。美国市下亦为村（parish）。日本之町村，中国清末城镇乡自治之乡，及近来乡镇自治之乡镇，皆可归于此类之中。惟省自治，自国民政府以来，尚无议及之者。其所议定地方自治，至高不过县市，而县市又属平列，则就今日言之，县市自治未可归于此类，然谓之为自治单位，则又何义也？

上举各种等级之外，各国之中，因特定地方特殊之故，遂有自治制度。特别为之设定地位者，亦复有之，此如京师地方自治（metropolitan self-government）。是故，各国首都，虽与其他地方施行自治，然其为制，往往有多少不同之处。英之伦敦、法之巴黎皆是。然亦有极相反之例。即虽在地方自治极为盛行之国，因其地方为京城之故，反无自治之权者，此如美国之华盛顿，立法则由国会为之，行政则以中央命官为之。此盖因其地为他州所让与，以建置国都者，故以国家直辖为便也。然此例究属仅见，而以前者为常见。故清末季举办地方自治，亦曾颁有《京师地方自治章程》，并曾见诸施行，亦至民国三年而始废焉。

吾国地方自治，至今尚无完善之制，实为政治不健全原因之一。盖人民无练习政治之机遇，而所谓组织民众者，亦无从实施也。至可论者，即为上级之省，应否许令自治是也。自清季各省设立咨议局，其章程之中，虽无省为上级自治地方之明文，但已可以省为标准而选举议员，亦可向中央议会如资政院选出议员，可以为种种法律行为。是即无异以省为自治之地方矣。若谓地方长官，如当时督抚等皆不由民选，即非自治之地方。然如法国之州长（prefect），日本之府县知事，皆非民选，但法之州与日本之县，仍各为自治之地方团体也。不过其自治范围，较之英美为甚狭耳。即不谓之为完全之自治，亦可谓之半自治也。民国以来，省则有省议会，各有组织法与选举法。惟省长则不由民选耳。但省长民选，当北京政府时代，则为旧国民党所力争，进步党所力拒，北洋派所极畏之事。孙中山先生于其《建国大纲》亦复主张之。民国十一年九月湖南宣布省宪，亦曾实施省长民选。十二年之旧《宪法》，则明定省为上级地方自治。省长由地方选出，使国会当日行事不至如最后之失策。而此《宪法》得见实行，则自民元以来，争执不决之问题，可告结束矣。今者国民政府虽于地方自治定有数种之法规，然只及于下级之县市乡镇，而不及于省，似不无讨论之余地也。近虽有省参议会之设，然会员皆出中央指派，职员如秘书长亦然。此乃临时之一种顾问机关，未可与上级地方议会并论也。

本章参考书

William Seal Carpenter and Paul Tutt Stafford：*State and Local Government in the United States* 一章第一页。

第五章　地方自治之区域

第一节　上级区域

地方自治之区域，可分为通常区域与特别区域二种。兹先论其前者。此类大别，又具二义。一为外部疆界，二为内部分区。先言其一。凡上级地方，如于国家宪法上容认其有自定自治组织之权者，其地方现在疆界，恒根据历史而来。此如美国、瑞士各州之地界，国家不得以法律加以变更，皆仍其从来之旧境。即国家有此立法权，宪法上仍附以何种条件。此如德国战后宪法所定，凡变更各州疆界，或设立新州，皆须以修正宪法之法行之。如关系各州皆同意时，则不拘此法，即不得关系各州之同意，而其地方居民，有如此要求，或于国家有重大利益时，亦可不拘此法。人民发起要求时，须有选民三分之一以上之人数，而以五分三以上或过半数之人数决定之。又如美国麻州宪法所定，如拟脱离本州而自为一州时，须由人民投票决定，亦其例也。如其地方自治之设定，系出自通常立法者，其区域如何，亦定于其法律之中。且国家随时以法律加以变更亦无不可。凡扩张、缩小、归并、交换，皆变更之谓也。如法国于革命之前全国画分为四十二行政区（generalite），革命之后则改为八十二州，今则为九十州。英国于一八八八年及一八九四年两年于地方政府法中，除非自治地方之五十二旧州外，定全国为六十一州。日本于明治四年废藩置县之后设三府三百二县，复加整顿，改为三府七十二县，至二十二年乃定为三府四十三县。至其特别属地，虽亦有县，但非自治之地方则不计及也。凡此等地方，其自治区域之广狭，即视其地方之大小而定之。

吾国上级地方之省制，盖始于元世祖至元二年所设之十一中书行省。明因之而为南北两畿与十三行省。至清初改南直隶为江南省。康熙六年复分而为二，取江宁苏州之名合为江苏省，又取安庆徽州之名合而为安徽省。二年由陕西分出陇西之地，取甘州肃州之名合而为甘肃省。三年分湖广为南北二省。光绪五年新疆改设为省。十一年自福建分出台湾而改为省。共二十三省。至二十年台湾外割，为二十二省。鄙意是等省分之如何画分，须合国防形势交通文化经济等类之事，斟酌而求其至当。最允协者莫如征求住民意见，以其关系至为切近也。国民政府以来，增设有热河、绥远、察哈尔、青海、宁夏、西康等省。考画分地方区域须考察地理人口财赋文化经济等事。勿论何级，又勿论为增设分立或合并，凡号称民主国家，于此多征求当地住民同意，取人民复决之法，而不径由官府最后决定。此法甚为合理，吾国所应从者也。

年来缩小省区之说，时有所闻。揆其立论，前提皆难自立。首谓省权太大。夫既谓省权太大，则宜先有规定此权之法律，从此乃可见其大小。然在今日，则并无如此法律。而各省长官其权之大，有至现代国家，任何地方政府，所不能有者。能自募兵；能自筹饷；能设厂制造兵械；能自设立银行，发行纸币。甚至可与外国办理交涉，而谓之为地方事件。但据有如是绝大之权，并非代表地方之自治人员，而为代表国家之中央大吏。其扩张权力，至于如此之大，事先虽未征得国家同意，然国家坐视其如是，而不加以若何之纠正，则实国家位置其人，使人之据地自张，非地方人民欲其如是也。此弊不除，而谓缩小省区，可以止之，则今日拥有一省数省之强有力者，缩小省区之后，其小至于与县境相等，亦非不可以拥数十省以至百省，因其力固能至于如是也。二为节制不易。节制之难易，省区之大小，所关甚微。苟交通发达，虽大无虑鞭长之不及马腹也。其最不易于节制者，莫如军事。而付与地方以军权名义，使人得以借地方为扩军之地，又以此为互相抗衡之地，即为中央节制地方莫大之梗。使无此事，节制殊少见其有若何困难之处。往时各省督抚，其权可谓重矣。然朝廷有时因故加以更调，甚至褫职。罢黜之命令朝下，夕则悄然去官。犹是省区，节制自如。可知其故全在政治，非因区域大小而有不同也。惟各省疆界，往往犬牙相错。有此省之地突入彼省者，有甲省之地而孤悬于乙省之内者，又有同一城镇分属于两省者。其余行政，极为不便。似宜由国家定一厘正原则，颁令各省，许令当地住民，提出议案，选择所隶之省，由省以其议案，宣付住民公决，则其事根本出自民意，与由官府强迫者大不相同矣。

第二节　下级区域

下级地方自治区域，则于各该地方自治设定之时定之。然亦以沿袭旧时区域者为多。因此同级之地方自治组织，皆相同，惟于地方之大小，人口之多寡，则大不然。故法国之市有人口少至不满千者，亦有多至数十万者。其区域之广狭，亦互相悬殊。美国各州之县，小有仅二十余英方里者，大有逾二千者。住民有只五六十百人者，有多逾二万者。此等地方区域，虽可由立法部为之画定，但设置新治，变更旧界，迁移治所，各州宪法，恒设住民同意之限制。吾国之县境，亦多如此。有乘自行车能于不满一日之中，行遍一县全境者，如河北之新镇是。有目远乡至本县治所，驰马二日余而始能到者，如河南之内乡是。内乡面积二三九五六市公里。河阴、荥泽合并之后一七五八方里。人口湖南邵阳一百五十余万，黑龙江全省一百余万，鸥浦二百三十四人。凡此皆因地方建设，不出同时，地方变迁不一之故耳。地方境界，既因来历不同之故，大小有别。设定自治之时，自亦依此为之。吾国清季《府厅州县自治章程》第二条所谓"府厅州县自治区域随之变更"即此义也。现行《县组织法》之第一条规定，县之区域，依其现时固有之区域。近颁之《县各级组织纲要》，其总则第一条规定县为自治单位。其区域依其固有之区域，县之废置及区之变更，应经国府之核准。则设定县自治时，其自治区域亦必依此为准。又有其国本无此级地方，而为一时之创设者，其区域则于法定之情形之下创设之，此如吾国今日之市是也。吾国地方原无此制，唯汉之西京长安设市，市设令丞等官，然亦不久，且亦与近代所谓之市不同也。民国十年冬，广州始行设市，十九年五月二十日，始有《市组织法》之公布。其区域之划定与变更，直隶行政院之市由该院呈请国民政府决定。故今日国中各市，其区域皆系由原在之县境中画出者也。但各国之市，均系自治之地方。除希特勒当权后之德国而外，市长皆系民选。吾国今日之市，乃一种之官治地方。但今既有市，则异日如有自治组织时，则其区域自必以现所画定者为准也。

上级及下级地方既各有其来历区域，而即依此为其自治区域。惟国家为便利计，又有其最下级之地方，如英国之镇亦曰市区（urban district）、乡（rural district）、村（parish），法国之村（canton），日本之町村是也。吾国清季下级地方自治，为城镇乡。凡府厅州县之城厢为城。其余之市镇村庄屯集等地，各地方人口满五万以上者为镇，其不满者为乡。如镇之人口减至不满四万五千，乡之人口多至五万五千者，则由该地方董事会或乡董呈由地方官申请督抚，镇改为乡，乡改为镇。今国府所颁布之《县组织》❶第六条，规定各县按其户口及地形分为若干区，除因地方习惯或情形限制及有特别情形者外，每区以十乡镇至五十乡镇组成之。凡满百户者编为乡，其不满百户者得联合各村庄编为一乡。《县各级

---

❶ 应为《县组织法》。1913年1月8日，北洋政府《划一现行各县地方行政官厅组织令》颁行；1928年9月，国民政府公布《县组织法》；1929年6月，国民政府重订《县组织法》。两法奠定了国民政府县制的基本内容。

组织纲要》规定区之划分，以十五乡镇至三十乡镇为原则。乡镇之内，为保甲。乡镇之划分以十保为原则，多不得过十五保，少不得过六保。百户以上之街市为镇，其不满者编入乡。如有上述情形者，则可以不拘此数。但均不得过千户。乡镇居民以二十五户为闾，五户为邻。但因地形或其他特别情形，县政府得不拘户数，画为闾邻。市则除有特别情形者外，画分为区坊闾邻。邻以五户，闾以五邻，坊以二十闾、区以二十坊为限，各以数字依冠之。此等规定，皆出自国家法律。揆之吾国情形，实觉其过于具体，施行之际，必多窒碍之处也。

凡下级地方之区域，各国之立法例，多以创议之权赋之于该地方自治代表机关。其限制亦有极严重者。英国各市之境由来之远，几不可考。国会于此亦曾委员加以研究，以期有所改革。报告之后，国会亦未有何议决。自一八三五年后始定改正之法，系由各市以上述特别立法之法行之，即请愿于国会为市境之改正也。然亦可由市议会呈请中央主管之部核准。此部往时为地方政府部，今则为卫生部。如市民有反对此项提议者，主管之部，必派员前往公开调查。其所须费用，于一定日期之内，由该市出之。此为一种行政机关复核之法。但各市仍有权可请求国会依特别立法之法以扩张市境也。凡州属之市，如其人口逾于五万人以上之时，则可由市议会议决，呈请主管之部将其改为独立市。如市民有反对此项提议者，主管之部亦必须派员前往调查。但市议会亦可不拘此法而径向国会请其以特别立法之法行之。惟因州多反对属市独立，故此事颇不多见也。法国市制规定，凡设立新市或归并二市或二市以上，又或变更市境，须先由该市议会议决。或由若干选民提出连同有关系之史证文件，呈请该管州长查核，如经核准须呈报平政院核准，再由该院具案移交国会通过。甚至一市之名称，非有该市议会之请求，虽总统亦不得以命令加以变更。即使有市议会之请求，亦非咨询该州州议会，并由平政院核准，总统仍不得发布变更市名之命令。日本市之废置分合，由其内务大臣，征求有关系之市会及府县参事会之意见定之。町村区域之变更，所属区域未定区域之编入，又町村之废置分合，由府县知事征求有关系之町村会议意见，经府县参事会之议决，得内务大臣之许可定之。吾国清末旧《城镇乡地方自治章程》，关于区域之变更，亦取地方提议、上级复核主义❶。其第三条第一项，既言城镇乡之区域，各以本地方固有之境界为准。其第二项复言若境界不明，必须另行析并者，由该管地方官详确分画，申请本省督抚核准。此盖以一次施行为止，至于永久办法，则有第三项之规定，即，嗣后城镇乡区域如有应行变更，或彼此争议之处，由该城镇乡议事会拟具草案移交府厅州县议事会议决。不取行政官厅复核主义，而取在上级之地方议会核定主义，较之法国市制所定，尤且过之。今之《县组织法》，但规定县之废置及县区域之变更，由省府咨由内政部转呈行政院转请国民政府公布之。区及乡镇区域之划定及变更，由县政府呈请省政府核准行之，并由省政府咨内政部备案。市区之划定与变更已见于上。凡此种种规定于如何发动之处，均未言及。《县各级组织纲要》所定，但言县

---

❶ 疑为"主议"。

区之变更，须经国府核准，亦未言及应如何发动。如县市参议会两组织法，于县市参议会职权内，均无提议变更县市区域之权。如此自必以发动之权，归之于上级行政机关。惟上级行政主管官厅，为是项之发动时，毫无征询地方住民或地方代表之途径，而谓其发动能恰合地方意见，而与其利害全无冲突，恐不易言也。

吾国各县辖境，不但同省各县甚至隔省之县，往往互相跨越。其于行政，最为便利者，莫如保卫之事。往往此县之盗案劫案，寻其巢穴，则在他县之内。因管辖不同之故，恒有误于剿捕。此特其一端，其不便者犹有他事。厘正之法，鄙见以为莫如由各省制定投票之法，限定由若干选民提议，若干选民公决；或由地方行政机关提议，付诸选民公决，再由省之主管行政机关加以核夺。如此施行数十年之后，凡县境之向不规律者，自可逐渐清理矣。其隔省之县，境界如有应行厘定之处，亦取住民投票提议及公决之法。惟其原则大体，则由国家定之，颁行各省可也。

第三节　特别区域

特别之地方自治区域，为京师地方自治区域。凡为国家中央政府所在之地，名曰京师。京者高也，师者众也，京师西名 metropolis，为中心首要之义。以其情形特殊，或历史悠久，各国京师行政制度，亦多少异于其他一般地方。其区域亦随之而异。其自治区域，亦与此同。英之伦敦市，乃伦敦以内之一市，居泰母士河[1]北岸，由来已久，已逾千年。通行市制于此全不适用。伦敦市外为伦敦州，其创设也，则本于一八八八年之地方政府法案。辖地一百十七英方里，有数旧州如 Surrey、Kent、Essex、Middlesex 等州皆包含于内。前此伦敦市外，环以百余之村，有名之维名司台（Westminster）亦在其中，皆各自为政，或由董事会或村民大会司之。惟住民颇不注意地方公事，恒为少数豪强所垄断。往往假公济私，以致弊端百出。一八五五年，国会乃于此创设代议机关，名曰京师工务局（Metropolitan Board of Works），计有会员四十六人。然多由各村董事会指派，甚不得人。至一八八八年，乃废京师工务局而设伦敦州。然前所述之百余村落仍存而不废。至一八九九年，国会通过一案曰《伦敦政府案》。至此除前述之伦敦市外，伦敦州之各村落，归并为二十八之市（borough），谓之京市（metropolitan borough）。其各市境界，因沿袭关系，亦不一致。至伦敦市内之村落，则仍存其旧。

法之巴黎亦不适用通行市制，而实本于一八七一年之法律而来。其市几占萨州（Seine Department）之全境。与之同在一州之中者，仅有数小市而已。因京市在此州之中，故其州制亦多少有异于他州之处也。德之柏林，因生产繁盛，人口集中，市外附近之地，各因特定事业设立机关，名目极多，各自为政，极不一致。战前即有大柏林之议，至一九二〇年，此议复通过于普鲁士议会而以法律归并之。有数大市及其小市并村落皆在其

---

[1] 即泰晤士河。

内，合计三百二十英方里。当时人口四百余万。全市共分为二十行政区。其上则设中央联合市政机关。柏林市无特殊之制，惟市长系同时二人。

美国京城，让自外州。依其宪法所定，不得超过十英方里，即哥仑布区（Columbia）。然直隶中央，非自治之地方也。日本自距今四百八十三年之前，即彼桓武天皇时，自奈良迁都平安，仍如奈良城，一仿吾国唐时之长安城制。此即彼之京城。城四面十二门。正门曰朱雀，有宽二十八丈之大路，经纬各九条。全城分为三十六坊，一坊四条，一条四保，一保四町，一町四行，一行之地长十丈宽五丈。明治元年七月乃东迁于江户，称为东京。其内分区约有二十。其两京皆为府，府下则为市。昔时市外有郡，今乃废焉。

吾国京师，自古与外州异制。西汉为三辅，即京兆、冯翊、扶风也。京兆设尹。东汉都洛，其京师地方长官，为河南尹。自是凡京师地方长官皆曰尹，陪都亦然，如明之北京为顺天府府尹，南京曰应天府府尹。胜清时京师仍因旧名，其陪都之盛京地方长官为奉天府尹。入民国后，北京亦曾设京兆尹。凡京尹自古皆领县。在京城内者曰京县，在外者曰畿县。清时顺天府所领有二十五州县。入民国后京兆尹所领为二十县。自东汉至晋凡京师所在之州，领以司隶校尉，亦曰司州。唐宋以还，尹上复有牧，以亲王领之。明时畿辅之地，守令之上，不设地方长官。即不设布按都三司，守令皆受成于各部。故曰直隶，南北有二。至清时始渐改，但仍存直隶之名。京尹之职，除有数特别行政事项之外，大体皆如郡守，然体制则与外省长官相敌。故清时京尹，非直督之属也。清时复以六卿之一为兼尹。京城之中分为中、东、西、南、北五城，每城各派都察院之巡视御史，满汉各一员。武职则有五营步军统领、两翼总兵及以下将弁各官。此盖沿袭明时五军督府之制，亦如汉时之京城南北军，唐时之宿卫也。至清末举办地方警察，京师则设内外城两总厅，其长曰厅丞，直属于巡警部，后为民政部。入民国后并为一厅，其长曰总监，直属于内务部。惟与步军统领职权，时有混淆。故至民国十五年，遂裁废步车统领❶衙门，论者韪之。

京师行政制度，既如是特异，故其自治制度，亦复如是，而其区域亦随之特殊。清末宣统元年，设立京师地方自治。其区域在内外城者，则以内外城巡警总厅所辖境界为准。四郊则以京营辖境为准。即其分区标准，城内则以内外城警区为标准，郊外则以京营汛地为准。如警区汛地各有变更时，其自治区域，亦随之变更。今之南京首都市境界，则依《市组织法》之所定而为之者，故无特别制度。然其警察机关名称，异于他市，亦不隶于市长而隶于内政部，此其特异之处也。

以上所论区域，均指自治地方之疆界而言。至于内部分区，则随事而为之。最习见者莫如警察之分区。此外学校公共卫生亦常分区也。且有依事类而专设区域者，如官府区、文化区、商业区、工业区等是也。同一事类之区中，又可依其门类而再为分区。如商业区中可分为金融区、食粮区、牲畜区，工业区中可分为重工业与轻工业区。若详论之，则自治行政之事也。

---

❶ 应为"步军统领"。

本章参考书

《前汉书》百官八卿表。

《后汉书》百官志。

《新旧唐书》职官志。

《明史》职官志。

《大清会典》顺天府。

《大清法令大全》宪政部地方自治门。

《立法院法制汇编》内政部。

Delos F. Wilcox：*Great Cities in America* 二章二〇页至二三页。

W. B. Munor：*The Government of European Cities* 一章九一页至九二页，二章二〇八页，三章二二三页至二二四页至二四〇页至三四一页。

第六章　居民及选民

第一节　居　民

前论地方自治区域，其与地方自治团体，犹乎领土之于国家。惟仍为国家领土之一部，故不能不受国家宪法或法律之支配。地方居民之于自治之地方，而犹人民之于国家。故英国一八八二年《市自治法》，明定市自治团体由居民组织而成。但各国自治之地方，其选民有法律以定其资格，居民则不尽然。日本现行之市制町村制，则特别规定住民。即凡于市町村内有住所者，皆为该地住民。吾国清末之《城镇乡自治章程》，亦取彼邦旧市町村制，特别规定居民即凡于城镇乡内现有住所或寓所者，不论本籍京旗驻防或流寓，均为城镇乡居民。本籍盖谓土著。流寓则兼有外国人在内。住所为生活根据地。寓所则以他处为本籍而以此为寄居之地方。其《京师地方自治章程》所定，亦与此同。

居民对于地方之权利与义务，如关于其自治组织之法律有居民之规定者，所以示地方自治团体之要素，亦必表明居民对该地方有何权利与义务。日本市町村制，各规定市町村住民，各从本法有共用市或町村之财产及营造物之权利，负分任市或町村负担之义务。夫所谓营造物者，即非本市或町村之住民，于法律所不禁之范围内，亦何不可使用。道路、桥梁、水道皆其易见之事也。如此具体规定颇易发生误解。吾国昔之城镇乡地方自治、京师地方自治二章程，则取赅括规定，只云按照各本章程所定，居民有享受本地地方公益之权利，有分任本地地方负担之义务是也。此所谓居民，皆指自然人而言。如系法人，则以其事务所之所在地为断，即以其事务所为住所也。今之《县组织法》及《市组织法》关于居民之规定，皆付缺如。

第二节　选　民

第一款　有公民权者

凡自治之地方，其居民之有选举权者，谓之选民。各国之中，选民资格，有因地方等级而异者。如吾国清末各省咨议局议员之选举资格，严于府厅州县、京师及城镇各地方自治之选举。日本府县之选举，其消极条件，详于市及町村。英国昔时州之选举，异于各市。战后德国国会之选举年龄，亦异于地方之选举。但此非此处所应论者也。惟美国勿论国州或地方选举，资格皆不因等而异。俄国亦然。至选举权如何而始为具备，则有数端。

（一）国籍

选民自应以本国之民为限，此与居民不同之一端。

盖居民虽外国人亦有之也。但虽有本国国籍，如本系外人取得国籍者，若国籍法关于选举权特别有规定者，则必从其所定。此如中国旧《国籍法》规定外国人入国籍之后，非经二十年后，不能为省议会议员，则此项之选举，其人只有选举权，而无被选举权也。无国籍者与异国籍者相同，皆不得为选民也。苏俄选制，勿论中央地方皆无此限制，但必须为劳工者而后可。此苏俄之特制也。

（二）年龄

此节各国立法例，多与国会之选举相同。如英国地方选举昔日远异于国会，惟年龄则相同，从来皆为满二十一岁。德国国会选举为满二十一岁，各市则为二十五岁。苏俄为十八岁。日本府县及市町村之选举年龄均为二十五岁。吾国昔日城乡镇地方自治之选举为满二十五岁。《府厅州县地方自治》《京师地方自治章程》所定皆与此相同。各省咨议局议员之选举，年龄亦为二十五岁。民元之各省省议会议员选举，年龄为二十一岁。现行之县参议会及市参议会议员选举法皆定为二十五岁。但依《市组织法》第六条之规定，市公民之年龄为二十岁。但县市参议会议员选举法颁布在后，自应从此也。至去岁所颁之《县各级组织纲要》所定，县公民之年龄，又为二十岁。

（三）性别

女子选举权之争取，至久者莫如英国。然一八八二年国会即许未婚之女子及孀居之妇人参与地方选举。自一九一八年有法定之女子而已婚者，亦准参与国会选举，惟年龄须满三十以上耳。今日各国勿论中央及地方选举，女子多不除外。惟日本、法国与意大利，则仍然如此。中国女子之取得此权，则始于民国元年广东省自定之《广东临时省议会议员选举法》。民国十年同省所颁之《县议会议员选举法》及《广州市议会议员选举法》，现行之县市参议会议员两选举法，皆不分性别也。

（四）居住

此谓于举行选举之地方，即于本选举区内，居住多少时期也。各国于此，长短不一。但以距选举日期前满六月以上者为多。英国昔时为由七月十五日追溯满十二月以上，而住于选举地方七英里以内，今已改为六月。日本为最长，其期二年，但得特免之。即经市町村会之议决，可撤销此项限制。如遇市町村废置分合或境界变更时，此项限期，则不因之中断。清末城镇乡府厅州县京师各地方自治章程所定，皆为三年。至各省咨议局议员之选举，如系外省之人，必须于该省寄居满十年以上者，始有投票选举之权。民国元年之各省省议会议员选举法，为于选举名册编制之前，有二年以上之居住期限。现行县市参议会议员选举法，于此皆无所定，惟《市组织法》第六条则有之，其期为达二年以上。《县各级组织纲要》所定，居住为六月以上，住所为一年以上。住所之限期，反长于临时居住之时期，不知何以如此也。居住期限，有特免之例。日本之市町村制，即系如此。吾国昔日《城镇乡地方自治章程》及《京师地方自治章程》，虽各规定居住期限，但居民之内，有素行公正、众望允孚之人，经各该地方议会之议决，可不拘此限，而作为该地方选民。盖注意特别人才，所以设此例外也。府厅州县之居住期限，但于各该地方所属之城镇乡接续居住满三年以上即可，不必限于一城镇乡中，有此期限也。

（五）财产

昔时以为地方政府一切费用，无不出自有产之人，故选举宜限于有产者。且地方公职，多为无给，亦非有产者无力能胜其任。然社会生产，不能限于有产之人；而地方公事，关于一般居民共同生活，非独资产阶级之事也。故此种限制，今皆废止。然其事与选举沿革，关系至巨，不可不论也。英则为有不动产者，不论相共而有，或分别而有皆可。土地按年估价，至少须值十镑。房屋则不计种类，并于所居地方，纳地方税者。即凡英国男子年满二十一岁，在选举日期六月之前，于本市内勿论自有或租佃田地及其他房产者，皆为有权之人。但仅系赁屋与父母同居者，则不在此内也。至年满二十一岁以上之未婚女子，于前述期限之前，有产年值五镑者，又年至三十岁以上之已嫁女子，其夫因有与己同居之房产，而载入选举名册者，亦视为有权之人。至一九一八年国会之选举虽尽废财产限制，地方选举仍未能废也。法国今日市制，其选举虽以普通为主，然若非本市居民，必须接续五年，纳本市四种主要直接市税之一种或以上者，始许其名登入选民之册。美国地方选举，自为英领之时，即有财产限制，独立后犹行之。其南部各州，有限至有土地五百英亩以上，养奴隶十人以上者，方可被选为州议员。且有因所选职位之高下，所定财产资格，亦因而不同者。以后则逐渐废除矣。财产资格之至为繁重者，莫如昔日德国之普鲁士市之市选举。其市民之选举权，不但全然建立于资产阶级之上，复将代表资产之纳税者，依其所纳之数，分为上中下三级。每级各选本市应选议员定额三分之一，有时高级因其纳税标准过高之故，只有寥寥数人，反少过于本级应选出议员之人数。下级之投票者，视其应选出议员之人数，则数万倍不止也。革命之后，中央地方之选举，其宪法定为秘密、普通、平等、比例之四大原则。故此昔时著名之分级财产选举制，卒归于废除焉。日本昔时之地方选举，系仿效普鲁士市制。其旧市制即为三级财产之选举。其法合本市选民纳税最多者而计之。如其所纳税额，足当全体市民所纳总数三分之一，则为一级，及半额者为一级，其余为一级，各选议员定额三分之一。町村则但为二级，各选议员定额之半。后市改为二级，町村改为平等。其财产资格一为营独立生计者，二为二年以来分任市町村之担负及纳地租又纳国税年额二员以上者。至大正十五年财产限制及分级之选制，始归于罢废。吾国清季之城镇乡自治在其时自难言普通选举。故其章程所定之财产资格，为年纳正税，即解交司库部库各项支销之赋税，或本地方公益捐二元以上者。如有纳上举之捐税较本地所纳之人尤多者，则可不拘年龄居住期限之限，而与选民等。至于选举，亦取分级之制。即令纳税较多适合税额之半者为甲级，余归乙级，各选议员半数。如有人纳税之数介乎二者之间者，则归入甲级。若两级之间，有二人纳同数之捐税者，则长者为甲级，幼者为乙级。若年龄相等，则由城镇董事会总董或乡董，抽签定之。府厅州县之选举权，除居住一款而外，概以《城镇乡地方自治章程》所定为准，惟不分等级。各省咨议局议员之选举，其财产资格为有五千元以上之营业资本或不动产。已及选举年龄寄居之外省男子，如欲为选民，居住须满十年以上，财产之数则倍之，民元各省临时省议会议员选举法系各省自定，多不设此项限制。如顺直、广东是。至元年参议院议决政府公布之《省议会议员选举法》，仍规定财产资格，分为二种：一为年纳直接税二元以上，二为值五百元之不动产。惟吾国当时旧法，虽有财产资格，然仍有他项积极资格之规定。纵财产不及格，仍可以他项资格补救，与他国之行限制选举，专限财产资格者，实不相同也。民国十年，广东所行之县市选举，始不设此限。现行之县市参议会议员选举法及县各级纲要亦皆无之。此可谓有进步者矣。

（六）学力

此项资格，各国地方选举皆无之。惟昔时意大利国会之选举曾有曾受强迫教育之限制。帝俄时代，国会下院之选举，亦曾有专门学业之限制。凡行普通教育之国家，既限选举年龄为二十一岁或二十五岁，则及此年龄者，自必为曾受法定普通教育之人，所以不设此限。惟吾国则有之。如与此项资格相合，纵无财产或有之而不及法定数目者，亦仍有选民资格。此有二种规定。如清季各省咨议局议员之选举，为曾在本国或外国中学堂及与中学同等或中学以上毕业而得有文凭者。民元年《省议会议员选举法》所定为曾在小学以上毕业，及与此相当者。何谓相当，经国会选举事务局解释，为在清时科举时代有附学生员以上之出身者。此项之规定，骤视之与下述之经验及身分资格，均似为不必有者。然因有财产资格之故，若不设此两项资格，则选民范围未免太狭。即只有财产资格之一途，而社会多数堪为公民之人，势必被摈。故设此二项以资通畅。若本无财产资格之规定，则此数项，皆可不必也。

（七）经历职位及身分

此项限制，甚为罕见。惟清末设立各省咨议局，事属创举，为广辟途径，乃于财产学力之外，特设此类资格。其经历资格，只有一端，即曾在本省地方办理学务及其他公益事务满三年以上著有成绩者。职任及身分资格有二：一为有举贡生员以上之出身者；又其一为曾任文官七品、武官五品以上未被参革者。

（八）工作义务

此谓以履行服工义务而为选民资格之一。一八〇二年曾行于美国之倭海倭（Ohio）州❶。一八二四年曾行于纽约州。二者皆为修路工作。今之苏俄勿论国家地方必服劳役者而后有投票权。吾国民国十年广东曾行县自治，其选举县议会议员及选举县长，选民于具备其他法定资格之外，仍须于本县曾经服工三日，或曾经缴纳工费。其免工则依工作章程之所定。此为吾国选举而有工

---

❶ 即俄亥俄州。

作限制之始。夫急公本为社会可赞之事，设法奖励，自所应然。关于兵役力役，将来国家选举及地方选举，如能以公平普遍之原则，于法律之中规定是类义务，而于免役等事严为限制，似非不可行之事也。

第二款　无公民权者

上款各项，谓之为积极条件，即凡合乎此等法定条件者，谓之合格，有权可为选民。若下举各项，则为消极条件。如犯其一，即为缺格。或自始不能取得选民资格。或已有之，而复归于丧失。其事不只一端，分举如下。

（一）为自然能力所限者

此如吾国清季各地方自治章程上所谓之心疾，《省议会议员选举法》上所谓之精神病，日本地方自治法上所谓之禁治产及准禁治产者❶。现行县市参议会议员各选举法及《县各级组织纲要》，亦曰禁治产。西方各国亦有之。年龄不及格者，亦可归入此类。

（二）因案而被处刑者

此如英国犯叛逆罪、伪造货币罪而处刑未终或未赦免者，因选举行贿则剥夺选举权七年。各国勿论中央、地方选举，其选举法概皆有此类规定。日本则因罪名不

---

❶　禁治产是一个法律术语，凡是被宣告了禁治产的人，就丧失了对于自己财产的管理权限，要由法院为他设定的辅助人或监护人来帮助他管理财产。禁治产人是无民事行为能力人的一种，指因心神丧失或精神耗弱而对自己的财产无处理能力，经法院宣告丧失民事行为能力的人。

同，设限亦不同。其市町村制所定，一为曾处六年惩役又禁锢以上之刑者。二为犯有关皇室外患、放火、各种伪造、变造、伪证、诬告、渎职、窃盗、强盗、诈欺、背信、恐吓、横领赃物等罪，而处未满六年惩役之刑，自至其执行之终，或自因故免去执行之时未经过刑期二倍之和当期间者。三为处六年未满之禁锢刑，又犯上举各罪以外之罪而处未满六年之惩役，在执行终期，或因故免刑之前者。清时各选举章程，均定为褫夺公权，尚未复权者。今之县市参议会议员选举法及《县各级组织纲要》所定，虽亦有此种规定，但无尚未复权一语。其意不外以为如已复权，当然可以行使公民权利。其不能行使时，自必尚未复权，固无待于明白规定也。清时各选举章程，复有品行悖谬、营私武断者之规定。此则但为含浑之辞，颇易使人互相攻讦，启争滋事，极不足取。故民国以来，各选举法皆不取之也。

（三）因特别生活情形者

凡无营生能力，而又无足以自给之资产，受人扶助，因此足以增加公众负担者，皆足视为缺格之人。此如英国之济贫制，凡在济贫制度之下，而受济贫税之扶助者，皆无选民资格。日本现行市町村制，亦有类似规定，即因贫困生活，而受公私之扶助者是也。俄国革命后凡资产阶级不劳而获者，亦无选举权，新宪法始废之，因是时人民无一而非劳动者也。

（四）因失财产上之信用者

此盖因财务契约关系，致累于人。恐其凭借公职，或夤缘政治关系，而逃避责任，故设此限。清时各选举章程所定为失败财产上之信用，被人控实尚未清结者。《省议会议员选举法》所定为受破产之宣告尚未撤销者，民国十年广东所行之《县议会议员县长选举法》所定为办理地方公事侵蚀公款，经人控告有据，尚未清结者。日本市町村制为破产之人而尚未得复权者。现行县市参议会议员之选举于此则皆无之。至《县各级组织纲要》始复以亏欠公款及曾因赃私处罚有案定于缺格之中。

（五）因不良嗜好者

清时各选举章程，后至民国以来各选举法，对于吸食鸦片之人，皆不列之于选民之中，即不赋以选举权及被选举权也。现行县市参议会议员各选举法及《县各级组织纲要》复推广而及于代用品。此种规定固在使未犯者之不犯，已犯者之早日禁绝。其尤致效者，为调查选民时，予他人以指摘之机。竞选之时复予人以事先攻讦、事后控告之机。其他社会公认之不良嗜好，国家若视为凡为国民者在所不应有之事，皆不妨以之为剥夺选民资格之据也。

（六）因人种之关系者

此谓因特别人种之关系，不获享有公民权利。盖以其虽为本国人民，然因与本国主要民族有异，即不以公民视之。此如美国人之视印度土人及生于其他地或归化之有色人种是也。彼国宪法第十四次之改正虽于此设有禁文，然各州多阳奉阴违，而以南部数州为尤甚。英国之各治属地，其选举权及被选举权，仍限于白种人，亦其例也。吾国独不然，清时之各选举章程，民国以来之各选举法，对蒙、回、藏诸大族，固毫无歧视，即对于苗、瑶、黎、獐❶亦从无若何消极之限制。平等选举之精神，无逾于此者也。他国之中，苏联如此。

（七）因特别身分之关系者

身分及特别地位，往往出于人之职业。即因从事何等职业，遂使其社会地位为之降下。英国往时凡为人之家庭仆役者，法国市选举法车夫以及侍酒仆役，皆不许其投票，即其证也。日本凡业屠者，皆家世其业，虽无歧视之法律，社会则非常鄙薄，自难与一般公民平流而进。吾国往时科举时代，凡应试者必限于三代以内家门清白，倡优隶卒，不许应试。清时《城镇乡地方自治章程》《京师地方自治章程》，其无选民资格事项之中，则有营业不正之规定。《各省咨议局议员选举章程》则明定身家不清白者，不得有选举权及被选举权。民国以来各选举法中则不之见也。但不识文字一端，清时《城镇乡自治章程》及民国时代之《省议会议员选举法》皆定入无权之中。

（八）因信仰之关系者

此种限制，各国今不多存。昔时凡定国教之国，于选民资格，多特定信仰之限制。即不定国教之国，亦有因从来习惯及历史而为此者。如美国昔日各州之中凡信

---

❶ 古时对我国少数民族带侮辱性的称谓。

仰天主教或犹太教者皆不许其充任公职，皆其明证。今虽于法律上不明为设限，然在事实上、习惯上其区别终不易泯也。

以上所举各项，非自始即为无权，即本为有权而因故丧失之人，其被摈之于选民之外者除为自然能力所限者外，盖有多少示儆之深意，盖以其有伤于其人之名誉故也。

第三款　停止公民权者

此款所指为本来有权亦未丧失，与选举法上所定之积极条件，亦全然相合，但因所处地位，或所司职事，不便令其参与选举；或为候选之人，则当其尚未离去此等特定地位之时，或所司职事尚未解除之时，所有选民之权利，应暂令其停止。停止云者，即停其行使也。有为一部分者，有为全部者。其意盖为保障选举独立，冀免有利用地位、干涉选举之嫌；或为维持从事何种特定职事之人，使之不萦心于他务，非对于停止行使权利之人，法律上有何歧视之意也。此类约有数端，分举如下。

（一）停止选举权及被选举权者

在此类之中者，多因所处地位，或职司选举，或非如此，但如利用其地位，足以操纵选举，甚至能使投票者之自由受其影响。故现任行政司法官吏、现役军人，以及警察皆在停止选举及被选举权之列。且官吏有不仅限于现任者，如法国国会之选举，官吏虽已辞职，但辞职后未满六月以内，仍不得于原任地方被选。英国从军之军人虽不得被选，选举则可也。苏俄军人选举及被选举权皆不在停止之列。吾国往日众议院议员之选举，省议会议员之选举，亦将现任行政司法官吏、现役陆海军人及警察列之于此。现行县市参议会议员各选举法，规定于此类之中者，为下举二款：一，现任本县本市区域内之公务员；二，现役军人及警察。然此二款皆不无讨论之余地。夫所谓公务员者，是否有给与无给皆在其内。盖县市之中，为公务员而无给者亦多有之。若于地方上并不受酬，而只因其出膺公务，遂将其选举及被选举权概行停止，恐人将以从公为畏途矣。且公务员之义，广于官吏，议员陪审亦在其列。如此解释，地方之中，因此停止行使选民权利者，为数必多。故其范围不宜太广。若规定为现任县市政府委任之有给公务员，似为得之。昔之众议院议员及省议会议员各选举法，列于此类之中者，亦有警察一种。然虽泛言警察，其意实指当时在本选举区内者而言。上举第二款中之警察，亦泛然言之，而不冠以本县本市字样。如本县或本市之人，于他处任警职，当本地将举行选举之时，其人因故回籍，若亦因其在他处充任警职，遂亦令其停止行使权利，是否适当，是否有此必要，亦一疑问也。

（二）停止被选举权者

吾国昔日众议院议员、省议会议员各选举法，关于此类之规定，则有下举三款：一，现任小学教员；二，现在学校之肄业学生；三，僧道及其他宗教师。现行县市参议会议员各选举法，关于此类亦袭取上举两法之旧，定为三款，与彼无殊。其第一二两款，一在使从事国民教育者之专于其事，又其一在使正在求学者之专心向学，意义至明，无待深论。惟第三款规定之僧道及其他宗教师，鄙意殊以为不必。其在西方有国教之国家，往往于中央及地方选举法之中积极规定必有何种信仰之人而后有选举权及被选举权。反之，或消极规定凡系属于何种信仰之类者，其人不得有选举权及被选举权。又或不论何种信仰，凡于教会充任教师者，不得有选举权及被选举权。此盖有鉴于宗教纷争之惨史，因特标政教分离之义，乃始如此。吾国从来无政教相争之事，其因执政者之好恶，有时对于某一宗教，特加褒崇，或加以挫折者，间或有之，然其弊害终与西方之宗教战争不可并论。兹于停止被选举者之中，而有本款之规定，如系出于政教分离之意，则大可不必。如非此意，则更无所谓矣。

各国选举通例，凡有选举权者，即有被选举权。其于被选举权而特设特别之限制者，惟年龄一节，即略高于有选举权者之年龄耳。然亦有因为被选举之故而特为宽限者，即投票必限于为本选举区内之注册选民，被选举者则无此限也。此外而特设被选举之资格者，颇为鲜见。盖一面既有无选举权及被选举权者之消极限制，一面复有停止选举权及被选举权或单独停止被选举权之规定。于不违反此二种限制之内，投票者仅可听其自由选举。若再加以若何之限制，则行使选举权之选民，运用之范围，恐不免于过狭。惟民国十年广东曾行民选县长，其条例中规定被选举资格两款：一曾在高等专门或普通以上学校毕业或修业者；一曾在国家或地方服公务三年以上者。至现行县市参议会各选举法亦特别规定被选举之资格：一曾在初级中学以上毕业者；二经自治训练及格领有证书者；三曾任团体职员一年以上者；四曾办地方公益事务著有成绩者。以上所列四款视《市组织法》第六条所定市公民之资格诚然稍高，然在教育发达之地方，亦不甚觉其过于难得。即不设此限而谓选出之人皆及此，恐未必然。甚至区乡镇自治人员亦各设多款之被选举资格，如特定之教育程度及定期之服务经验等类是也。《县各级组织纲要》亦于乡镇长之被选举，定有类此之资格，皆少见之例也。

本章参考各书

《现行法规大全》：县市各组织法、县市参议会议员各选举法。

《法规大全》（民国二年编）：《省议会议员选举法》。

《大清法令大全》：宪政部咨议局议员选举章程、城镇村府厅州县京师各地方〔自治选举〕章程。

Josef Redlich Franiss W. Hirst 译 *Local Government in England* 第一卷第二编第二章下。

W. B. Munro：*The Government of American Cities* 第五章。*The Government of European Cities* 一章第十七页至二十页、二章第一二四页至一二六页、三章第二二八页至二三零页。

《改正地方制度通义》，荒川五郎著，第二编第一章。

日本现行《市制町村制》第一章第二款。

第七章　地方自治之自治权

凡国家无论任何地方，如有自治组织，且有法律上之人格者，自必有其自治权。其于本地方之内，除不能与依宪法或法律所发生之国家权力相抗而外，则亦有其至高绝对性质。勿论何人，抑或团体，苟居此自治地方之内，其公私行为，均不得与自治利益有所妨害。否则地方即可本其自治权而加以适当之干涉。但地方自治之自治权，其性质虽系如是，而在二重宪法之国家，与单一国家，则区别甚大。凡在二重宪法之国家，其上级自治之地方所属之地方，如何设定自治，均为该管上级地方立法事项之一，而非国家立法之事。故在此等国家，所谓中央者，乃指下级地方对于该管上级地方而言，非指对于国家政府而言也。故县市等类地方，与本管州之关系，犹之单一国家中之地方与其国家关系。学者于此等地方，多另立地位，列之于国家与地方之间，而不称之为地方。鄙见则以为此虽与单一国家之上级地方有别，究不得谓之非地方，惟其自治权之来源，与彼不同耳。即其自治权，不出于通常法律，而由宪法上中央地方事权分配而来。其权之分，以立法为始。即如有何权，必先以对于何事有立法权为始之意也。凡此等地方之自治权，概在国家宪法列举中央事权之外，而又为国家宪法对于地方无禁止之明文者。故其权为余留性质，又为允许性质。余留者即国家以此权留之于地方。允许者，即国家宪法不加禁止之谓也。此外关于国家何种立法事项，当国家未行使其立法权之时，国家宪法亦许地方对此立法，此亦一允许性质，亦可谓在其自治权之内。然此类以国家宪法，分配中央地方事权之法，亦不必尽有联邦或自治地方联合之历史。如西班牙本为纯粹单一国家，革命之后，其新宪法则特予地方以广大之自治组织之权。其地方下则为郡，上则为省，省则可依历史上文化上及经济上之关系，由数省自行决定，而为自治联合区。此自治联合区，并得自定自治公约，但须经国会之批准。至自治区之事权，即其自治权，则于宪法上与国家事权同以明文分配之。除宪法规定属于国家事权之外，各联合自治区，依其自治公约，有立法及执行之权。惟自治公约，须经国会批准。以视美之各州，及今停止不行之德国宪法，所予上级地方之自定自治组织之权，不免稍弱。然较之纯然以法律赋与地方之自治权者，终觉其强固也。美制及德宪所定，因历史关系，各州皆保有一部分之司法权。西班牙因无此种关系，故其联合区之自治权，毫不涉及司法之事。此与吾国民国十二年之旧《宪法》相同。

先乎西班牙者，则有吾国民国十二年之旧《宪法》。盖即仍因单一国家之原型，而间取二重宪法之模范者。即于宪法之上明定省为高级之自治地方，而得自定省自治法，且不必经国会之批准。以视西班牙联合自治区之自治公约，强固且过之。所异于德宪及西宪者，即省事亦取列举规定，而非赅括形式。然虽如此，其列举事项，皆不指明具体权限，而为含浑泛语，实与赅括规定无殊。且以设定下级自治之事为省立法事项之一，此尤显然与其他单一国家之宪法不同之处也。

清末变法，于督府所领官制之下，设立咨议局，树立地方半自治之基础。虽为时不久，其创始有足多者。至于民元以后，完全省自治之说渐起。完全省自治者，即省长由本省选举，以之为执行自治行政之地方最高级自治职员，而不为代表中央之大吏。其议始于民国元年参议院讨论省官制时，直隶议员谷锺秀提出之省长民选案。因原案为政府撤回，此议亦归于不决。自此遂有民国五六年中省宪之议。省宪者即省有权可自定自治组织之谓也。卒至民国十二年旧《宪法》之中，遂有"国权"之专章，即规定国家与各省事权之如何分配，及地方制度专章，二者衡以鄙见，极觉其适当。惟旧《宪法》并未实行，将来省之一级，其自治制度如何设定，仍待决之问题也。至于单一国家，其上级地方之自治权，概出于国家法律。变更或存废，皆国家立法之事也。

下级地方自治，在二重宪法之国家，为上级地方立法事项之一。吾国旧《宪法》亦取是例。故其第五条第十款规定下级自治列于省事权之内。然行此制之国家，曾因上级地方即各州滥用其立法权，而于所属地方，恒为不平之特别立法，即对于某一地方独令其举办何事，加重其负担；或将某一地方所经营之事业转移于私人团体之手，或收归上级地方；又或对于某一地方特别赋与以何种权利。此弊恒见于美国。故各州之宪法，关于州议会对于地方立法之事，往往设定限制。即为禁止州议会对于各市为特别之立法，惟关于通行全州之市方可为之。此则自一八七一年，始于彭雪维尼州[1]（Pennsylvania）。然各市情形不一，势有难周，虽不能特别对何市而立法，然亦不能不有补救之道。此即分类之法也。即依人口地面分州属之市为几类。在何类之中者，则得有何权兴办何事。此虽稍有近于特别立法，然曾经法院解释，谓其应如是也。再州议会为特别之立法时，如与何市有关，须由本市承认。即当市选举时，以州议会此次所定有关于本市之特别法案，付诸选民公决。此法自一九〇四年始于伊林诺州[2]（Illionis）。又有选择之法。即州议会同时可为数种不同之法案，而令有关之市择一而从。此制自一九一四年始于纽约州。又有自定之制（Home Rule），即凡人口逾十万人以上之市，即有自定市制之权。但不得与州宪法有相违之处。其定之也由市民特选委员会从事起草，再付选民公决。如有投票总数七分四之赞成，即行生效。此制自一九三二年始于加州。然凡一事权，何为市有性质，又何为纯粹市有性质，上述之法，终觉其难于确定也。

市外之县（county）及镇（town），其自治组织，在美国亦为州立法之事。各州之县，情形虽有不同，其所有事权，约可归为下列十二种：一，维持治安；二，司法行政；三，检查及其他司法行政并命案之统计；四，济贫；五，办理学校；六，道路事务；七，设置赋税征收机关；八，设置选举行政机关；九，土地登记及税契；十，民兵之组织；十一，州行政之分区；十二，图书馆、医院及公园等事。自生产革命之后，工

---

[1] 即宾夕法尼亚州。
[2] 即伊利诺伊州。

商事业集中城市，人口亦然。故下级地方政治，多注重于市。至于人口散处之县及村镇，各州皆不加意。虽有严重问题发生，亦皆等闲视之。后渐觉其非，于是自定自治制度之制，亦有施之于县者。盖自一九一一年加州改正州宪法之时，即赋与各县以如是之权。由县政监理（Connty Board of Suppervisory）或选民百分之十五，即可发起而选举起草委员会从事起草。起草竣事，再付选民公决。公决之后，并须经州议会之裁可。次年州属英吉莱县（Los Enegles）首依此法而自定其县之自治之制焉。至禁止州议会对于州属县镇等地而为特别立法，各州宪法亦往往有之。

德国各州，皆有其所属之自治地方。亦于其各州宪法规定其事。试以普鲁士州言之，其州宪法第八章所定，即为州属地方自治之事。其言地方之划分也，则州之下分为县（亦曰省）区市及村镇。其言地方之自治权也，则言地方之权利义务均定以法律。此处所谓之法律，即州定之法律也。并言县依法律之所定，以自设之机关，处理自治之事务及委任事务。凡州之事务委任于县而以之为执行机关者，曰委任事务。并于章首明言，地方公共团体依法律受州之监督。于其自身之事，有自治之权。然自希氏当国独裁之后，于一九三五年四月十八日颁行《地方政府法》，除柏林而外，全国地方一律通行。从前各州所定不同之各地方自治制度，全然废止。纯然置重官治，与自治之义相去甚远，俟于后论之。

吾国旧《宪法》，既以下级地方之自治，归于省事权之中，即为省立法事项之一。（第五章第二十五条第十款）复言县议会于县自治事项有立法权，则其具体事项，自应由省以法律定之。惟宪法亦虑及省之立法部，对于县或难免有不当立法之处，于是预设相当之限制。其事有二：一，省不得对于一县或数县施行特别法律，但关于一省共同利害者不在此限；二，县之自治事项，县有完全执行之权，除省法律规定之惩戒处分外，省不得干涉之。前者立法之意，已曾于前论之。后者之意，与前者相同，均为保障县自治而设者。一则为防不适当之立法，一则为防不适当之行政干涉。此如省之行政部，故意排斥县自治得力人员，或安插不力人员，又或无故转移其职务，凡此皆足以妨害县自治之健全。何以惩戒处分，则在除外之列。因县自治人员，执行职务，必有所本之法律，其法律对于执行人员之违法行为，自必规定罚则，或别有公务员惩戒法律适用于地方自治人员之上。地方自治人员，苟发生应行惩戒事件，则施行惩戒之时，自必有法定范围与程序。省之该管上级行政机关，亦必依此为之而后可也。至在不构成惩戒处分范围之内，县自治人员自可自行其意，并可免省之过当干涉矣。惟此种规定，均系为县自治而设者。窃以将来生产发达，市于地方制度中，亦关重要。此种规定亦可适用。惟旧宪于市之地位，未加之意，实觉疏漏。惟旧宪法既已见废，今仍论及者，不过借供学术上之研究，及将来立法者之参考而已。

  以上所论均为二重宪法之国家，其高级地方立法机关，以法律赋与所属地方以自治权之事。至单一国家以通常法律赋与地方自治团体之自治权，则于此处论之。在此种立法例之下，多以地方之自治权，列之于地方议决机关之内。其意盖谓地方代议机关，勿论关于何事，苟有议决之权，自必为本地方自治之权。此则有列觉[1]规定与赅括规定之分。前者之例见于英国。如其县议会（County Council）之权，以一八八八年之法律为基础，系取原属治安判事之权而归之于此。其中共分十有六类。但自此以后，仍可以其他单行法律赋与县议会以何种特定职权。其各市自一八三五年始有一律之制。其自治权亦列举于市议会之内。然以其他通行之法，赋与市以何种事权之事，仍随时有之。美国各州所定市制，其事权多列举为六类。但此乃定自该管上级地方，而不出自国家。因其立法体裁有相似之处故连类及之。后者之例，见于法国及日本。即使出于列举形式，其性质仍属赅括。此即仅列举寥寥数大端，而不条举项目也。日本现行府县制，规定府县为法人，承府县知事之监督于法律命令范围内，处理公共事务，并依从来法律命令与习惯及将来法律命令处理属于府县之事务。其市町村制所定亦与此同。此固纯然赅括之规定也。惟此种规定既觉其含浑，且与中央事权，易于牵混，鄙见颇不取之。

凡地方自治团体，既有其事权，其性质亦非无别。此则有必行（obligatory）与酌行（permissive）之分。前者之事，即谓地方勿论如何，必须为之。为之至何分际，法律上恒予地方以自行裁量之余地。后者之事即法律虽赋予地方以如是之权，行之与否，则听其酌。此二者往往于有关于该项事务之法律见之，惟前者多系委任（mandatory）性质耳。

---

[1] 应为"列举"。

吾国已往所行之地方自治各法，其立法例亦多于地方议决机关之中，列举何项事权，而不另定专章。如清末各省咨议局之职权，共列举十二款。民国时代省议会之职权，列举十款。但其中亦不无应加讨论之处。即如咨议局职权第六款所定议决本省单行章程之增删修改，省议会职权第一款所定议决本省单行条例，但以不抵触法律命令者为限。所谓单行章程、单行条例，地方虽可就此议决，但其范围，殊不确定。如省议会法所称以不抵触法律命令为限，则地方立法之权，不免太狭。因地方所立之法，国家不但随时可以法律消灭之，且可以命令消灭之。此纯然出于法国、日本大陆派之半地方自治主义。按之吾国情形，似不相宜。因鄙意始终主张完全省自治，于宪法上以明文画分中央各省之事权，而使各省之事权，尤为立法权，必须受国家宪法之保障，而后为当耳。

一面于地方代议机关之内，列举其各项事权，又一面以专节或专条，另定地方自治事权者，则有吾国清末之府厅州县城镇乡京师之地方自治章程。府厅州县地方自治章程所定，为赅括性质。其事有二：一，地方公益事务，关于府厅州县全体或为城镇乡所不能担任者；二，国家行政事务或地方行政事务，以法律或命令委任自治职办理者。此处所谓自治职者即自治机关也。城镇乡及京师两自治章程，则定之以专节，分为八款：一为学务，其中列举中小学堂、蒙养院、教育会、劝学所、宣讲所、图书馆、阅报社及其他有关学务之事；二为卫生，其中列举清洁道路、蠲除污秽、施医药局、医学堂、医院、公园、戒烟会及其他关于卫生之事；三为道路工程，其中列举改正道路、修缮道路、建筑桥梁、疏通沟渠、建筑公用房屋、路灯及其他关于道路工程之事；四为农工商务，其中列举改良种植、牧畜及渔业工艺厂、工业学堂、劝工厂、改良工艺、整理商业、开设市场、防护青苗、筹办水利、整理田地及其他关于农工商务之事；五为善举，其中列举救贫事业、恤嫠保节、育婴施衣、放粥义仓、积谷贫民、工艺、放生、救火会、救荒、义棺义冢、保存古迹及其他关于善举之事；六为公共营业，其中列举电车、电灯、自来水及其他关于公共营业之事；七为筹办第六款规定之各事而筹款之事；八为赅括性质及其他依本地方习惯向归绅董办理素无弊端之事。上举各款，其中实不少繁重庞大而为城镇乡所不能胜者。当时亦深知之。故府厅州县自治事权之中，有或为城镇乡所不能担任者之规定（三条第一款）。此与府厅州县议事会议权第六款，城镇乡议事会应议决而不能议决之规定，正为同一用意也。

《城镇乡地方自治章程》所定之自治事权，视之虽甚繁多，然令人一目了然。地方住民视之，即知本地自治之事之果为何事。且可使人于人才经费两途，力求其充足，期于能逐一举办其事，诚不失为较善之立法例。当年奏定原折，亦言及官治民治分际之不清，足以生事害公。又谓特将自治事项，指实条例别为款目，一览而知其范围之所在。其立法本旨，言之至明，殊为可取。

民国十年广东曾施行县自治制度，其暂行条例所定之县自治职权，即取列举之例，而复规定行使之范围。其第三章事权章中第十三条中，列举十二款：一为办理师范学校、中等学校、高等国民小学校、半日学校、各种残疾学校、宣讲所、图书馆、博物馆、美术馆及其他关于教育事宜；二为奖励农桑渔牧、开放山荒、沙荒种植，并保护公有森林，经营并监督公有及私有矿业、工业，设立标本展览试验所及其他关于实业事宜；三为疏浚河流湖塘、修筑沙围、堤防、道路及其他水利交通事宜；四为建筑并管理公有营造物及一切公共土木电力工程；五为办理县银行各种保险及其他公共营业；六为办理公仓积谷及一切备荒事业；七为清理街市、整饬公共墓地及一切公共卫生；八为施医、恤婺、养老、收养废疾、保护工人及其他慈善公益事宜；九为依法令办理警察及保甲并团防并其他保安事宜；十为调查户口、死生婚嫁及关于统制事宜；十一为行政长官依法令委托事项；十二为其他依法令赋与县自治事项。

上举事权之中，如有关于两县以上之共同利害者，得协同办理。如遇发生争议之时，则呈请省长裁决之，并得依县议会之议决将其事权之一部移归省自治办理之。并为某一般利益及免除争端计，该条例于县行使其自治权时，复设有五款之限制：一、办理水道或交通不得对于他县有妨害之处置；二、对于他县货物不得赋课通过税或落地税；三、对于他县工业必须之原料，不得禁止出境；四、除于一定期限以内，保护学术或技艺之发明者外，不得对于个人或团体赋与专有或专营之权；五、除凶荒灾变时外，凡本县人民应负担之义务，不得对于个人或团体为免除之允许。合观各款所定事项，与两县以上协同之事，又于事权之行使，确定其范围，故又视清末《城镇乡地方自治章程》所定为加详矣。

现行关于下级地方之法律，如《县组织法》及二十二年十月十日西南政务委员会修正之《县自治条例》，均只于县参议会内列款规定议决之权，而不明白举出自治事项。虽《县组织法》第五条有县政府于不抵触中央及省法令范围内得发县令或县单行规则之规定，但亦只系一种浑括之语。且县即非在自治之时，亦得如此，不可视之为自治权也。惟《市组织法》之中特定市职务之专章（二章），其第八条明定，市于不抵触中央及上级机关法令之范围内，所得办理之事共列二十四款：一、户口调查、人事登记事项；二、育幼养老、济贫救灾等设备事项；三、粮食储备及调节事项；四、农工商业之改良及保护事项；五、劳工行政事项；六、造林垦牧渔猎之保护事项；七、民营公用事业监督事项；八、合作社互助事业之组织及指导事项；九、风俗改良事项；十、教育及其他文化事项；十一、公安事项；十二、消防事项；十三、公共卫生事项；十四、医院、菜市、屠宰场及公共娱乐场所之设置及取缔事项；十五、财政收支及预算决算编造事项；十六、公产之管理及处分事项；十七、公共营业之经营管理事项；十八、土地行政事项；十九、公用房屋、公园、公共体育场、公共墓地等建筑修理事项；二十、市民建筑之指导取缔事项；二十一、道路、桥梁、沟渠、堤岸及其他公共土木工程事项；二十二、河道港务及船政管理事项；二十三、上级机关委办事项；二十四、其他依法令所定由市办理事项。

以上各款虽觉不免稍繁，似不免有应行归并之处，然事项分明，与清末《城镇乡地方自治章程》所定，同系一例，究属足取。条文之中唯云市职务而不明言为自治事权，盖在尚未施行自治之时，此等各款之事，皆系由官办理。然自治制度，一经施行，自应移归自治。故此等职务，终可以地方之自治事权视之也。

现行县市组织两法，大概相近，而立法体例竟至迥不相侔，不知何故。或因起草不出一人之手，亦未可知。然讨论之时，多系两法皆曾与议之人，何以不求其略趋一致耶。

自县各级纲要颁行之后，最高国防委员会即定出新县制实施标准十四项；一、调查户口；二、规定地价；三、垦荒；四、造产；五、整理财政；六、健全机构；七、训练民众；八、开辟道路；九、设立学校；十、推行合作；十一、办理警卫；十二、推进卫生；十三、实行救恤；十四、厉行新生活。至其推行细目，各项中亦均有之。

本章参考书如下

大清光绪朝新法令：各省咨议局章程、府厅州县城镇乡京师各地方自治章程。

《中华民国法规大全》：《省议会议员选举法》。

《广东暂行县自治条例》《广州市暂行条例》（均民国十年）。

《中华民国现行法规大全》：《县组织法》《市组织法》《县参议会组织法》《市参议会组织法》。

《各国现行宪法汇编》第二辑第二十一。

William Bennett Munro：*The Government of American Cities* 第三章第五三页至六四页。

William Bennett Munro：*The Government of the United States* 第

二十九章第五〇七页至五〇九页。

Charles A. Beard: *American Government and Politics* 第二十四章。

第二编 论高级地方自治机关

第八章　议　会

第一节　美　制

此处所谓高级地方者，乃指紧接国家之地方而言，易言之，其地亦可视为国家之上级之行政区域，不过有以此为主或不以此为主之分耳。如在英美则以自治为主，而以国家行政附之。在大陆派则以国家行政为主，而以自治附之。在此级地方，其自治事务，须不背于国家法律或根据地方法律。地方法律为之制定者，则为地方议会。故地方议会，可视为地方立法机关。

高级地方议会，各国概不分设。惟美国各州，则分设上下两院与其国会之上下两院相似。其由来至久，当为英领之时，州长之下，设有议会，参与行政。独立之后，遂沿此而为州议会之上一院。加以中央国会既为两院制，各州亦仿而行之，遂成为通行之制。康乃州[1]（Connecticut）初行此制，其上一院由州长、副州长及十二人之参议组织而成，用以代表全州人民。至下一院则用以代表各市镇。至后则改为现行之两院制，均照人

---

[1] 即康涅狄格州。

口分配代表。各州于此亦皆相同。两院之所不同者，即上一院员额较少，往往数县相合而选一议员。下一院则一县可选数人。其人数由州议会分配。分配年限，有定于州宪法者。此如一七七六年彭雪维尼州❶定为七年是也。至于任期上一院部分改选，每二年改选一半，其议长则以副州长任之。此亦系仿中央以副总统任上议院议长而来者。行此制者，今计有三十五州。然亦有改行一院制者。此则有奈伯罗斯州❷（Nebraska）于一九三四年为始。

下一院人数较多。各州多行小选举区制。但因州议会于每次选举分区之时，往往因党之关系，对于同党之人，则予以便利。对于少数异党之人，则加以阻碍。如将其票数较多之地方，分散于数区，不使集中，以致不易选出。此法俗称为 Gerrymandering，百年之前，麻州州长 Elbridge 始为之，故有此名。久而成为各州选举法上之一大问题。至一八七〇年伊林诺州❸（Illinois）遂创复票之制。其法每选举区之中，选民各有三票之投票权，分投三人合投一人皆可，而以得票多者为当选。凡候选人皆先由各党提名。各州于此，为制不同。有用代表协会制者，即由党员选出代表，协议以推出候选人。有用预选制者，即由各党开会预选候选人，然后提出是也。又有用直接指名制者，即由各党选民径行选出候选人是也。各州分配议员人数，多以行政区域为准。依其人口数目而为之。但人口至少之城镇，至少亦须分配议

---

❶ 即宾夕法尼亚州。
❷ 即内布拉斯加州。
❸ 即伊利诺伊州。

员一名。

选举日期，各州之中亦多不一致。有与国会之下议院议员及总统副总统之选举同日行之者。盖图其便利，为节省选举次数也。然亦有不然者。议员任期，有长至四年短仅一年者。至于会期则两会同开。有一年一次者，有二年一次者。有将一次会期，分作两段而限定其每段之职务者。如前段为议决预算以及各项议案。至后段则议其他之事，且有限定提案之数目者。爱兰伯马州[1]（Alabama）则甚异，四年只一会期。但可开临时会以济之。会期之或长或短，各州州宪法多规定期限。或有自四十日以至九十日，而不许延长者。或规定于会期已满之后，虽许开会，但须减少议员奉给者，亦有限定一定限期者。

州议会议员，为有给制。为数多寡，有定之于州宪法者。有虽定于州宪法，而不定其数目，但定于本任期之中，不得增薪者。如只为增奉之议决，而于下一任期内，方始实行，则可为之。有定日给之数目，并其日期者。至规定几何日内，应给几何，至几何日之外，则减给几何者，亦复有之。

关于州议会组织之事，其最重要者为其职权。职权之中之重要者，又莫如提案与议决。然亦非无限也。因州议会行使其职权，首须尊重国家宪法。即惟于不背于此之范围内，始有其权耳。如国家宪法，已畀之于国家，或所禁于各州者，州议会于此即无职权可言。其所赋于国家之权，非此处所应论者。至其所禁于各州者，

---

[1] 即亚拉巴马州（又译阿拉巴马州）。

即禁止各州所不得为之事也。此则有下述各端：一、与外国订立条约；二、各州之间彼此联盟或联合；三、发给海上捕获许可状；四、铸造货币；五、发行纸币；六、以金银货币以外之物偿债；七、没收人民财产及消灭人民公权（bill of attainder）；八、定追溯既往之法律（expost facto law）；九、妨害契约之法；十、许可贵族之名称；十一、除因施行检查法在所必须者外，不得课输出输入税，如课之之时，其纯利须归之国库，其施行此种法律时，须受国会之监督；十二、非经国会之许可，不得课吨税；十三、于平时不得设备军队兵舰，并因此与外国或他州有所联合；十四、非受外间攻击时，不得开战。凡此皆见于国家宪法第一条第十节之中。

除受国家宪法限制之外，各州州宪法，对于州议会之权力，亦多各自设限。州议会于其行使职权之时，自应从其所限。否则可以发生违宪问题，必至招致州之最高司法机关之解释。各州州宪法，对于州议会之职权，虽可各自设限，不必相同，然考其大致，则不外下举数端：一、对于所属地方，不得为特别之立法，即特别对于一地方或数地方特定法律，予以何项权利，或科以何种义务，各州皆所不许者也；二、陪审制度之审判须确保其独立，州议会不得干涉；三、宗教信仰之自由，言论出版之自由，自昔传来之人身保护状皆须加以尊重，不得蔑视（其法始于一七〇〇年英国之 The Act of Habeas Corpus）；四、不得为无偿之公用征收；五、不得对于特别团体发给许可之公约或与以特权；六、举债以及因公用而借金，关于本州财政之担负量，以及年限等，皆有其限制，至于偿还债务之本息，以至财政公开，亦皆为原则之规定；七、关于官吏之任期及职权、选民资格等事，各州州宪法皆为原则或大体之规定；八、关于地方政府公共机关、公共教育等事，各州州宪法亦皆规定原则。（州议会于立法或议决之时，皆须从其所定。他如议决迁移地方政府之所在地，如县市之治所等事，则宪法多设定住民公决之限制。即州议会虽可议决何地之治所迁移何处，但必须经该地方住民复决同意之后，而始能生效也。）

各州州议会，虽分设两院，然其职权亦大概相同，但亦微有区别。即关于财政之类如预算、决算、举债、征税等类之法，以先提出于下一院者为多。他如州政府任用高级官吏而使上一院有事先同意之权者，亦多有之。此亦有类于其国家宪法也。州议会因便利立法之故而于其外特设机关以资顾问者，则有一九三三年康沙士州❶（Kansas）所设之立法会议，由上院出十人，下院出十五人合组而成。意在便利州议会之议事，并借此养成立法之指导人才。米吉根州❷（Michigan）亦有之，惟人数较少耳。维斯康州❸（Wisconsin）亦有类此之会，系以州议会议员十人与州长由从公民中委任之十人合组而成。然顾问性质居多，非意在便利立法也。他如加罗林州❹（Carolina）亦有之，特组织少异耳。

援助州议会之立法，而以图书供其参考，特设机关者，则有一九〇一年维斯康州之图书委员会。凡有关立

---

❶ 即堪萨斯州。
❷ 即密歇根州。
❸ 即威斯康星州。
❹ 即卡罗来纳州。

法之书籍文件皆可由此供给，并可详细指明足为立法根据之处。自此州议会可不再求助于外间之法学专家，各州多仿行之，且有于此设立法律起草专局者。

第二节　德　制

德国各州州议会如Lübeck，亦分设上下两院。该州《州宪法》第四十三条明定，本州之事权由州议会之上下两院共同行使。但其上院以参与行政者为多也。普鲁士州州议会亦分设上下两院。其上一院用以代表州属之省，其代表则由省议会选出，惟柏林则由市议会选出之，皆用比例制，每人口五十万分配代表一人。其过二十五万者以五十万论。一省所出至少不得下三人。惟汉荷柴林（Honkenzollern）省只出一人。故于此独不用比例之法。各代表人数，每于人口调查之后，由州内阁重行厘定。省界有变更时亦然。德国之州议会名为Landtag，其院之关系，亦略如国会之上院与其下院。上一院则以参与行政者为多。

在德国两院制州议会之下院议员及一院制州议会之议员，其选举权遵国家宪法所定之四大原则，即普通、直接、秘密与比例是也，并不拘性别。其员数有多至百数十人，少至十五人者。然于州宪法规定一定之人数者，亦非无之也。

州议会之职权，凡非依国家宪法所定，属于国家之权，州议会皆有议决之权。然因中央事权过广之故，各州能自由行使者，亦属无多。但虽属国家立法事项，如非专属于国家者，当国家尚未立法，或不为立法之时，各州仍可得而为之，即各州亦得就此立法也。至关于个人社会共同生活、宗教及宗教团体、教育及学校以及经济组织等事，如国家宪法于此有所规定，皆应从其所定。州议会勿论于立法之时，或为若何议决之时，举不得与之有所牴牾也。

立法之外，则为监督行政。各州宪法皆规定州政府为责任内阁制。此为国家宪法对于州政府所定之原则。盖谓内阁应由州议会产出，并须得其信任。因此州议会随时可对州内阁为不信任之议决。勿论对于全体或其一部分，又或一员皆可为之，并必由州议会之下一院为之。责任内阁之意者，即谓州内阁应对此州议会下一院负政治上之责任也。如普鲁士州州议会之下院为此项之议决时，则须有议员三十人以上之联署，非隔日不得表决，至迟不得过十四日，并须以记名投票式决之。其他诸州宪法，关于此节，亦各有所规定。

关于监督行政之事，德国州议会于上述对于州内阁可为不信任议决之外，则有下举二事：一为审问，二为弹劾。前者以委员会议之式出之。关于审问委员会之设立，各州宪法皆赋与州议会以如是之权。若有若干议员之提议，即随时皆可设立。如普鲁士，其提议人数为下院议员总数五分之一。他州亦有多于是者。审问之事，勿论出于内阁所为者，或其他官府所为者，皆可加以审问。如有委员三分之二之提议，且可为秘密之审问。除不得侵犯通讯如邮电等类之秘密外，可适用刑事诉讼法所定之法以搜集证据。审问委员会，如向法院或行政官府调集证据，法院或行政官府应随时供给，不能抗绝或推诿。如值议会任满或遇解散之时，当新议会尚未成立前，其审问委员会则由常任委员会代行之。后者惟施之于内阁。即州议会之下院认内阁阁员全部或其中之数员又或一员，行事有违背宪法或法律时，得加以弹劾。至其提出与表决均有一定人数，如普鲁士提出为一百人以上。表决则与修正州宪法之人数相同，即总数三分二之出席，出席者三分二之同意是也。其审判则归于临时组织之法厅，以一部分法官及议会所选之陪审员成之。如 Lipe 及 Shaumbory 二州所定，则以州事审判所（Staate Gerichtshaft）行之。

德国战后各州新宪法，其最足以限制州议会之权力者，莫如选民直接立法与监督行政。如普鲁士选民对于宪法之修正、法律之改正与废止、议会之解散，皆得提议交由内阁转致州议会。其第一须有草案，第二须有选民二十分之一之提议，第三须有选民五分之一之提议，并须有投票权者过半数之投票，而以大多数决之。惟关于财政公课及官吏奉给等案，则不得由人民发议。州议会如不信任内阁，内阁亦可付诸人民公决。如投票结果否决议会之提议时，州议会应即自行解散。其他各州宪法，亦多有类此之规定。

德国自一九三三年三月举行选举，事先因国会起火之事，社会民主党、共产党先后被解散。国社党乃得空前胜利，希特勒（Adolf Hiteler）已于一月五日出任内阁总理。至是怂恿国会，通过授权案（Enabling Bill），授以为期四年之立法权。自此所有各州议会以及地方民选议会均经一律解散。次年一月国会复通过所谓国家改造案（Reconstruction Act）。各州议会遂一律罢废，直隶国家，而无自治之权矣。

苏俄于去岁颁布新宪法，其国以十一邦联组合而成。每邦之下，有自治共和国，有区省自治省等之诸级，亦各有自治之组织。国家宪法于此，亦皆规定其大原则，惟过觉繁复，应别行论述。至于上举美德两制，皆为二重宪法国家下之高级地方议会。惟德国自国社党专政之后，中央政治组织陡变，其各州之自治组织为之废止。此处惟就战后彼国国家宪法所定，及各州宪法所定者，作为参证之资耳。以下则就单一国家之高级之地方议会分别述之。

第三节　英　制

在英国，高级地方议会为州议会及独立之市议会，后者于后论市制时述之，兹先论其前者。英之地方议会，不但不似美国之分设两院，且地方惟此一会议。议决与执行，亦不对立。且因英之本部甚为褊狭之故，其重要法律，皆由国会议决。地方议会所为关于立法之事，不过附属或补助法规之类。议会之所为者，什九为行政之事。其州议会亦如是也。

英之州制系自一八八八年地方政府案而来。共分二种：一为旧州（Historical Counties），其数五十二。此专为国会选举军务行政及司法行政而设者，非自治体也。此系自撒克孙❶时之 Shries 而来者。至为自治体者，为

❶　即撒克逊。

行政之外，大小不同，人口土地面积方里相去极远，并伦敦在内为数六十有一。其主要机关为州议会，其议员则分为二类。其一为通常议员（Councilors），用小选举区之法选举之。州属地方，除其中之独立市不选举州议会议员而外，其余则分区行之。虽不分性别，往时女子，惟未婚者或寡妇方可以入选，今则此种限制已废止矣。因州之选举多属乡村集团性质，入选之人以有土地所有权者居其多数。其选举制度大体与市之选举相同。惟一选民，可在两区注册。即于此处居住已足法定时期，而于彼处则有财产，或于两处皆有财产，凡如此类，皆可于两区登记，得择一投票。员额则随各州人口多寡而异，最多有逾百人者。有应行变更时，则请之于中央主管机关。在昔为地方政府部，今则为卫生部。任期三年，期满则全部改选。其二为长老议员（Aldermen），其数为前项议员六分之一。即由前项议员于开会后十日以内选举之。通常议员与非通常议员均可入选。但前者入选之时，则须开去原缺另行补选。长老议员，任期六年，每三年更选其半。故每一任之通常议员，皆有选举长老议员之机遇也。长老议员，既经选出之后，则由全体议员合选议长一人，会内会外之人皆可入选。有时亦可由议员之中选举副议长一人以代行议长之职权。

　　州议会之职权，多为由昔日之治安推事之职权转移而来者。大体为管理道路桥梁、卫生、疯人医院、处置公产、检查度量衡及在大城邑之教育事务，并所属地方之设置画界等事。故州议会议长因其行使昔日治安推事之权，亦仪同治安推事，并受相当公费。至于议员不问何类，均为无给。会期岁开四次。其首次以三月十六日为始。地方广阔，会议频仍，议员又为无给之制，凡非当有者❶不易胜之。故英之州议会议员，谚有鞍马政治之语也（government by horse and trop）。治安推事，非不称职，但因人民不喜官吏之故，所以移之于议会。此可见英人之酷爱自治矣。

英属苏格兰、爱尔兰地方政府，因历史关系，与英兰韦尔斯❷两地颇有不同。苏属之州制，始于一八八九年，一九二九年复经改造。州议会之议员选举及任期均同英制，但无长老议员而有所属各市（burgh）之代表，至各市代表则由各市议会选出。遇财政问题，如预算案时，其中如与各市无涉，即市与州无担负或州于市无所分配，则市代表即可不参加表决。但有四市则不出代表。州议会之职权多涉及于所属之市，但亦多有范围。如管理警察，限于行于人口不满二万之市。登记汽车，限于行于人口不满五万之市。办理动物疾病法所规定之事，则限于行于人口不满七千之市。设置收容幼年犯法之感化所，则限于在不另设警察之市。如制定何项章则，以预防浮荡游惰之人，或为驱除有妨公益之事物，不论施行于何市，须先征求该市同意。不论市之大小，州议会为其教育管理机关。北爱之州，始自一八九八年之爱尔兰地方政府案，系袭一八八八年及一八九四年英属地方政府两案而来者，大体与后案相同。至一九二〇年重颁之爱尔兰地方政府新案，爱属共有六州，其组织大体皆如故。至南爱自一九二一年成为自由邦之后，其地方政府皆出自定。虽自为统系，大体亦如英制。邦中

---

❶ 疑为"富有者"。
❷ 即威尔士。

共有州二十有七。

第四节　法　制

　　法国高级地方为州（department），始于一七八七年。中经一八〇〇年、一八三三年、一八四八年、一八七一年四次之变更而始成为现行之制。至一九三一年止，计有州凡九十，大小不均。人口有少至九万九千有奇，而多至四百九十余万者。土地面积有小仅一百八十五英方里，而大至四千一百四十英方里者。平均每州约得三千英方里。其区域今仍因一七八九年之旧。

　　州设州议会（council general）。自一八三三年，始定为由人民选举，一八四八年始行普选。但至今女子仍无选举权及被选举权。其议员每乡（canton）各选一人。被选之人，年须满二十五以上。现任本州职官，皆不得被选。除首州之 Seinc 州而外，其至多者为六十七人，少者十七人，任期六年，三年改选一半。虽于乡中无住所，但于此有财产或纳税者亦可入选。惟只限于该州议员总额四分之一。议员日受六十或七十五佛郎❶之出席费。如离家至三基罗米达❷以上，则受旅费。州议会设于州长所在之地，即州之治所，其会期一年二次。开会之后，则有行政委员会，以执行曾经议决之事。至少每月应开会一次，但有总统之命令及议员总数三分之二以上之要求，亦可开临时会，并自选其议长。总统有

---

❶　即法郎。
❷　英文 Kilometer 的音译，即千米（公里）。

时得下令解散州议会。惟自解散之日起，应于第四星期日举行新选举。

州议会之职权，以一千八百七十一年之法律为根据。其所赋与州议会以议决之权者，为关于财政、赋税、道路、慈善、教育等事，以及分配州属地方分担国家直接税之部分。州议会议员之选举区，亦由州议会决定。至关于监督各市行政之事，州议会亦有议决之权。中央政府有时向其征求意见，则具书申答。惟议会之权力，视之虽甚广大，实际则甚为有限。其法定限制，则有下举各端。一、凡课税借债，均有法定限度，逾限则为无效。二、凡为处分财产之议决，须经国家之核准。三、须不经国家之抗议。此谓州议会勿论为何种议决，如非只限于内部之事者，中央政府如认为不当，或视为有不合法之处，皆可提出抗议，令其再议。必须过一定期间，短为二日，长为三月（自一九二六年缩为六星期）。不遇如此之抗议时，其议决始可发生效力。四、议决预算须守一定之程序及成立之要件。即议决州预算时于议决之后，应经总统之核准。凡依法令归各州之负担，其预算案内应有规定。否则总统得于其中加入应有之规定，或改正之。州预算关于课税或借债之规定，如有逾限之处，总统得抗议使之更正，甚至可加以撤销。虽云由总统，实际则由内阁或主管之部行之。凡州议会议决之事，除只关于本身内部之事，而不涉现行法令者外，均规得州长之承认。盖州长负执行之责，非得其承认，则无从执行也。但法之各州州长，出自中央任命，而非出自地方选举。虽当执行州自治行政之责，实兼代中央监督本州自治。故法之州自治，乃半自治而非完全之自治也。同时州议会中，惟州长乃有提案之权。提案之外，并有列会发言之权，亦得派员为之。议员则无权提案也。

第五节　日　制

日本今日高级地方议会，为府县会。其组织本诸彼邦明治二十二年之府县制，历经修正而为昭和四年之府县新制。其议员名额因府县人口多寡而异。凡不满七十万人者，定额为三十人。七十万以上未满百万者每人口五万加一人。满百万以上者，每七万加一人。平时人数不得增减，惟在总选举时方可为之。议员由各选举区选出，其选举区大小兼用。以市区与从前郡长及司所辖之区为准。惟东京、京都、大阪三市及其他依敕令所定之市，其选举区则以区为准。小选举区之选举，以有效投票之过半数为当选。大选举区中，则以本区分配议员之名额，除其有效投票之总数，而以其商数五分之一以上为当选票额。票同则论年，年同则由选举长以抽签定之。并如《众议院议员选举法》，采提名候选制。不论自荐或推荐皆得于选举日期前二十日以内，提出选举名单于选举长。并附交二百日元或相当金额之国债证券之供托金。如本人得票不满应得票额之半数，则其金额即没归于府县。如已经自荐或被推荐之人，于选举日期前十日之内辞退为候补人时，其供托金亦须没收。因其人既经提出志愿为候补人之声明而乃于将临选之时又复辞退，实足以耽误他人于法定期限内为候补人之志愿，故特为此以限制之也。如候补人于提出志愿书之后其数不逾本区应出议员人数时，则可不必投票而就候补人为当选之宣告。此外关于府县议会议员之兼职皆有限制。他如当选者之如何表示应选，概如府町村制之所定，俟于后论之。府县议会议员，任期四年，概为无给，当选之时概不受选举人之指示或委嘱。

府县会之会议，常会年开一次，其日期三十日以内。临时会有要事时则开之，其期七日以内，社须[1]先期预告。但有紧急事件时，府县知事可径即付之议会。常会与临时会，均由府县知事于十四日之前告示招集日期。有紧急事件，则不拘日数。会期已满，并得为三日内之延长。如有议员三分之一以上提出事件，要求开临时会时，府县知事应即招集之。如有定员半数以上要求议长开会，而议长不行开会时，得选举假议长行之。彼所谓假议长者，即临时议长也。开会人数，为定员之过半数。表决人数为出席议员之过半数。可否同数，取决于议长。议长与议员遇所议事件，涉及一己或祖父母、父母、妻子、孙、兄弟姊妹之时，皆须回避。但得议会之同意时，亦得列席与议。会议必须公开，但如有府县知事或议长又或议员三人以上之提议而经可决时，得秘密行之，即不许旁听也。

府县会之职权为如何，须视其有何议决。府县制中于此则取列举形式，其式约列有八款：一、定岁入岁出预算之事；二、关于决算报告之事；三、除定于法律命令者外，府于赋税征收使用料、手数料（公费）、府县

---

[1] 应为"祇须"。

税、夫役现品之事；四、关于不动产之处分买受让受之事；五、关于积立金谷之设置及处分之事；六、除岁出岁入预算所定者外，为新义务之担负权利之抛弃之事；七、定营造物管理方法之事（但法令别有规定者，不在此限）；八、其他依法律命令属于府县权限之事。以上八事之外，复有数事，亦在府县议会事权之中。一、选举之权。凡依法令应由府县会选举之职位，皆属于此。二、建议之权。凡关于府县公益之事向府县知事或内务大臣随时呈出意见书，此为建议。三、申答咨问之权。此如府县长官因事有所咨询，府县会向其答复是也。但如因此招集会议，而无议员应招，则会议不能成立。又或虽成立而不呈出若何意见，此时府县长官，则可不俟其意见，而径行处理其事。

高级地方自治，其在欧陆，不但与美制不同，亦与英制大异。盖以中央行政为主，而略附以地方自治，故其地方自治之上级机关，必以国家命官临之。法国之州长、日本之府县知事是也。于此中央命官之下，设立行政机关，借与议会沟通，非如英美之高级地方行政机关，由地方选举而来者也。法国之州制如是，日本之府县制虽历经修正终亦如是也。盖其中央与府县之关系，系仿效从前普鲁士邦与其所属之高级地方之关系，亦如法国国家与其各州之关系。

本章参考各书

《改正地方制度通义》府县制第二章，日本荒五郎著。

《日本府县制关系法规》府县制第二章，自治馆编辑局。

《世界各国现行宪法汇编》第一辑第七种第五章、第十二章。

William Seal Carpenter and Tutt Staffaid：*State and Local Government in the United States* 第二章第三十八页至四十七页。

William Bennett Munro：*The Government of the United States* 第二十九章、第三十章、第三十二章。

Charles A. Beard：*American Government and Politics* 第二十八章。

William Bennett Munro：*The Government of Europe* 第十六章第二九二页至二九四页、第二十九章第五五六页至五六二页。

G. Montagn Harriss：*Local Government in Many Lands* 第二章第十页至十三页、第十四章第二四〇页至二四一页。

Fritz Morslein Marx：*Government in the Third Reich* 第三章第七一页。

第九章　中国之高级地方议会

中国清末地方自治，随当时宪政之呼声以俱来。光绪三十四年六月初十日，既经资政院总裁溥伦、孙家鼐奏准本院组织章程，而于次年成立。同年六月十四日，宪政编查馆复奏准各省咨议局章程、各省亦于次年成立。其时中国方有所谓举办新政之事。地方自治，亦其一端。其事什九取法日本，日本则又取法欧洲大陆。故当时各省咨议局之组织，大体仍不出日本府县会之窠臼，亦仍不出法国之州会与普鲁士邦中省会之窠臼也。今试就其中所定各节，择要言之。

议员名额，因人口未经调查，苦无确实统计，势难用人口比例之法，乃以各省学额五分之一及漕粮担数为准。宁苏两处因学额少而漕粮多，则各有加额。浙江漕粮虽多，但学额已敷，故不加额。东三省、新疆因改省未久，学额漕粮皆难为据，皆为酌定相当名额。计顺直一百四人[1]名，奉天五十名，吉林黑龙江各三十名，江宁五十五名，江苏六十六名，安徽八十三名，江西九十七名，福建七十二名，浙江一百十四名，湖北八十名，湖南八十二名，山东一百名，河南九十六名，山西八十六名，陕西六十三名，甘肃四十三名，新疆三十名，四

---

[1] 疑为"一百四十人"。

川一百〇五名，广东九十一名，广西五十七名，云南六十八名，贵州三十九名。时方有消融满汉畛域之议，拟裁改旗制，而令旗人以所居地方为本籍。但因旗制尚实行裁改，而又不便使其无与闻政治之机会，乃于各省定额之外，特设旗人专额，顺直十名，京旗附之。其他驻防则附于所驻之省，由督抚会同将军都统定之。东三省为旗人本籍，旗汉一律选举，则不设专额也。

选举为复选制。即分初选与复选两层。以厅、州、县、直隶州之本管地方及府之有本管地方者为初选区，以府及直隶厅州为复选区。至直隶厅之无属县者，以其附近之府为复选区。初选当选人，为议员定额之十倍。先以议员定额，除全省选民之总数。再以此除出之商数，分别除各复选区之选民总数，此次所得之商数，即为各复选区应出议员之人数。如有零数时则依次归于零数较多数之区。零数相同时，抽签定之。当选之后，如非有疾病，不能任职，或确有职业，色❶能常住本省，及经咨议局特许者，不得辞职。满任后得再当选。虽无如此限制之明文，以理释之，应亦如是也。

任期三年。议员在任出缺，由本区之候补者递补。除议长及副议长二人之外，每年照议员定额十分之一选举常任议员。即虽在闭会之后，此项议员，仍常川驻会也。

常会期为四十日，自九月初一日起至十月十一日止，但得延会十日。如有督抚命令或议员三分之一之陈请，又或议长副议长及常住议员之陈请，得开临时会，

---

❶ 疑为"不"。

其期二十日。开会及议决之定数，均为大多数制，即开会为定额议员过半数之出席，议决为出席者过半数之同意。议案有涉及议员本身或亲属又或职官者，皆须回避。会期中凡关于议员之言论及身体之保障，亦皆有之。如在开会时期，议员于会中所发表之言论，对外皆不负责任。在会期中非现行犯不得逮捕审问皆是也。会议概取公开，但有督抚命令禁止旁听，经议长或副议长同意时，或有议员十人以上提议禁止旁听时，得秘密行之。咨议章程原定应受同省督抚之指挥监督，故须与督抚上呈。后各省多以为不当，争之至力。后乃以议长之身分为断，即议长如系曾任京堂翰詹科道者，则与督抚往来用咨；如系内阁中书则用照会，其余用呈。督抚行文于咨议局则用札。

咨议局之职权。其规定系取列举形式，计十有二款。其中应出于议决者计有七款。一、本省应与应革事件；二、岁出入豫算事件；三、岁出入决算事件；四、税法及公债事件；五、担任义务之增加事件；六、单行章程规则之增删修改事件；七、权利之存废事件；八、选举事件，如选举议长、副议长、常驻议员、资政院议员皆属于此；第九款及第十款则属申覆事件，即申覆资政院及督抚之咨询是也；第十一款为公断事，即公断省属下级地方自治之争议是也；第十二款为受理自治会及人民之请愿事件。自治会如府厅州县自治会等，人民则民间团体，亦在其内。前款之公断，与此款之受理，亦必经过议决而后可。但必自外请求始能置议，故与最前数款之议决事件甚不相同也。除上列十二款之外，咨议局复有三种职权：一、得请求督抚查办本省纳贿违法之官绅，关于行政之事件，得呈请督府批答疑问；二、遇本省与他省有争执时，得呈请督抚咨送资政院核准；三、咨议局对于本省督抚如认为有侵夺咨议局权限，或违背法律等事，得呈请资政院核办。

咨议局各省于宣统元年一律成立，旋复有各省咨议局联合会之设立。清末运动立宪，要求速开国会，颇多尽力。辛亥武昌起义，对于当时革命之事，亦不无有所赞成。及至民国纪元各省光复，设立临时省议会，其组织皆系各省自定。其详今皆不得而见。广东一省尤与他省不同，即女子有选举权及被选举权，且有女子数人确已被选，此其特异者也。元年九月四日乃有《省议会议员选举法》之颁布。二年四月二日复有《省议会暂行法》之颁布，暂行法乃省议会暂行之组织法也。前者参议院于决议之前，尚经几许讨论。后者因参议院行将任满，其议员皆甫从各省竞逐两院之新选举而归，匆匆仿照昔时咨议局章程，仅仅改换面目，大体则与彼无大殊异。其选举仍系取复选制。除无蒙古、西藏、青海之规定而外，大体皆如《众议院议员选举法》。各省议员名额为各该省众议院议员名额之四倍。计直隶一百八十四名，奉天六十四名，吉林四十名，黑龙江四十名，江苏一百六十一名，安徽一百零八名，江西一百四十名，浙江一百五十二名，福建九十六名，湖北一百零四名，湖南一百零八名，山东一百三十二名，河南一百二十八名，山西一百一十二名，陕西八十四名，甘肃五十四名，新疆四十名，四川一百四十名，广东一百二十名，广西七十六名，云南八十八名，贵州五十二名。

省议会议员，任期三年。会期为六十日，得延长十日，临时会期为三十日。至省议会之职权，列举为十款：一、单行条例但以不抵触法令者为限；二、预算及决算；三、除法令所规定者外，省税使用费规费之征收；四、省债及省库有负担之契约；五、财产及营造物之处分及买卖；六、除法令有规定者外，财产及营造物管理方法（以上六款，皆为议决事件）；七、答复本省行政长官之咨询事件；八、受理本省人民关于本省行政请愿事件；九、建议（即关于行政及其他事件，得向本省行政长官建议意见）；十、其他法令所定归于省议会之事件。除上列十款之外，亦得向本省行政长官质疑，及请求查办违法纳贿之官吏。其尤要者为弹劾权。即省议会对于本省行政长官，认为有违法行为时，得以出席议员三分之二之可决，提出弹劾案，经由内务总长提交国务会议惩办之。民元以来之省议会，至十七年以后，又一律罢废，而又无代之者。今虽有省参议会之设，然其事权与今日民主国家之上级地方议会相较，稍觉有不足之处。改正之事，自须有待。

自民元以来，画分中央与各省事权，国中已久有此议。及民国五年，省制加入宪法之议既起，于是完全省自治之说随之而兴。各省企图自治者，有鉴于宪法成立之无期，遂就本省首先为自治组织者，亦渐有之。民国十年九月浙江议定省宪法，惟阻于省长夏超，未克实行。十一年一月一日湖南宣布省宪法，实行之后，亦有相当成效，至十六年遂归于废弃。十一年国会赓续制宪，乃于天坛草案之外，增加国权与地方制度二章，并明定省得自定自治法。其制定机关，则由省与县及全省法定职业团体选举代表组织之。县议会各选一人，省议会与法定职业团体所选之代表，各不得逾全省县议会代表之半。省县代表，各不限于会内议员。省之立法部则取一院制。其议员并须由直接选举之法选举之。惟宪法所定之地方制度，自始即未见诸实行。此不过举出之，以供学术上研究比较之资而已。

民国以来，民主宪政之失败，其最要原因，衡以鄙见，不外三端：一、为国家及各省事权之未尝画分，二者之间权力之一伸一缩，全于法律无所依据，而以彼此之所谓实力为准。二、为以武力驾驭政治，因此之故，凡欲于政治上争取上游者，即不得不于地方上封殖军权。如此国家自难进于真正之统一。三、为自省而下，无适当完全之自治制度。清末虽有咨议局之设，然事事仰承督抚之节制，既未能举监督行政之实，亦终未足以救亡。

民国以来，虽有省议会，为时亦亘十七年之久，然依违于都督、将军、民政长、督军、省长或督军兼省长之间，亦未足以止乱。异日如能收缩地方军事，树立军权一元之制，而以维持治安之责，平时委之于警察保甲。再使地方行政机关，由地方人民选举，而以不隶军界之人充之。又复于根本大法之中以适当分配之法，画分中央与各省之事权。使自省而下之地方，皆能于不背国家法律所定大体原则之下得自以其意，自用其人，自理其事。敢信彼时之政治，勿论中央与各省皆必胜过于今日也。

本章参考各书

《大清法规大全》：宪政部卷二各省咨议局章程、各省咨议局议员选举章程并其他有关各省咨议局文件。

《中华法规大全》：暂行省议会法及省议会议员选举法。

第十章　高级地方行政机关

第一节　美　制

兹论高级地方行政机关，亦如前论同级地方议会，先就二重宪法之国家言之，然后及于单一国家。其在各国，名称各有不同，但皆可以此称之。

美国高级地方为州，其行政机关为州长。兹就其选举、任期、继任、免职、奉给、职权论之。美国州长之职，其来綦远。三百年之前，当殖民地议会未召集之前，威基尼州（Virginia）[1]即有州长之设。自此当独立之前，其余各州，亦皆先后设之。惟有二州系出于选举，余则或由英王任命，或由殖民地监督（Propriator）任命。独立之后，各州多以选举州长之权，付之于州议会，然间亦有出之于民选者。后渐不由州议会选举，一概取人民直接选举之制，并以秘密投票之法行之。至其被选举资格，必为本州享有公权之人民，年须满三十岁以上，而于本州居住满若干年以上，其年期各州所定多少不同。至候选人之提出，各州所定虽其法不一，但以

---

[1] 即弗吉尼亚州。

由政党选民先行选出者，居其多数。此谓先由政党若干人联名推荐，同时被推荐之人，自然不只一人，此时再由属于同党之选民，投票选举一人以为本党州长之候选人，至正式投票之日，则由本州选民选举之。当选票额，各州亦不一。其制有取比较多数者，亦有取绝对多数者，即超过投票总数之一半是也。如取绝对多数，若投票之后，无人得票能足此数时，则由州议会决之，即就得票最多者之二人中决选之。当选州长之人往往不必候至正式选举之后，即可推知。但视此州之投票选民，以属于何党者为最多数，则何党所预定之后选人❶，如无意外变故则必当选。因此正式选举尚未到日期，而某州之新选州长即已腾载报章，传说众口矣。

州长任期，亦因州而异。二年者计二十三州，四年者计三四州。三年者，惟纽佶塞（New Jursey）❷一州。麻州（Massachusetts）❸任期为极短，一年一任。卒因任期过促，职事难举，至一九二〇年始广此制焉。

州长奉给，概由州议会议决。年有五千金元者，有诸州之半数。纽约州较优，其数为一万金元。此外并应由州议会为之决定一适当之官舍，该州宪法于此亦定有明文。

离职之事，盖谓任期未满，中途去职。其故甚多，如身故、重病、因故辞职等皆是。其最严重者为州长之被弹劾而去职。各州弹劾州长，依州宪法所定，其弹劾案应由州议会之下一院提出，而由上一院加以审判。惟

---

❶ 应为"候选人"。
❷ 即新泽西州。
❸ 即马萨诸塞州。

纽约州则由州之最高法院法官会同上议院为之。如有出席议员三分二赞成弹劾案时，则可褫夺州长之职，并褫夺其此后于本州从公之权。至于选民罢免州长之制，行之者计有十二州。此则由若干选民，其数各州不一，联名提出罢免州长之案，并同时预备继任之人，举行新选举。若新选举投票之后，实能举出新任之人时，其罢免案即为经人民可决，否则即归于无效。然事甚难行，计至一九三二年之前，州长由此去职者一人而已。凡州长因故去职，如身故去职、重病不能任事转职或离去本州之类，依宪法所定，设有副州长（Lieutenant-Governor）之州，则由副州长继任。设有副州长者计今有三十五州。无之者则由州议会上院议长或下院议长继任。如系因人民罢免而去职者，则由当时新选出之人继任。但此时为别一任期之开始，而不与前任未满之期合并计算也。

州长之职权，约可分为数类。

一、参与立法者。美国各州州长，亦采国家宪法之例，不得向州议会提出任何法律议案。各州宪法之上，于此概有明文。虽然州长恒为政党领袖，议员则为党员，州长遂得借此而左右立法。且议会所立之法，必赖州长执行。故州议会中人，恒欲预知州长对于何项立法之意向，有时因何项事故，州长得召集特别会议。此时州长之意见，便为议会所易知。所欲知者，其事即非关立法，然不能与此绝无影响也。故依各州宪法所定，州长虽无参与立法之权，但非公式之参与，事实上不但有之，而且甚大也。各州州长对于立法之事，亦非绝对不得过问也。盖法律经议会议决之后，必须州长公布始得见诸施行。美国各州宪法，除北加洛林（North Carolina）[1]而外，皆赋与州长以法律案抗议之权。最初独立各州之宪法，于此皆无规定。嗣因国家宪法如此，各州宪法亦先后仿行。不论法律预算及何种议决案，如须州长认可公布者，彼皆得于定期之内提出抗议。非经原议会出席者三分二或四分三之同意，不得仍执前议。但已过法定时间，而非在议会闭会之后，此时州长纵然表示拒绝公布之意，其原议案则不因此而失效也。至州长对于预算案提出抗议，则须对于全案，而不得对于某项某类而为之。因此州长虽深知预算案中，某项某类甚为不当，因恐碍及全案，遂亦听之而不敢即为抗议。于是不免于各州财政有所不利。但至今日，许州长对于预算为部分之抗议者已有数州。

二、官吏之任免权。美国各州行政官吏，往时多由议会选举。因是州长虽为一州自治行政长官，指挥监督，颇欠统一。后此弊渐革，昔之由州议会选举之职，逐渐改为州长任命。但亦不无所限，即依法应经州议会之上一院同意者，则必求其同意。须经由考试者则依考试合格者之次序而为之，惟进级则不然。各州宪法皆赋予州长以免职或停职之权，然亦有所限。即虽为州长所任之官，免职则必须经过公开之审查。如须经州议会上一院之同意者，则必求其同意。

三、为行政监督权。州长为本州行政长官，则此权自为其所应有。然因各州中之各部长官多由州议会选出，而不由州长任命，故此权甚不易行。行政责任，亦

---

[1] 即北卡罗来纳州。

为之不专，亦不易收连络一致之效。幸近已知其不当，州属重要官吏，多有归州长任命者。

四、财政权。此权之中，最要者为编制预算。距今约四十年之前，此权属于州议会，而由一委员会专司其事。故州长对于本州财政，不能自行策画。久之此种不敢深信行政之成见，渐见消释，而编制预算之事，亦由州议会移归于州长之手。自是州长之财政权，及其责任，始日以见重。此为各州行政中最大之改革，亦为州宪法上最要之修正。

五、军事权。美之各州，因历史关系，概保有相当军队。州长则为其统率，实际则设一副将以领之，州之宪法及法律于此多所规定。如遇州内有不靖之时，或由地方官吏之申请，或出于州长之自酌，州长得依法律之所定，调遣军队。如事权紧急，正当州议会闭会之时，州长得向总统请援。在州议会开会期中，则由议会为之。但虽如此，以出于州长之要求者居多。如加入国家军事时，州长之军事权，则暂为中止。近因注重国防之故，虽在平时国家军部之所为，涉及于州者，亦日见其多。各州亦必依其所定者行之。

六、参与司法权。美之各州，因历史关系各有自设之法院，亦各有自定之法律。州长参与本州司法，厥为赦免之事。关于此事，各州多有专司之官。州长为赦免之事时，须与主管之官司会同办理。或加入该官司之内，而为其中之一员，所以必须如此者，盖防其滥用也。

七、对于国家或他州之权。此虽无法定明文，事实上各州无不如是。如国家有所求于州，则必向州长为之。

其事以因戡内乱、御外侮、关于军事交通及行政者为最著。至他州有事于此州时,亦向州长为之。有时因事而与他州诉讼[1]于国家之最高法院,其事虽应由州议会议决,但代表本州而为诉讼案之当事者一方,则仍为本州州长。

八、其他事权。此类之中,不只一端。但就极通常者言之,如遇举行州议会议员之补缺选举时,则公布选举日期。至于非系正式补缺之选举,各州皆有一定日期。本州应选出之国家上议院议员,于旧有者任满之后,新者尚未选出之前,则由州长暂派代理之人。他如代表本州而为发言人,接见政党领袖,代表本州而与中央或他州为公式交际,皆为州长之权。

美国之各州州长,世人多以一州之总统拟之,实则与彼迥不相侔。国家总统,对于所属阁员,完全有指挥监督之权,且亦能畅行其事。因中央内阁人员,全由总统进退,彼等关于所司之职事,亦完全对总统负其责任,同时总统亦能实际问其责任。凡依宪法或法律属于总统之事权,皆可实际行使,以求尽其极致。各州州长虽由本州选民选举而来,然其下高级行政长官,亦复如是,其最要者如秘书长、财政长官、审计长官、其他各部长官,亦多自选举而来,且多出于宪法之规定。故与州长有如同寅僚友,而非长属。如尽为同党之人,意见尚觉易于一致。若参杂异党之人在内,政治意见,以及所感利害,均各不同。故州之行政,州长实非如中央之总统,可驾驭均一也。此盖由于当各州之初期,既过信分权主义,而又怀疑行政方面之难以尽信,于是不必由

---

[1] 应为"诉讼"。

人民选举之公职，而亦使之必由此而出。此种偏弊至今久已见及，已在设法改正之中也。

州长之下设立行政会（Governor's Council）者有Massachusetts、Maine及New Hampshire❶三州。其由来甚远，始则盖用防备州长之越权行事。North Carolina州❷依其宪法所定亦有此会。州之行政官为当然会员。专备州长之顾问，尤以州议会开临时会议时为要。盖此时必有特别事故关系州之政局也。麻州、纽哈母士州❸，其会员系出于州民选举。他州则由州会两院合选。此二州此会职权较大而且多。如对于州长任命官吏及赦免权之同意，如建筑道路订立契约，处分州之财产，关于州属官之退老抚助以及一切行政，或由其复核，或由其参与，事所恒有。其中会员不过七人，而随时可设立委员会。其名目至百十六之多。麻州曾于二十年前开宪法会议时，欲废此会，但终留之而略加改革耳。

美国各州之行政，关于事项之分配，以及机关之设定，皆由州议会一一为之立法，而与国家立法无关。各州行政，虽不尽同，赅而言之，则有下举各端。

一、总务。此类之中，凡文书之保存与分配，典守印信，筹备选举，皆属之，由州秘书长专司其事。司法行政亦在此类之中，州之司法行政长官，为州检察长（The Chief Prosecutor of the State）。凡有侵犯本州权利利益行为者，则代表本州，从而检举之，并监督州属地方之检察官，兼为州议会州长及其他州政府内官厅之法律

---

❶ 即马萨诸塞州、缅因州、新罕布什尔州。
❷ 即北卡罗来纳州。
❸ 即新罕布什尔州。

顾问。至于选举行政，则有局以司其事，并有地方司选之官吏以辅之。考试则有三人之考试委员会，专司其事。但三人之中，不得有二人属于同党，由州长经由州议会上院之同意任命之。除由州议会选举及由州长选择或法律别有所定者而外，官吏非经过考试合格，不得任用。进用之后，依次进级，亦须考验成绩。

二、财政。财政设有专厅领以厅长，凡州之收入支出举债皆由其经管。此类之中，至要者复有银行、保险两事。各州关于此二事，亦皆有法律详为规定，并特设银行保险局以司其事。凡经州政府许可设立之银行或保险事业，皆在其监督之下。此如检查账簿、稽查投资，检查有无合法保证，对于营业有无准备，以防范其不振。股票债票之发行，亦须事先检查与其有关系之财产与抵押品。此类之中至重者，莫如收税。收税之中又至重者，莫如估价，即就人民所有之不动产而估价也。因不动产于税源之中为最稳固，不易偷漏，故各州税收多在于是。但动产如担保物票、债票、银行存款，他如经营何种事业，官厅依其事业之价值而许可以若何权利，皆为公众财富，但就此征税则较之不动产极不易为也。但营业所得，以及遗产等税，各州渐已行之，亦皆特置征收委员以司其事，而又以地方征收机关自下为之辅助。财政之临时行政监督，则有审计局。凡财政厅长之支付命令，须事先核准，并按期审查其交出于州议会之报告及决算。

三、卫生。此类之事，各州亦设有专司。因晚近人口趋于聚居，卫生之事，日见其多。故各州之中，亦多就此立法。如登记死生，报告邻近疾病，消毒，病者定期隔离，处置秽物秽水，检验饮水食品，驱除有害物类，改良居民不合医生之习惯，皆此类中之事也。

四、公用。此类之事以关乎交通及供给日用者为多，如火车、汽车、电力、交通、饮水、煤气、电灯等事皆是。各州于此类之事，始皆任之私人经营，而由其许可。惟营业之人，往往但知为己，不为公众设想，社会恒感其不便，州政府或收归公有，或严厉监督，或各按其事之性质设立专司以司监督之事。或为之和解劳资争议，或依其提出之意见，为之规定章程。或令呈报业务之财政状况，或令其如何规定价目，以及服工情形。或代其研究改善事业，而予以若何劝导。其事殊不一端。但因党派关系、人事关系，往往因此多设骈支机关，亦一弊政也。

五、实业。此类之事，各州在昔皆视为政府以外之事。自劳资问题，日益加甚，各州政府于此亦渐加过问。其最著者即劳工局也。关于工厂卫生，女工童工，关于伤害老病及失业之保险、最低限度之工资，各州已多以法律求为适当之规定，或即由劳工局司之，或别设管理之官，要皆此类中之事也。

六、教育。此类之事，各州在昔多任之城市乡村之中，近已多不如是。概设一州教育厅以司之，其厅长则曰教育监督。然其权限各州不同。有极大者，凡有关教育之事，如课程、书籍、分配地方教育基金、规定教员资格，无不过问。其小者有仅居于建议地位，而无实际职务者。

七、管理公产。此类之事，如道路、森林、矿产、狩猎、渔牧、码头建筑物皆在其中。各州管理之时，非但专为收益，其中亦有节制享用、保护种类、增殖生产之意。或由州径行办理，或但加以监督考核即为已足，各随其性质之所宜而为之，亦皆设有专司。

八、慈善。此类之事，各州虽亦设有专司，但其事以在地方者为甚多。如济贫教育，盲、哑、聋、跛、有心疾者及其他残疾之人皆在此类之中。关于司法行政之监督，监狱及感化所，各州亦有归于此类之中者。

九、管理专门职业。凡专门职业，其中有由州府保证之后，方可为之者，此如医士、药剂师、产婆、看护、建筑工程师、舟车之司机及驾驶者皆属之。特定商业许由官发给执照，方可办理者，亦在此类之中。其经费即以所收之公费充之。

十、军事。此类之事近多归之国家。战时几乎全然无之。然在平时，仍略有其事也。

各州行政，其极大之弊，为州议会随时议决增设机关，或重复或骈支，甚或根本不必有此而偏为之。大抵不外因人因党而然。但人民之财政负担日益加重，则必至之势也。

美国各州，自立法而至行政。然特定事务，中央欲求其改良或希其增殖，于是与有关于其事之州，设法合作，中央依该州之预算，加以补助。补助则设有基金，亦有保管机关。或对于何事而为研究调查、报告试验皆无不可，而由中央与州分任其经费。其事以农业教育为多。因此虽为各州之事，而由中央政府加以过问者，已日见其多也。

第二节　德　制

　　德国各州政府，依国家宪法第十七条之规定，须为责任内阁制。此谓州政府须得州议会之信任是也。除倭雷德州（Waldeck）一州，其行政系由普鲁士执行而外，各州最高行政机关，皆为州内阁。然其名称各州颇不一致。如在旅白州，及柏里门州（Lübeck，Bremen），则称元老院（Senate）。在海寨州（Hesse）则曰完全内阁（Entire Ministry）。在利牌州（Lippe）则曰州长（State Presidency）。在雪堡州（Schsarm－berg Lippc）则曰州行政内阁。员数多少不同，小州有只三人者，大州则八九人不等。然其三市如汉堡则十五人，Lübeck 十二人，Bremen 十四人。❶ 因此三市之元老院，系兼市与州两种性质。所事甚多，须分别为之，故人数不可过少也。普鲁士内阁为总理一人，内务、财政、司法、教育、农务、商务、公益总长共八人。白佛亚州内阁为总理一人，内务、外务、财政、司法、教育、农务、商务、工务、公益九总长，共为十人。亦各有政党关系。其所负责任，亦有共同单独之分。全部阁员，由州议会选出者，有十四州。此处所谓之州议会，单指下一院而言。普鲁士则但于州议会选出总理，而由彼选任其他阁员。但总理由州议会选出，其所选任之其他阁员，仍须经州议会之同意者，亦有数州。其尤甚者，如 Mecklenburg－

---

　　❶　书中这一段关于德国州的划分来源存疑——德国分为联邦、州、地区 3 级，共有 16 个州 14808 个地区。本节有的州名原文无从查对，或不正确。

Strelitg 全部阁员，皆由州议会选举，不因总理与其他阁员而有分别也。

州议会之职权，举其大端，约有以下数事。甲、参与立法。此中一为提案，即向议会提出何种法律案，而请其议决。二为公布法律。即法律无论新定改正或废止，必须经其公布而后生效。三为发布与法律同等之紧急命令，但须在宪法范围以内。如在州议会闭会期中，须经其常任委员会之同意。四为于法律所许之范围内，发布补充法律之命令，于议会开会后，请其追认。如被否认，则失其效力。五为召集人民公决，以纠正立法。此则只有数州有之，如在 Anhalt 州，内阁对于州议会所议决之法律，如有异议，则可交其复议。复议之时，若仍持原议，此时内阁得付诸人民投票决之。在 Hesse 州内阁公布法律须有总理及阁员满总数三分一之联署，如拒绝公布时，得于两月之内，宣付人民公决。汉堡、Bremen、Mecklenburg、Schwerin 数州，皆与此同。如在 Mecklenburg Strelity 内阁，可不交州议会复议，径行宣付人民公决。如人民公决之后，与议会所见不同，则州议会应即解散。如与内阁主张相反，则州内阁应即辞职。在 Oldenburg 州，则又不同。州内阁与州议会，关于法律案，如意见相左，则先之以彼此协议。协议不谐，然后宣付人民公决。乙、施政方针之决定。每一内阁成立，其施政方针，则由总理决定，而向州议会负责。其他阁员之选择去留，即以此决定之政策为准。如系某一阁员主管之事，则分别处置，各自向州议会负责。丙、为关于财政之事。此中最要者为预算之编制及其提出，决算之整理与其提出，募债及课税等事。募债均经州议会同意，课税则须有税法。丁、任免事件。内阁对所属官吏，有任免之权。属于单独阁员者，则由该阁员单独为之。戊、对于州议会之权。此中之事有几：一为提前召集州议会。二为出席州议会或其他委员会，向其发言，或答复质问。三为行使解散权。除 Oldenburg 州内阁有径行解散州议会权之外，各州于此皆有限制。如在普鲁士，内阁总理解散州议会时，须与州议会之上下两院议长先行协议。Bremen 须有议员总额三分一以上之事先同意。Baden 须先经八万合格选民之联署提议并经过半数合格选民之可决。Brunswick 及 Schsarmberg‑Lippe 必须经人民公决，内阁方可为之。Lippe 勿论内阁决定，或有议员三分一以上之提议，必须经过人民公决方可为之。在前一端时，于人民公决结果之前，州议会不信任内阁之权，应即暂行中止。在后一端之时，于投票结果之前，州议会之委员会，应以顾问性质参加内阁事务。其在 Würtemberg 及 Saxon 解散州议会之人民公决案，内阁可以决定，州议会亦可提议。己、参与司法权。此为特赦，各州宪法多有此规定。惟大赦则非法律不能为之。庚、为对于所属地方之行政监督权。辛、为对于国家及他州代表本州之权。

德国各州，沿袭旧史而来，盖为封建遗物。人口地面，相去悬殊。如普鲁士有地十一万二千六百二十五方英里，人口当在一九三二年为三千八百万人。汉堡则有地一百六十方英里，人口一百一十五万二千人。地方或彼此跨越，或不相连贯。革命之后，国家宪法既定有厘定各州疆界之法，而其中央事权亦大行扩张，渐有趋于单一之势。至一九三三年四月于前述授权法通过国会之后，内阁遂毅然下令使各州政府一律直隶中央，废去各州议会所选出之总理，以国家所命之道路监督（Reichsslotthalter Regional Governor）代之。自此各州于宪法上所予之自治保障乃随之而去，然终不失为绝大史证。广土众民之国家，仍不无应行参证之处。彼今日之西班牙，土狭民寡，而为纯粹单一国家，然其一九三〇年之新宪法，关于地方制度取法德制之处，仍不少也。

德国依其维玛宪法，虽系二重宪法之国家，其各州行政则大与美异。因为宪法所界于国家之立法权极为广大，故各州之行政，本其自定之法律而来者，殊不甚多。又因国家行政，多不径自为之，而委任各州，所以各州行政，多属代行之性质。因此各州行政机关，须承受国家命令，并须接受其所委派之监督。国家经州政府同意之后，亦得向所属地方派遣监督人员。其承委执行国家行政时，如遇发生争议，国家或州之政府，各得诉诸行政法院，听其裁判。但裁判机关，国家法律如别有所定，则从其所定。争议之判决，双方皆须遵守。但各州对于国家如负有宪法所定或法律所定之义务，而故意不尽其义务之时，国家得加以强制，并得加以兵力。德国盖取立法集中、行政分权主义，故各州之事，以代行国家之事为多。又恐行之不力，或竟不之行，所以中央对之，又有如此强大之强制权也。

各州自有之政，亦如国家之与各州，以地方代行为原则，而以各项行政委之所属地方。至代行国家之政，依其事之性质转委于下级地方者，亦复有之。

以上所论，虽为二重宪法国家之上级地方行政，然如德国自其新宪法颁行之后，实已趋于单一。故其各州之行政，较之美国各州与其中央之关系，则迥不相同。因自立法而至行政之事，实视彼为最少也。及至一九三三年，则更大易矣。此后则就单一国家之上级地方行政论之。

第三节　英　制

英国高级地方行政机关为州议会。盖自议决而至执行，不分立也。其施行各项州政，恒以委员会为之。委员会有常任与特别之分。有法定者，亦有随时因便而设者，又有联合委员会。盖谓与循❶回法院之治安推事联合或与其他地方联合。此亦有法定者，亦有不然者。世之行委员制而最能奏效者，莫如瑞士与英国之地方政府。因其从公之人，最富于常识，且能重公德善协和也。委员会而外，则为有给之各项职员。英国地方政府，于此类人员之进退，亦能慎重其选，期其得人。人情私谊，亲故援引，可谓绝少。故能者得安于其位，不才者无由以进也。

州议会年会四次，首次在三月。凡各委员会之委员，及各联合委员会之代表，皆在此期中由一司选委员会或谋画委员会（General Purposes Committee）选出之。其常任者各依地方政事为之，如卫生、道路、学校、医院、办理国会选举、提出私案等类是也。法定必设者，如财政、教育及稽查、养老院、疯人院等类委员会是。

---

❶ 古同"巡"。

委员会随时特别设立，则随地方情形为之，如地方画界委员会是其例也。其法定联合委员会，为州议会与其地之循回法院之委员会。其职事厥惟公安警察。委员人数及使副委员长之选举与其职务，皆有规则定之。联合委员会，双方同数而自选其委员长二人。得票相同，则抽签定之。双方人数如不能决定时，则请之中央主管之部。联合委员会，如甫经州议会改选，即不得延长过三日。其他委员会亦均于州议会改选后一月以内，一律重新组织。凡各委员会，皆各自选举正副委员长。并得依其职务之内容，再设分委员会。其统属关系，亦如各委员会之与州议会。州与州之间，或与所属地因有公共事件须协同办理者，则以联合委员会行之。

　　专门有给之职员，有出于法定者，亦有得听便设置者。前者有州议会秘书、会计员、审计长、警察长、测量员、化学技师、度量衡检查员、卫生医师验尸员及循回法院之书记。此职虽为法院之官，实兼州之司录，故亦由州议会任用。凡法定职员，皆有关于其事之单行法律。其非法定者，则依州事务之多少与财政之贫富定之。职员之任用，恒由有关之委员会推荐，而由州议会核准。有缺出时，先由有关之委员会刊布公告招充。应者须提交应交之证件，由州议会审查。一缺而有二人以上应招，则由州议会投票决定，而取得其票绝对过多数者，即过投票总数之半也。至较低级之职员，则由委员会径行任用。凡职员依其所司，各有事务所而属于该管之委员会。

　　州之行政，既赖乎各委员会，则州议会自须依其议决而赋与委员会以何种职权。如系出于法定者，则必依其所定。如警察则必属之于议会及循回法院之联合委员会。财政委员会则不得赋与以课税及募债之权。各委员会之议决或其所施行，均应由州议会加以核准。如系出于联合委员会者，则由所联合之机关加以核准。但因州之地方辽阔，人民散居，开会不便，除法律设有限制者之外，州议会恒假各委员以相当之便宜。即遇事可不待其核夺，而但为事后之报告与追认，且此亦多系形式也。必系特别重要之事，而后由州议会决之。分委员会，遇零星非重要之事，委员会亦可与以相当便宜，亦如州议会之与各委员会。至各项职员，则皆秉承委员会行事，而不直属于州议会。其奉给、抚恤、退休、养老各金，均由州议会定之。

州议会之职权，议决执行向来不分。故勿论何事，凡归其议决者，即可自行执行。且因地方之事，多出自国家法律，多系已经议定，州议会于此亦不必再行置议，惟有依其所定，逐一施行而已。此实由循回法院之治安推事而来者也。英之各州，本处于循回法院之下，其中设有治安推事。至于微细之事，则由简易法院（Petty Sesion）理之。其事权以司法及警察为主，间及于其他行政之事。后至生产革命之后，生产发达，人民生活日渐改观，地方政事，亦日渐增加。久之治安推事，势难兼顾，至一八八八年乃设州议会。除司法仍留于循回法院，及警察由州议会与循回法院联合办理而外，治安推事之权，皆移归于州议会。其事关系地方全体，自非一端。举其要者：一为财政，凡豫算、决算、课税及举债皆属之；二为交路，凡公路桥梁轻便铁路皆属之；三为公产，凡公产之管理出租出赁或处分皆属之；四为水利，凡河道海塘码头等事皆属之；五为卫生，如隔离医院、精神医院、施医收养废疾防疫等事皆属之；六为教育，此中最要者为普通专门学校之设立与维持；七为农业，其中包括土地之管理分配、改良利用及家屋设计等事；八为于何种法定事权之内，制定单行规则及附属法规；九为向国会提出私案，或反对他人所提出有关于本州之私案；十为依法律执行属于州议会之事；十一为办理选举登记选民及其他关于户口统计之事；十二为警察公安。此节则如前所述，由州议会与循回法院共同办理，而由专设之联合委员会行之。凡属于州议会之事权，州议会随时得依其便利，委托州内下级地方行之。州议会所定之法规，如因此发生争端，而至于涉讼时，法院于审判之时，可加以解释，而决其当否。如以为否者，法院则可不为执行。如某一法规，其中规定对于违背本法规之人加以何等之科罚，法院如以为不当，则不为科罚是也。

英国州之行政事项，最要者，厥惟财政，此应先就豫算论之。每当三月一日会计年度开始之时，州议会各项行政之主管人员，先经由一委员会依其承管之事务，编造来年概算（estimate），而由委员会于审定之后，移交财政委员会复核，以备提出于议会。财政委员会汇齐各委员概算，然后据以编制正式全部州豫算，提出于州议会。每一议员于会议之前，皆应分配一誊本。开会议决之后，于会计年度开始时行之。

每至会计年度结束之时，则造具决算。所有其中开支，须经财政委员会证明其皆依豫算所定或法律所定，并须呈报中央主管地方政务之部。

豫算及决算之后，所应论者则为州之收入。收入之中，以税为主。在昔随事课税，分别征收。自设州议会之后，征收渐归统一。其税收大宗为不动产，故州议会之中，设有不动产评价委员会，地方各有代表参与其事。凡属地方之不动产，皆须由评价委员会随时评价，然后准此以定应课税率。税有通行者，亦有特别者。凡因全州之事而课税，分配州属地方一律负荷者，为通行税。特别因某地方之事而课税，只于与其事有关系之地方而行之者为特别税。二者各有会计。勿论何者，如入不敷出，亦不得挪移也。

收入之中，次于税收者为中央补助（grants-in aid）。此盖为地方办理国家行政，或办国家政府之事，恐其经费不足，又冀其办有成效，则由国库施以补助（exchequer contribution）。如教育、农业、警察，国家皆有补助之法。恒依豫算所定，酌量补助若干之数。此则恒就特定之国税中为之。如许可特种营业之许可税，其中以酒类为多，往往以之补助地方行政经费。许可税之外，亦可以遗产税充之。州议会承受国库补助，然后分配于所属地方。但分配之后，何如用之，则听地方酌定。凡州承受中央补助，中央对于其事，得加以考核，而视其办理之成效，定补助费之多寡。

州之收入，谓之州库藏（county fund）。掌理之者为州之会计主任。其人恒为一银行家，亦须有相当保证金，约万镑左右。凡州之收入即由银行储存，而付以极廉之利息，约二厘左右。

课税而外，重要之事为举债。凡举债，州议会议决之后，须得中央主管地方事务部之许可，并须由此先行调查可以为该州税源之财产。如除积金而外，其负债总额，或其拟举之债，已超过本州年征税额十分之一之时，则须得中央主管部之暂行命令。其命令并须经国会之核准。其所举之债，须于三十年内偿还，零借总借发行债券皆可也。

第四节 法　制

法国州之行政机关，为州长（Prefect）。由其国家总统，经由内务总长之推荐任命之。但无法定资格，恒由州之下级行政官吏，如副州长之类提升。大州之长，则由小者转任。然亦不尽拘于此，而由内务总长自择。州长亦可由内务总长之呈请，由总统加以免职，然不多见，以予以他调或予以有俸给而无职事之职位者，居其多数。每遇内阁变更，内务总长易人，各州州长皆不免有所更动。州长之去留，其权虽操之于内务总长，两院议员于此亦非无力，而以下议院议员之力为尤大。因内阁之成败进退多视下议院之意向以为断，内务总长之能否安于其位，则又视内阁之寿命以为断。上议院虽亦可以左右内阁，但不若下议院之为常见也。因此之故，某州所出之下议院议员，对于内务总长关于本州州长之选择，恒不免有迎拒左右之事，而州长在职之时，亦恒不胜其惴惴之意，而以国会改选内阁变更，或内务总长易人之时为尤甚也。

凡州长于其本州之内，同时具有两种资格。一为中央政府之代理人。即于其所部地方之内，依国家法令，执行国家行政，而上对中央政府负其责任。二为地方行政首长，即州议会议决之事，除属于内部者而外，均须由州长为之执行也。州长虽同时具有此二种资格，因其出自中央政府之任命，而又随时可令其去职，州议会对彼则无此去留之权，故究以前者之资格为重要也。

法国各州州长之职权，依其性质，可分为三类。

一、执行国家行政。此类之中，凡国家法令施行于本州者，则由其推行。如征集军队、安辑退伍、调查户口、办理选举，皆为此类之事。有时对于与彼有关之政党，求其于本州之内能得选举胜利，尤为其必应尽力之事。其他则有征收国家赋税、管理烟草专卖、检查刊物，邮电桥梁道路以及有关交通之事，医院防疫各项卫生之事，管理学校检定教员各项教育之事。凡此诸类之事，如有关于其事之法令，则从其所定。如有依法设立之官职人员，则随时加以监督，分别向中央主管之部，负其责任。

二、执行地方行政。在此类之中，如上举各事，凡依法令可由州议会议决者，议决之后，皆由州长执行。因此之故，州议会开会之时，州长应先预备议案，提出于州议会。法国之州议会，惟州长乃有提案之权，议员则无之也。预算亦由州长编制提出于议会。议决之后，仍须呈报总统核准。州议会议决之事，如州长以为未当，则可请决于中央政府。内务总长且得呈请总统解散州议会。此虽为出于内务总长之请，实际则以出于州长之请者为多也。

三、为监督所属地方之权。州属之地方有县有市，其一切行政，均在州长监督之下。其所有官吏，如应由中央政府任命者，州长得依其意见，提名推荐，并得向主管官署答复咨询，陈述意见。凡本州遇有新起之事，法律皆无所定，其如何处理，则由州长酌量行之。法国自鲁易十四❶以来，完全集权于中央。拿破仑继起，其势更甚，从前封建遗迹为之尽绝。第三共和之后，循之不改。故法国至今为完全中央集权国家。其耳目与手足，皆寄于各州州长。故州长实集权之枢纽也。

州长之次，有州丞或曰副州长，每县各一。由中央政府委任，无特定职权，概受州委托，管理县内行政。

州长之佐属，有秘书长及州参事会（Conseil de Prefecture）。其中设有会员三人，以司审计及备州长之顾问。其重要之职权，为受理州内初审之行政诉讼。即州内之行政诉讼，先向此会起诉也。会员及秘书长，均由中央任命。会员必须年满二十五岁以上，并为法律专家，或曾受行政之修养者。此外则有诸局，各设有人员，各依所事之性质，设有资格限制，其如何选择任用皆有法律分别为之规定。

法国自十四世纪以来，消除封建，王权日固。中经黎吉卢（Richelieu）、鲁易十四、拿破仑第一以至今日，积久成为完全中央集权之国。故其各州行政，什九为自中央之支分，而由州长执行，或由其协助。出自州之自议决而自施行者，实属寥寥。此种行政之事，亦属甚多，大体可归之于下举五端。

一、警察。法国设有警备队（gendarmerci），多由退役老兵组织之，全由陆军编制给饷，然与内务司法两

---

❶ 即路易十四。

部亦多相涉之事。巡行国内各地，尤以乡区为最注重。凡州长以及市长或市之警察长官，遇有因维持安宁秩序或执行刑罚之事，皆可向警察指挥长官请求协助。凡人口较少之小市，其警察长之委任皆由州长之提名。在人口满六千人以上之市，其警察长虽系由内务总长荐人，由总统任命，但乃听州长指挥监督，以执行其职务。

二、道路。法国道路，其国道为下举三者：（甲）由京城达于边防地带或陆海军驻屯之地；（乙）与此相同之路，而略为次要者；（丙）京城与各城市相接之路，或各城市间相接之路。国道之外，凡道路连接州属之重要城市，或与他州相连之路，均属于州道。州道之下，名曰邻近之道。其内亦分三种：（甲）连接数处重要城市或铁路之大驿站；（乙）为连接某一部之城市与二等火车驿站，或内地中心相连之路；（丙）为城市通达乡村之路。国道州道皆为大路，属于中央工部管理之下。于所在州内，由其州长为部之代表，并另设主管之道工局主持其事。其经费则由中央与关系之州，共同负荷。凡道路分类，或出于部，或由州议会之议决。如系新设国道，则须有法律之规定，勿论国道州道，其商务运输章则，均由州长定之。邻近路中，如何分别，则由地方当局定之。稍重要者，须经州议会之议决，而经州长之裁可。

三、教育。法国教育行政，一贯属于中央教育部主持之下。只有农业教育及商业教育，可由农商两部分管。教育部主持全国教育，其外则设有全国高等教育会，以备其咨询顾问。其会员由教育总长推定十三人，其余则由各教育团体选举之。全国分为十七之大学区，由数州归并而为之。初等教育归各州办理，以州长及视学为其长官，二人分别为州之初等教育会之会长及副会长。州初等教育会会员，为二名之师范学校校长，二名之小学视学员。州议会议员四人，男女教员各二人，各由其所隶学校选举之。凡小学教员，均由州长委任。各州各设一师范学校，但由中央供给其经费。如教员薪金、生徒宿膳等费。此外中央并得于州内，办理何种之专门学校。

四、公共卫生。此类之事，多归于市，然州亦有之。凡市议会所定卫生规则，必由州长核准而后可。州长管理全州公共卫生，系由州立卫生委员会备其顾问咨询。卫生学会之学员，由州议会就议员中选举二人、医士三人、化学技师一人、工程师一人、建筑技师一人、家畜兽医一人。

五、救济事务，亦可曰慈善。此类之事，亦以属于市者为多。但关于何种之救济事务，州长亦恒有其在所必负之职责。此如对于失养之儿童，加以收养。对于病者，施送医药、振济有心疾之人。对于年老衰弱及废疾不可医之人，则必须施以救助。食指繁多之大家庭，与妇女生育等事，亦在应行救济之列。凡此诸端，皆为州慈善行政中之事，州长必须过问者也。

第五节　日　制

日本之现行地方行政组织，分为一般地方行政组织与特别地方行政组织。前者为内地，后者彼邦称为殖民地行政组织。❶ 如台湾有台湾总督，其下有五州。州有知事。二厅厅有长。朝鲜有朝鲜总督，其下有十三道。道有知事。桦太有桦太厅长官。南洋群岛有南洋厅长官。至租界如吾国之旅顺口大连湾及其他所谓南满铁道附属地带，彼亦置于此类之中，名曰关东州。设关东厅长官。于管内地方，分设三区。区各置民政署。凡此皆无通行之地方自治制度，今皆在不论之列。所论者即其前一类也。

日本内地，今日共分为三府四十三县。府则东京、京都、大坂。县则以爱知、兵库、神奈川三县为最要。府县之下为市町村，昔时尚有郡之一级，或岛司之一级，介乎二者之间。至其大正十五年始废之。但系岛地或其他交通不便之地，得依内务大臣之指定，设府县支厅。府县支厅各设支厅长，对于一定之町村行其监督之权。至府县之行正❷长官，则为府县知事。其下则为府县参事会。

府县各设知事一人。其进退赏罚及一般行政上之监督，以及本身行为上之监督，皆听之于内务大臣。府县知事为独任，制之上级地方官厅。依地方官制之所定，代表中央政府，而有一定之权限。故凡不保留于各行政大臣之职权，及不属于特别地方行政官厅之权限，则均在府县知事职权范围之内。其他行政之事，如依法令所定，特别委任于府县知事者，自亦在其职权之中。并依

---

❶ 此处所述日本殖民地，及以下所举"台湾""朝鲜""旅顺""大连""南满""关东"等称，均为历史上日本侵略强占之地，历史错误不再一一指出，谨从原文。

❷ 通"政"。

其事项门类，分别承受主管机关之监督。至其具体事项，分别言之，为下举各端。

一、一般行政事务之管理。府县知事于一般行政事务，承内务大臣之指挥监督。至于内阁或各省主管之事，则承内阁总理大臣之指挥官监督，执行法律命令，管理所部行政事务。就中如教育、社寺、土木、振恤、救济、产业之奖励、选举之执行、警察卫生各种之调查、征兵征发之行政事务，皆属于此。

二、府县令之制定。府县知事，关于行政事务，依其职权，或委任得于所部之内一部或全部发布府县令，并得于令后附定关于违令之罚则，而以五十日元之罚金拘留或科料❶为其限度。凡府县令必须公布。其方法得以府县令预定之。

三、出兵之请求。东京府以外之府县知事，如临非常急变之际，须要兵力或须兵备以为警护，此时得移牒❷师团长，请其出兵。师团长若无正当理由，对此不得拒绝。但出兵之时，司令官只于所请目的之内行事。

四、要求其他厅府县警察官吏之应援❸。府县知事于遇有灾害警防或遇事有必须干涉之时，为应援计，得与其他厅府县长官协议，请其派遣警察官吏协助。内务大臣遇有此类请求时，得令府县知事派遣所属警察官吏，应援其他厅府县之警察事务。此时被派遣之警察官吏，应与其他警察官吏同在该管地方长官命令之下从事

---

❶ 科料，亦称罚款。是指强制犯罪人缴纳一定金额的刑罚。日本刑法中财产刑的一种，作主刑适用。仅适用于某些轻微犯罪。科料的金额少于罚金。不能缴纳宣告的科料金额时，可改为服劳役，期间限于1日以上30日以下。

❷ 移牒，以正式公文通知平行机关。

❸ 接应救援。

职务。

五、指挥监督下级行政官厅及所部官吏。府县知事遇事指挥监督支厅长及警察署长。如对于其处分，认为有违成规或有害公益，又或有违犯权限之处，得撤销或停止其执行。至对于所部官史，随事有指挥监督之权。如系奏任官，则以其功过具状上之内务大臣。判任官以下之进退，则自行之。

六、委任行政及自治行政之监督。凡委任市町村长之国家行政事务，府县知事皆有指挥监督之权。如其处分有违成规或有害公益又或有违犯权限之处，得撤销或停止之。府县知事本诸各种法律，监督在其管内水利组合其他公共团体之自治行政。

与以上所举诸种职权之外，府县知事依府县制之所定，又为地方自治之执行机关，而有其一定权限。

府县参事会，盖亦仿自法国之各州参事会。其所以设此者，盖有数故。一因府县会议员，散居各地，若常召集，则时间经费所费至多，遇有紧急之事，不能立即召集议会，而又不能竟不之议。二，时有轻微之事，不必郑重计议，即不必召集议会。因是二者，遂有府县参事会以为府县之副议决机关。又因府县每年出纳，不能无监查之所，遂以府县参事会，为府县出纳之监查机关。又府县选举有争议，则归其决定。行政有诉愿，则归其裁决。此更为参与行政之事也。日本之府县参事会，盖实介乎议决与执行之间。虽常纯粹执行机关，然实与此为近。故列于府县知事之后。

府县参事会，由议长一人及十人之名誉会员组织而成，议长即以府县知事为之。旧府县制直称府县知事，盖即以府县知事为府县参事会之构成员。新制则改称议长，盖欲使其有别于府县知事也。府县知事，遇有故障时，则以其代理者代理议长职务。此种代理者，即府县之事所属之书记官等。府县参事会之会员，由府县会就议员之中选举之。并选举后补之人，其数与正员同。遇有缺出，由府县知事依次传候补之人。其次序如系出于异时选举者，则依选举次序。同时选举者，则依得票数目。数目相同，则依年龄。年龄相同，则抽签定之。仍有阙员，则临时举行补缺选举。

府县参事会会员，任期二年。故其选举必隔年行之，仍待后任者就任之时满任。府县会议员，满任之日亦与此同。参事会会员遇事应受若何法定处分，当其处分尚未确定又或判决之前，仍不失其参与会议之权。旧制府县参事会之中设有府县高等官二员，新制废之。其所以以府县知事为参事会议长者，以其既为府县行政机关，同时使为参事会议长，则会中议决之事，其势自必便于执行。且行政之事，应具有在所必有之知识。以府县知事为参事会议长，故不患其无经验也。

参事会之会期，随事之繁简，由府县知事随时定之，并由府县知事随时召集。若有半数以上参事会会员之请求，府县知事认为有相当理由时，亦得依其请求而召集之。会议之时与府县会不同，即不许旁听也。合议长或其代理者及参事会之会员计算，非有过半数以上之出席，不得开会。开会之时，以出席半数之同意决之。可否同数，取决于议长。勿论议长或其代理者，又或参事会会员，凡遇有关于父母、祖父母、妻、子、兄弟、姊妹之一身上之事及一己之事，皆不得与议。如因此致出席人数不足定额时，府县知事应由候补会员之中，择其与所议事件无关系者，依前述传候补人之法，临时传补暂充之人。如仍不足数时，得就府县会议员之中，择其与所议事件无关系者，临时指名以补之。议长及其代理者，因此应行避席之时，则以年长之会员为临时议长。

府县参事之职权系取列举规定有下列各款：

一、属于府县会之权限之事件，受其委任而议决之事；二、属于府县会权限之事件，须临时急施，府县知事于此认为不暇召集时，而代府县会议决之事；三、于府县会已经议决之范围以内，关于财产营造物之管理，有重大事项应行议决之事；四、于以府县费支办之工事，议决关于其执行中，应有规定之事，但法律命令别有规定者，不在此限；五、议决有关属于府县诉愿诉讼及和解事项之事；六、其他依法律命令，属于府县参事会之事项。

前列第一款及第二款曰代理议决。第三及第四两款皆可曰补助议决。于上列六款之外，最重要者则为检查府县出纳。其检查也，则由参事会就会员中选出委员行之。府县知事及其所指名之官吏及吏员，皆须与会同。此盖为随时可行之临时财政检查法，而于府县会议决预算决算，则为一种之补助方法也。

日本府县行政，其权操于府县知事。其事约如下举数端：一、执行以府县经费所支办之事；二、公布经府县会或参事会议决之事；三、管理财产及营造物，如有管理人时，则监督之；四、颁发收支命令，及监督会计；五、保管公文及证书；六、赋课征收依法律命令所定，或依府县会或参事会所议决之使用费、手数科（办公费）、夫役及现品❶；七、其他依法律命令属于府县知事之权。上举之事权，府县知事得以其一部，使市町村吏员辅助执行。府县事务之办事章程，由府县知事定之。

府县因办理行政，得置有给之职员，而由府县知事随时任免，并就其中择任府县出纳吏。府县经府县会之议决得置临时常设之名誉委员，其组织选任任期等事，亦经府县会之议决，由府县知事定之。府县知事因监督所属职员，得对之施行惩戒处分。谴责，即申饬，科以日金二十五元以下之过怠金，停薪，暂时停职，解职，皆可。凡府县吏员，如受有解职之处分，两年之内，勿论由选举或由任命之府县公职，皆不得为之。

府县知事办理行政事务，如遇紧急事故，虽其事应由府县参事会议决，但无暇召集参事会时，则可专决其处分之法。至次期开会之时，然后将其处分之法报告于府县参事会。

凡有给之府县职员，其薪额旅费及其支付方法，皆由府县知事定之。凡府县会议员参事会会员，及其他名誉职员，皆得因公领受费用。有给职员，于退隐、退职、身故以及赡养遗族，均得由府县支给一定之金额，其数目及支付方法，皆经府县会议决之后，而由府县知事定之。有给职员，或其遗族，关于应得之支给金如有异议时，得向府县知事申请。府县知事自收到此类申请

---

❶ 实物。

之日起，应于七日之内交付府县参事会决定。如其不服，则可向行政裁判所起诉。如府县知事对于府县参事会所为之决定亦有异议时，亦可向行政裁判所起诉。

府县行政，其中最要者为财务行政。一为赋税及财产，二为举债，三为岁出入预算及决算。凡于府县内有住所之人，皆有纳府县税之义务。即无住所，如其滞在满三月以上，即追溯滞在之初，令其由此负担府县税。于府县内虽无住所或未滞留在三月以上，但在此如有家屋土地或使用之或占有之，或设有营业所，而为何种营业，又或于此而为特定之行为者，对于府县所课、对于家屋土地物件营业收入或行为之税，均有负担之义务。住所滞在同时涉及府县之内外，设府县于上述诸端之外，对于收入有课税时，则将其收入，就府县平分而各就其应分之部分课税。凡涉及府县内外之营业或其收入，关系府县依法定标准于本税之上而课附加税时，则由关系府县知事协议定之。如其议不谐，则上请于内务、大藏两大臣定之。府县内之法人，如因合并而存续或设立又或消灭，其合并以前应纳之府县税仍应担负。承继人或承继财团，依敕令所定，对于被承继人承继开始以前所应纳之府县税，仍应担负。矿税、附加税，则照矿区地表面积分配本税税额，各就所分之额依法定标准课之。对于府县之一部特别有利益之事件，府县得向其为不均一之赋课，或只对于府县之一部而赋课。赋课之时，则依敕令为之。其不得课税之法，除法律敕令别有所定者外，依市町村之例，因公益上或其他事由，若以为课税不适于事，得依命令之所定而为免课之事。府县知事经府县参事会之议决，限于有特别情形之人，得许可减免或迟缴。关于赋课细目之事项，依府县会之议决，得付诸有关系之市町村会，令其于定期之内议决。如逾期不议，府县得依敕令之所定，将其费用分赋于所属之市町村，即依期议决。如不适当时，则由府县参事会议决之。遇事必须有夫役现品时，府县得向所属市町村及其他公益团体或一部分之纳税者赋课之。惟关于学艺美术及手工之劳役，则不得为之。除系紧急情形外，皆得以金额折课。夫役则由本人自应或以适当之人为代皆可。课税而外，则有使用费、办公费。对于以诈伪或其他不正当行为，免征使用费，或逋漏府县税者，府县知事，得经府县会之议决，照免征或所逋漏之税额加以三倍之科额。如其金额未满五元，则就五元以下科之。此外关于使用费、公费，府县税之赋课征收，又关于财产营造物之使用，府县知事皆得经府县会之议决，设定五元以下之罚金。对于科罚及科罚之征收，如有不服，则可诉之于行政裁判所。

纳税之人，就赋课上认为有违法或错误时，于征税令书或征税传令书交付后三月内，得向府县知事提出异议。市町村于接收府县分付费用之告知后，亦得如此呈出异议。关于使用费、公费之征收及夫役现品之赋课亦然。府县知事于接收异议后，应于七日内交付府县参事会决定。勿论何方，如不服其决定，得向行政裁判所提起诉讼。

府县税之征收机关，遇必要时，得检查营业，其时间为自日出以至日没。于此时期之中，仍得至营业者之家宅或营业所临检。凡账簿物件皆得加以检查。凡府县应征之物，有不能于定期之内缴纳者，则限期督促之。

在紧急之时，对于夫役现品之赋课而不履行时，得折算金额，勒限缴纳。逾限仍不缴纳，则依国税滞纳处分之法办理。即管押其财产，而公开拍卖也。此种处分，如系出于府县属吏之所为，不服之时，得诉愿于府县参事会，请其裁决。如出于府县知事之所为而不服时，则诉之于行政裁判所。府县知事及其所委之吏员，如不服府县参事会之裁决，亦得提起行政诉讼。管押拍卖之处分，未确定之前，应即停止其执行。凡府县之征收金，于国家征收金之次，有分取之权。

府县为偿债或为永久利益，又或为救济天灾事变，限于此类之事件时，得经府县会之议决举债。所有方法利率及偿还方法，均在应议之列。但对于预算内之支出，而但为暂时之借款，则但经府县参事会之议决即可为之。府县于其必要之费用，以及依法律敕令惯例属于府县之担负，有必须支办之义务。府县之收支时效，准用国家收支时效。即公法上之债权债务如经五年而不履行，其时效即因而消灭。私法上之时效，则依民法之所定。

岁出入预算，由府县知事于会计年度开始之前先行编制。与财产表一并提出于府县会，请其议决。其会计年度，与政府之会计年度即与其国家年度相同。既经议决之预算，追加与更正，府县知事皆得为之。预算之中，得设继续费，即以数年为期举办之事件，或以数年为期支出费用之事，各于年限之内预定各该年度之支出额。继续费之外，得设预备费以备预算以外之支出，或为充超过预算之支出，但不得以之充府县会曾经否决之用途。府县因特别事故，并得经府县会之请决，设立特别会计。预算于议决之后,应即报告内务大臣,并将其要领告示于外。决算则于翌年府县会之通常会中报告之。其报告内务大臣,及将其要领告示,皆与预算同。预算编制程式并款项流用,及其他关于财务之事,由内务大臣定之。关于府县出纳吏及府县议员之身元❶保证,及赔偿责任,均由敕令定之。

府县所掌事务之中,时有为资力所限,不易举其全功者,亦有涉及府县内外,必须求其一致者,为共同处此一部之事务,则彼此协议,制定公约,得内务大臣之许可,成立府县协会。府县协会,亦与府县相同,于法律为法人,其名称,组织协会之府县,共同处理之事务,协会之如何组织,事务之管理,费用之支办方法,其他必要之事项,皆须规定于规约之中。至协会之事务,则由内务大臣就组织协会之府县中,择其适当之知事为之执行。其协议之时,其中府县知事,孰负执行协会事务之责,未便自定,故须由内务大臣定之。

府县协会既成之后,或其他府县要求参加,或原有之府县自愿退出,因此其中府县数目不免有增减之时;其共同事务亦有因增加事项或减少事项,以或改变原定事项而有变更之时,其原定公约,亦不免因此事故或其他事由而有变更之时;共同处理何种事务而成立协会,如其事务已经完成或已废止,因此又不免有解散协会之时。凡遇此等事时,亦由关系府县彼此协议,而由内务大臣加以许可。若因此而发生处分财产之事,亦依关系

---

❶ 出身,来历。

之府县之协议而定之。凡此处所云由府县协议之事，府县知事于协议开始之前，皆须先以其事提出于府县会，经其议决，然后为之。

本章参考书

Charles A. Beard：*The American Government and Politics* 二十六七章。

Frederick F. Blackly and Miraim E. Oatman：*The Government and Administration of Germany* 九章二八三页至二八四页。

Josef Redlich：Francis W. Hist 英译 *Local Government in England* 四章八十五页至一百〇一页。

Frederic Arsin Ogg：*The Government of Europe* 四章四四页至四五页。

W. B. Munro：*The Government of Europe* 十六章二九二页至二九五页，二十九章五五六页至五六四页。

Fritz Morstien Marx：*Government in the Third Reich* 五章第二节。

William Seal Carpenter and Paul Tutt Staffeard：*State and Local Government in the United States* 二章第二节、第三节、第四节。

William Bennet Munro：*The Government of the United States* 二四章、二五章。

G. Montagn Harriss：*Local Government in Many Lands* 二章第十七页、第十八页、第二十五页。

荒木五郎著：《改正地方制度通义》第四章、第五章。

第十一章　中国高级地方行政机关

吾国高级地方政府，由来蓁古。只有奉行国家法令，而无事先议决机关。自清季各省设立咨议局，始以督抚为其执行机关。巡抚之设，始于明洪武中。总督之设，则在正德之时。本为临时差遣之官，日后增设日多。然在明时始终非地方正官，亦非按省而设。其数多寡随时无定。至于清时，始有定秩，且为地方正官。然仍沿明制，必带部院长贰之衔，以示自内而出，以中驭外之意。故在清季筹备宪政以前，行政本无国家地方之分，国中亦无此学说。自宪政之说起，始筹设地方自治，画分国家地方财政，分别国家行政与地方行政，因而设立各省咨议局以为一省自治议决机关。遂以代表国家主治一省之督抚，而为其执行机关。此则于各省咨议局章程中见之。

各省督抚，对于咨议局亦有其一定权限。此则有下列各款。一、提案。凡当咨议局开会之先，督抚应将议案草拟于开会时提出。凡咨议局所列职权，由其第一款以至第七款，督抚皆得提出议案。至若第一第二两款规定之预算与决算，则非由督抚提出不可也。二、公布议决之议案。凡咨议局议定事件，督抚应据其呈请公布施行。权属内部之事，如议事规则、旁听规则等亦须由督抚公布之。三、提交复议。凡咨议局议定事件，勿论原由局中提出，督抚不以为然；或由督抚交议，议定之后，与原议不合，因而督抚不以为然，皆得声明理由，交局复议。复议之时，若仍不改前议，此时督抚得将全案咨送资政院请其核办。四、批答咨议局之疑问。督抚遇咨议局对于本省行政有疑问请其批答时，应即批答之。即认为有应当秘密者，亦应将其大致缘由，向其声明。五、出席及发言。凡遇咨议局会议之时，督抚亲临或派员出席参与，均无不可。但不得参与表决。六、召集议会。咨议局之开会，勿论系常会抑或临时会，均由督抚召集。七、监督咨议局。此为国家对于地方自治之监督权，乃另一性质，当别论之。

兹述督抚对于咨议局权限之后，有应行附论者。即清季各省督抚之下，依其续订各省官制通则所定，督抚应于署内设立会议厅，传集司道以下各官，会议紧急事件，决定施行。如有关地方之事，可择公正乡绅与议。故咨议局议长、副议长及常驻议员，督抚皆得随时延至会议厅使之与议也。

民国元年各省继临时省议会之后，而设立正式省议会。其与之对立而负执行之责者，则曰省行政长官。凡省议会议决事件，省行政长官应于十日以内公布之。如有异议，得咨交复议。复议之时，如有出席议员三分之二以上仍执前议，则应即公布。常会则由其召集，临时会之召集亦由其为之，但亦可由半数以上之议员向其请求召集。预算及决算之提出，省议会暂行法虽未之言，但依通例言之，应属之省行政长官。至于出席省议会答复省议会议员之权，亦皆有之。降至今日，省政府一级之中，并无表见民意之处，徒闻省有改制之议。夫委员制诚未尽善，然省民丝毫不能与闻省政，即易合议之委员制而为独裁之省长制，恐亦未见其尽善也。

吾国地方行政，勿论何级地方，从无国家地方之分。行政官吏，上自督抚、学政、司道，下至一命之末职，无不来中朝。凡督军、察吏、理民、清赋役、理刑狱、奖善、检奸诸事，无一而非国家行政，亦无一而不以国家官吏司之，地方人民，实无容啄之地也。清末变法，各省设立咨议局，既容其对于本省应兴应革之事有权议决，复于不抵触国家法令范围之内制定单行规章，而又承认省有自身之预算决算，则省有自身行政，自为理所应然，亦为事所必有。最著者当时全由地方筹款举办之事，为当时所称新政之学务、警务与劝业三端，虽皆由中央命官督理其事，如学则有提学司使司提学使，巡警劝业，各设两道员。然以下人员皆不回避本省，而可以籍隶本省者为之。自此省有自身行政，日以渐明，今更为无可争辩之事实矣。

不但本省行政已也，如呈请督抚，查办违法纳贿之官绅，当时凡官吏皆为国家行政之官，其纳贿违法之事，亦不单指本省行政事项而言也。以吾所知者，宣统二年顺直咨议局有呈请直隶总督查办津浦铁路北段总办李顺德纳贿之事，查明属实，不但李因此革职，则曾经祖李之直督杨士骧，其身后追赠之太子太保衔亦且撤销。而于长芦盐斤议决加价，以办学警皆当时直省极重要之事也。及至民国先后各省有临时省议会及正式省议会。后者复为国会参议院议员之选举机关之一。不论省分大小，首次省各十人，每二年改选三分之一。此则为高级地方本位，而向国家平等选出代表，益证省有自治人格。但至十七年后,一律停罢。今则省预算并为国家预算之一部,省财政亦为国家财政之一部。中国之广土众民,实远过乎今之日本、法国,而集中政策则远过之。吾人但就学理立论,衡以均权主义,似不无斟酌之余地也。

本章参考书

《大清法规大全》宪政部卷二各省咨议局章程并选举章程。

《中华民国法规大全》二年省议会暂行法,《省议会议员选举法》。

第十二章　上级地方自治监督

地方自治，无论其权如何之大，范围如何之广，要不能全无所限。高级国家宪法限之，其次法律限之，根诸法律而来之行政命令亦可限之。因此之故，地方自治，不能不受国家之监督。盖既有所限，则地方行使其自治权之时，使其不致逾越范围，则必有赖于国家之监督。此其一也。有时地方推行何种事务，系由国家委托而来。凡委托之事，自必有其范围。地方推行之时，使其无过与不及之处，亦必有赖于国家之监督。此其二也。

地方自治，须受国家之监督，然有司法监督与行政监督之分。前者为二重宪法之国家对于各州之自治之监督。在此国家，各州有权自行议决而自行执行者，乃国家宪法容认各州保留之事，或为国家宪法所不禁于各州之事。如各州所为，非其保留之事，或为国家宪法所禁之事，此时因权限冲突之故，最易与国家发生争议。争议既起，则必有待于裁决，此在美国为最高法院。如最高法院认某州之所为，为非宪法上所允许保留于州之事，或为宪法所禁于各州之事，即可宣告其无效，即宣告各州法律无效也。盖各州无论举办何事，必先行制定关于其事之法律。宣告州之法律为无效，即无异谓其无此项立法事权也。在德国依其宪法之所定，如州之法律有抵触国家法律之争议时，国家或州之当事官厅，得依国家法律之所定，请求最高法院判决之。凡此皆可谓之司法之监督。吾国十二年旧宪法，关于省与国家事权争议之裁决，亦取此例。

行政监督，为单一国家所通行之法。凡国家监督地方自治，恒有专司之机关。如在英国，往时有地方政府部，自一九一九年后则为卫生部。此外他部如地方事务有涉及其主管之事者，亦须受其指示。凡地方创办何事，皆须请准于卫生部。预算决算皆须于州议会议决之后，向其呈报。如举债越过本州年征税额十分之一时，则须得其暂时命令。此命令并须经国会之批准。

英国地方自治团体，要求国家赋与以新事权，须经国会通过私案。行政主管部所发之暂时命令，最后亦须经国会核准。故行政监督之中，在英亦可谓之兼有立法监督。法国监督地方自治之机关，为内务总长。各州之长，亦代表内务总长监督本州自治。凡州议会议决之事，如课税、借债，则须依法定限度。勿论为何种议决，须于定期之内，不经过中央抗议而后生效。预算须经中央之核准。最大之监督权，为中央对于州议会可加以解散。日本地方自治之监督，为其内务大臣。府县知事依内务大臣之意见，亦得为之。如府县会或参事会之议决，或选举，府县知事认其有逾越权限，违背法令或会议规则，又或有害公益，得依其意见或依内务大臣之指挥，令其再议或再选举。且认为有特别事由，得不令再议或再选举，而径行加以撤销。府县会或府县参事会，如不服府县知事之如此处分，可向行政裁判所提出行政诉讼。如议决预算时，对于依法令属于府县负担之费用，该管官应依其职权开支之费用，又属于府县义务之费用均不得削除，或减额，否则为有害于公益。对于因非常灾害之应急或复旧设施之费用，以及为预防传染病或其他紧急不可避之费用，而为削除或减额时亦然。府县举债经府县会议决之后，须经内务大臣、大藏大臣之许可。凡府县行政，有须经主管省大臣之许可者，则必经其许可。内务大臣为便于监督之故，且得调阅府县文卷或检查其出纳，并得经过勅裁，可解散府县会，而于三月内改选。至府县吏员之吏员，服务规则亦由内务大臣定之。日本中央监督上级地方自治，盖取法于法国之处为多。

我国清末各省设立咨议局，而以督抚为其监督。其权有二。一为令咨议局停会而以七日为限。如咨议局所议决之事逾越权限不遵督抚之劝告，违背法律，或议员在场举动狂暴，议长无法制止，则令其停会。二为解散。应行解散之事有四。一、所决事件，有轻蔑朝廷者。二、所决事件，有妨害国家治安者。三、不遵停会命令或屡经停会而仍不悛改者。四、议员多数不赴召集，屡经督促而仍不到会者。一有上举四端之一，督抚可勒令咨议局解散。同时重行改选，而于两月内召集开会。当时宪政编查馆草订章程，其意盖斟酌于日本之府县制、法国之州制之间。

本章参考书

《大清法规大全》宪政部各省咨议局章程。

《改正地方制度通义》府县制第六章，荒川五郎著。

William Bennett Monro：*The Government of the United States* 第二十九章第十三页至十四页。

William Bennett Monro：*The Government of Europe* 第十六章第二九九页至三〇四页，第二二章第四三四页。

第三编 论下级地方自治

第十三章　县乡镇区等

第一节　美　制

各国下级地方自治，因社会经济情形而有不同。有以农事为主者，有以工商业为主者。前者之中，名称不一，亦略分等级。然在此类之中，近因生产方法变动之故，由农业社会趋向于工商业之势者，间亦有之。后者概称为市。此俟于后章论之。本章所论，则限于前一类，此亦循本著一贯之例，先从二重宪法之国家论起，然后及于其他，兹依其等级分别述之。

一、县制

美国各州所属地方，除后章所论之市而外，大者为县（County）。各州之中，多者一百五十县，少者可至九十县之下，全国约至三千九十九县。其中有自治之组织者，约三千五十三县。辖境大小悬殊，有大逾二千八百余英方里者，小有仅及七十余英方里者，平均多者四百至六百五十英方里之间。人口亦然，有少不满万者，有多至三万者。但近来人口激增，有多至人口六万以上者。各州设立县治，多有地而人口限制。如前者为四百英方里左右，后者为由七百以至二万。近来改革地方制度案中有主增加县之事权者，有主减少县治者。如南加洛林州在一九三一年且有废县之议。

凡县之组织，概由该管州之州议会为之设定。即由州议会于此从事立法也。但因矫正州议会对于县为特别立法之弊，各州宪法于此多为立限。关于特定事项，亦多有限制。如迁设县自治所，设立新县治，以及变更县之辖境，州议会为此议决时，必须先得有关地方之选民同意。亦有允许县民组织起草委员会，自定自治公约（charter），经公民票决而自行设定自治制度者。如加州与梅里兰州（Maryland）❶是也。有限定人口数目者，如答克斯州（Texas）❷必人口满六万二千之县，方可为之。亦有被人民投票否决者，如一九三四年米其根州（Michigan）❸是也。又有经司法解释为违宪者，如一九二五年阿克生州（Arkasas）❹是也。近十年中，州宪法许立法部对于县为选择之制者，约有十二州。县之与州，其地位一为政治性质，盖县为州立法部之选举区，两院议员人数不等，皆由此选出也。二为行政区域，如收税、修路、设学、济贫、民团等事，皆就此办理。其三为司法区域，故各县之中法院，以及法官皆为其重要部分，有多少司法行政事务，皆于此行之。

县之本体组织，至要者为县政府。亦可曰县行政委

---

❶ 即马里兰州。
❷ 即得克萨斯州。
❸ 即密歇根州。
❹ 即阿肯色州。

员会（board）。此则各州因历史关系，不尽相同。大别可分为大小二类。大者由十五人以至二十五人，由县属之镇各选一人。近于繁盛都市之县，其政府委员，有多至三十以至五十人者。米其根州则有数县如是。小者由三人以至七人不等，或由全县通选，或分区选出。新英兰❶南部、中部之西以及近太平洋岸各州之县多如是。至于南部各州县政府，多与县法院混称，政府乃由司法人员组织而成。如米苏里州（Mesouri）❷县府委员称为推事，共有三人，首席推事由全县选出，陪席（associat）推事二人则分区选出。凡此皆在小者一类之中。

县政府之职权，概出于州立法部之赋与。即以州之法律定之也。州宪法亦间有规定之事。州法律于此恒用列举规定之法，或为严格之限制，此谓之通行法。如以为未备，可随时声请州立法部为特别之议决。但有时易于因此发生纠纷，且州立法部于此，只限于不抵触州之一般法律范围之内，只系关于一般之事，而不妨碍县属各地者方可为之。亦有时赋与县政府以多少之立法权。但县政府通过此项法律，须呈之该管州之州长。如经其抗议，复议之时必须有三分之二以上之赞成，方可抵销其抗议，即仍执原议是也。此法自一九〇八年久行于米其根州。

县政府之职权，出于州法律之赋与，内容各州不尽相同。综其大要，则有六端。一、财政。凡预算、决算、课税、举债、偿债，保管、处分县有财产等事皆属之。二、交通。凡维持开辟或改正道路、桥梁、水道等

---

❶ 即新英格兰。
❷ 即密苏里州。

事皆属之。三、工程。如建筑县有各种建筑物是。四、救恤。如济贫之事是。五、办理各种选举。六、其他如议定县公务人员之公俸及退老年金皆在其内。他如教育一事，除新英兰等州而外，县皆有若干之教育权。至南部各州之县，则全操此权，设有专司及监督人员以司其事。

县政府之职权，略如上举六端。然实际行使之时，亦时有特例。如财政中之预算、课税，新英兰各州不仅属于县政府。纽海蒲司州（New Hampshire）❶及康奈塔州（Connecticut）❷则以此事委之于一临时会议。其会由本县所出之州立法部议员组织而成，每二年开会一次。麻州县之财政，但由县政府提出概算，而由州议会为之决定。印地安州（Indiana）❸预算与课税则由分区选出之四人与由全县通选之三人组成县议会（County Council）为之决定。盖于动用公款之县政府以外，别为议决之机关也。新英兰各州之县，皆以济贫之事委于所属之镇，而但握其监督之权，且亦不司办理选举之事。美国县制，其政府职权既如是之互有不同。论其性质实混合立法、行政而为一，且以偏重后者为多。亦且有混合司法之事者，就体制言之，实不易名状之也。

县既兼为司法区域，故于此设立法院者，各州之中约居三之一。亦有但择人口众多之县而设立者。最多者为合数县而为区，区设法院，设推事一员，按期巡行各县而为巡回法院。推事勿论属于县法院或区法院，出于

---

❶ 即新罕布什尔州。
❷ 即康涅狄格州。
❸ 即印第安纳州。

人民选举者，各州之中约居四之三。任期由五年或六年，有长至十二年者。间有由该管州之州长经州议会上院或下院之同意而任命者，如康奈塔州则须经由州议会之两院同意。亦有由州议会任命者。此外复有佐以专司人民产业及登记遗嘱及文契之推事。

县既兼行政司法区域，故于县政府及法院外，恒安置人员从事此二类之事。其员数各州多少不同。至其名目则有下举数者。

（一）督察员（Sherriff）

除罗得岛州（Rhode Island）系由州议会选举之外，即由全县公民选举。任期多为二年或三年，间有至四年者。有受一定之奉给者，有即由所司职务中所收之公费资给者，有兼而有之者。其职务或以协助司法、维持秩序为主。故法院判决之案，必归其执行。如拍卖曾经判决因欠税或负债之私人财产、执行死刑、缉捕罪犯、传问证人、搜集证据，管理监狱。如遇地方过分不靖之时，可施行戒严，召集全县民团。此时男子年满十五岁以上者，皆须听其征召，故此为县政中极重要之职。遇事并有权可指派一人至二人之代理，于特定范围之内，代行其权。

（二）检查员（Prosecuting Attorney）

此职亦系由县或区选举而来，但出于该管州之州长任命者亦间有之。此为县或区唯一之刑事行政官，以检举、告发犯罪嫌疑人犯为其重要之职。但往往受政治左右而不易克举其职。近各州之中，多有方案欲使州之检察长，能于实际指挥县检察者，正此故也。

（三）治安推事（Justice of Peace）

此职市制之中虽间有之，但在农村之县中为常设之职。凡五百金元以下之民诉，轻微刑诉皆其所司。并亦兼司民政之事，内有由州委任以行政事务者。多无奉给，但由受理案件之中酌受公费。近因多设市法院，又因扩大县法院之故，所司之事，渐为所并，此职日见其少矣。

（四）检验员（Coroner）

专司检验人尸。凡有被害身死者，则由其会同陪审员检验，并须具有相当之医学知识。检验之后，具状报之法院。但其行事仍与前称之检察员不相妨碍。其数多寡随各县人口而异，有多至四人者。于州宪法上规定县须设此职者约居各州三分之二。皆出于民选，由任命者极居少数，任期多为三年。

（五）会计员（Treasurer）

县之财政，虽名在县政府监督之下，仍有民选人员专司其事。首为会计员。除罗得岛州而外，各州之县皆有之。凡财务、出纳、收税、保管库藏皆其所司。至于州税或县属地方之税，又或特定税项如教育税之类，亦有由其代收而解送州库，分配应收之处者。此职亦多出于民选，任期多为三年。其由县政府任命者，计有五州。由州长任命者有一州。关于收税之事，则复有佐理之人。

（六）估税员（Assessor）

此为调查人民不动财产，按其价格而定其应出税额，然后从而收之。因其须先行估定财产之价，然后定额收税，其事较为繁重，故立于一般征收人员之外。此职亦归民选。

（七）审计员（Auditor）

此职各州之中居其多数。其所司为检查县属官司之籍账，按期向县政府造具财政说明书，并向会计员缮发支付证状，代县政府担保县财务行政之安全。

以上诸职之外，或以司录（Clerk）为至要，其职兼涉行政、司法两事。凡保管文书、登记记录等事，皆其所掌。此外则依县之行政事项，如教育、道路、公共卫生、济贫等事，亦各有其从事之人员。

二、镇制（Town）

镇在美国盛行于新英兰六州之中，县下概分为镇。其地为英民渡美先到之处，遂举母国地方制度，移设于此，虽同名曰镇，人口有多逾四万者，亦有少至不满三百者。大都为土著，久处于此，彼此熟习。土地约在由二十英方里以至四十，大小不等。其制由来綦久，至今几逾三百年，但亦几经改革。

镇制之设定，亦为州议会之事。但各州之宪法，于此恒有多少限制。州议会于此为立法时，自应从其所限。但依从来习惯而与法律无碍者，亦多仍之。镇之出政之府，为镇民大会（Town Meeting）。常会恒在每年五月，特别之临时会恒有二三次。凡镇民及岁而有投票权者，一体参加。但若无若何重大之事，到者亦不甚多。如其有之，出席人数较多，辩论亦近于剧烈。如开辟道路、沟通河道、建筑桥梁或学校校舍，在镇中皆重大之事也。

镇民大会，常会开会时，首为选举之事，即选举本会议长，名曰 Moderator。此为镇中位望极高之职。其次选举执行委员，谓之 Selectmen。随镇事之多少，其数由三人以至九人不等。任期除麻州为三年一任而不得连任外，皆为一年。凡镇民之议决案，均由其执行。水利、道路、学校、卫生等事皆有之，但借债、课税、预算、立法不在其内。委员之外极重要者为司录。每年一选，不限连任。凡婚嫁、生死、注册、保管会议记录皆其所司。至于登记财产文契，由其主管者亦复有之，如罗得州是也。镇民大会，由执行委员至应行开会之时，发送通知，交与镇警察，使其通告镇民，如期到会。通知之中，并附议事日程。议程之外，不得议也。

司录之外，镇民大会并选举会计一员，保管公款、出纳财务。审计一员，检查籍账，估税员一员，以估产定税。警员（Constable）一员，以维治安。此外关于各种行政，如学校、卫生、济贫等事，或设有董事会或委员会，以至检印度量衡器、管理墙垣水池，亦皆有轻末之职员，或由镇民大会选举，或由执行委员委派，为数颇多。

镇为地力单位，多为农业社会。但因近代生产技术改变，有渐趋于工商业之途者，因此人口增加，致使镇民大会之制不合地方实际者，亦间有之。在此等镇中，乃为变通之法，即由镇民选举二三百人之代表，组织镇议会，选举应选之职员，会议应行议决之事。代表则列坐于镇厅之前列，镇民亦得出席列坐于后。虽得发言表示意见，但参加表决，则有不可。至于镇因人口增多，议事不便之故，而适用市制者，亦恒有之。

三、乡制（Township）

此见于中部稍西诸州，区画较为整齐，大者只六英方里。其始多为中央辖境，后改为现制。居民稠密，但多非土著，故不若上称镇民之互相联络。虽亦有乡民大会，但多属虚文，实际政事，则由民选之职员行之。或为合议之董事会，或为独任之监督。董事会虽概出于选举，其法亦各州异制，职权亦然。独任制之监督，亦由民选而来，所掌亦恒较董事会为广。乡亦与镇相同有多少行政职员。乡多近大市，各州多许住民提出请愿由该管官府受理之后，再付诸住民投票公决。如经可决，则将其合并于其他地方，或村或镇或市随住民之所请而为之。视其所并入之地方为何制，则亦随其所宜而自为其制焉。

四、村制

美之各州，除新英兰数州而外，凡县属人口较密之地方，恒设有村或名邑（Borough），又或名为联合镇（Incorporated Towns），即新英兰州亦间有如是之处。由该管州政府为之设定，亦有数州由公民投票之法行之。

各州多数关于于如何情形之下设立村邑之自治组织，往往有通行之法律。其出于特别之案者，亦间有之。如纽约州之法，凡地方不满一英方里其人口在二百人以下者，如住民之中有二十五人之成年，并有产者联名请愿镇之监督，经其地合法选民投票可决之后，即可改为联合镇。凡村之行政组织为村董事局（Board of Trustees），或为村会（Village Council），由五人以至七人组织而成。村会主席由会中选出。若另有村长，则径由村民选举之。

五、区制

区在美国，多系因特定事务联合而为之，其制盛行于迤西诸州。其地县下即不再设何级地方，但依行政事务依类分区。如学校、卫生、水防、灌溉、消防、选举、道路、公园，各有专区。区有董事或其他职员。因维持其事务之故，区董事会概有课税、举债之权，故有准市之名。然区与区往往重叠，纠纷有时而起。

地方制度在美国不甚画一，尤以下级为甚。非无改革方案，然因各州地方情形不同之故，适于此者未必即适于彼。然求其通弊则有二端：一、曲解民主主义，以为官吏必由民选始与此相合。于是视其职务与地位不必由人民选举者，而亦选举之。因此不但选举频繁，其人执行职务，往往有难克之困难。二、为过信分权之说，因此此职所司之事，论理应由某处监督，受其责成，乃往往使此等职员，处于独立地位，以致有监督考核之权者，只有其名而无其实际。然此等偏见，彼邦非无知其弊者。不过成为人民传统观念，由来綦久，求其一时全然转变，殊非易事也。

第二节　德　制

德国于一九三三年之前，其下级地方制度，皆为各州立法事项中之一。一八七一年之旧联邦如此，一九一九年维马新宪法于此亦仍斯旨。但规定地方团体，或联合之地方团体，于法律范围以内，有自治之权，而不以设定地方自治之事，列举于中央立法各款之中。考其由来则甚久远，盖始于一八〇八年斯台因（Paro Vom Stein）所创设之普鲁士市制（Stadteordnung）。其制在当时实为开张德国民治之基础，论其重要殆有过于其后俾士麦所创之军国主义（Soldier State）。自此德国各邦，先后仿行，而法国拿破仑之政治，以及一八三〇年六月、一八四八年之两次革命，于普鲁士之地方自治，均有极大影响。至一八七〇年，各邦关于此事之法律，殆大备焉。

一九三三年之前，普鲁士之地方制度，虽为德国各邦所仿行，然亦不尽相同。最显者为等级。等级以普鲁士为最多，计有四级。行之亦最久，战后亦仍之。以其战前为各邦、战后为各州所仿效，故但就此叙述，至于他州则略之。

一、县制

普鲁士最上级之地方为县（Provinces）。全州合兼为市之柏林及最小之荷亨察兰（Hohenzerland）一地，共十四县。除此两县而外，其余十二县土地面积约有三千英方里，以及一万五千英方里。人口则为三十二万七千以至七百余万。

普鲁士县之自治组织并不甚大。其中设县议会（Froviunziallandtag），由所属之各镇，依其人口比例选派议员，任期五年。复由县议会选举由七至十五人之委员而为委员会（Provinziabausschuss），任期六年。并选县长（Landesdiriktor）一人，亦称 Landeshauptman，负实际行政之责，其任期长者为十二年，短者亦为六年，为委员会之当然委员。县议会应行议决之事为地方社会公益、维持县道、建设轻便道路、增进农事农业教育以及其他有关县政之事。

二、区制（District）

普鲁士县下分为区，谓之行政区（Regierung – Slegirk），其中人口以及土地面积亦不相等。但以土地而言，大者可至七千五百英方里，小者仅千一百里有奇。区之一级但为便利县之行政而设，由州政府委任区长（Regierungsprasedent）一人。其下有行政局（Regierung），皆由专任官吏组织而成，而以区长领之。区设有委员会（Pezirksansschuss），由县议会委派非官吏之四人组织之。区委员会并司行政诉讼。行政之事最要者为警察，而由区长司其事，并无何种自治组织。普鲁士之外，如南方之巴弗维亚州（Bavavia），其地方分级亦有区。但此同于后述普鲁士之镇，名同而实异也。

三、镇制（Circle）

由区再析则为镇。当维马宪法告成之时，普鲁士计有四百三十镇，至一九三二年则减至四百零八镇。其土地面积大者至八百英方里，次五百里，小者八十里。人口多有达二十万，小有仅及一万者，平均计之则在五万以至六万之间。凡镇皆设有议会（Kreistag），其议员由住民直接选出。其选举区取固定形式，而不临时画分。即为镇属之市区（Commune）或为联合之农业市区，又或为单独之农业市区。议员名额若在人口不逾三万之镇，为二十人。若逾三万则每人口五千增设一人。若人口逾五万时，每人口一万增设一人。

镇由州政府委任镇长一人，名曰 landrat，而为镇行政委员会（Kreis ausschuss）之主席。此会共设委员六人，掌握全镇行政之事。镇之行政事项颇多，大体为房屋计划、专门教育，以有关农业者尤为重要。他如图书馆、剧场、影戏院。慈善之事如医院、孤儿院、育婴堂等。交通如电车道、轻便铁路。公共工商业如自来水、煤气或电力事业、木厂、石厂、印刷、仓库、银行，皆在其内。或由其自办，或受其监督，皆随其事之所宜而为之。总之，凡行政之事，上非县之所司，下非市区之所掌者，皆镇之事也。镇之名如巴弗维亚州，亦复有之。但此又适如普鲁士州之县，不得与此并论也。

四、村制及联合村

农村亦可曰农市（Rural Commune），亦设有议会，名曰 Gemeinde-Vertretung，由村民选举不得少过六名之议员组织而成，任期四年。如村民选民不满四十人，则不设议会而以村民大会（Gemeinde-versammlung）代之。

村设村长（Gemeinde-versteher）一人，由村议会或村民大会选举之，任期四年。执行村之行政，除有数大村而外，皆不受酬给。村议会或村民大会于村长之外并由有投票权之村民中选派一人以至六人之助理员（Schoffen），亦如村长，任期四年，亦不受酬。如遇一村，其村长同时亦为联合村长（land bürgermeister），则此助理员之任期为十二年，且得受酬。至于村政，其最要者为清理街道、修理道路沟渠、济贫防火，有时亦有涉及教育之事。凡村之人口达到一万时，得改设为市。

联合村德人谓之为 Land Bürgermeisterein，或称为 Aemter。凡何种特定之事，非贫瘠或狭小之村所能举办或维持者，则联合而为之。如一村大如联合村而力能胜其事者，则亦不然。联合村亦设有议会，由联合之村民选举至少十二人之议员组织而成。联合村长执行议会之议决，亦由人民直接选举，任期十二年，并有酬给，谓之为联合村长（Land Bürgemeister）。此制久存于普鲁士之西部，后有渐及全州之势。

五、特别区制

联合村之外，上述地方任何事务，均可联合而为特别区（Zweeknerbande），以谋其事业之共同发展。但除于鲁尔煤区（Ruhr）计划市政及谋发展该区一般之事而外，此事不多见之也。

各州之中，除上述各级地方之外，中世封建时代之诸采邑（Gatobozirke），而其首长行使地方政权者在近日仍有存者。普鲁士州至一九二七年始废之。德国下级地方之组织一九三三年之后为之彻变。俟于后论市制时详之。

英之县治为其高级地方，详见于上。此处所论者为区与村。

第三节 英 制

一、农区（Rural District）

农区之所辖为村（Parish），少者一村，大者数村。在英兰、威尔士两地共有六百三十八农区。其人口在十年前多者可及五万，少者亦在一千左右。土地面积约在由二千五百英亩以至十五万英亩。在苏葛兰区但为县之行政便利而设，非一种自治组织。北爱尔兰与英兰同，在此有农区亦有后称之市区。农区设有区会，由所辖村中之选民每村至少选举代表一人，任期三年。区会之权，最重者为公共卫生。至非县所管之道路，则由区会管理。房屋、街市设计皆在其职权之中。若得中央卫生部之许可，亦得行使上述以外之事权。凡农区得将其职权中之事，于所辖村中设委员会就村中办理之。

二、市区（Urban District）

市区较之前述之农区，工商业繁盛，人口众多，然亦有号称市区，而包含甚大之农田者。反之，虽号称农区，而甚近于市镇者，亦非无之。在一九三〇年时，英兰、威尔士两地共有市区七百八十，同时人口相悬之数，为少自二百五十一，多至十八万四千四百一十人。凡区经其该管县之县议会决定，可令一全部之农区或其一部组织而为市区，或取附近农区之地改归市区而扩张其辖境，但县议会为此决定之时，仍须得中央卫生部之核准。

市区区会员，其人数多少，由该管县之县议会定之，任期亦为三年。会长一人，由会员选之。不拘内外之人，市区会之职权，较广于农区区会。其主要者亦为公共卫生以及卫生法所定及其他法律所定归于市区之事。管理街道，维持不属县所管之大道。管理建筑并得于此自立规章，如房屋设计、街市设计，如在人口满二万以上之市区，则为法所必行之事。他如公园、图书馆、浴所、博物馆、公墓，皆得设立。自一九〇一年以来，凡人口满二万以上之市区，皆有设立初等教育之责。

三、村

村为地方政府最小之单位，其名原系教村（Ecclesiastic Parish），故为别于教区之故，乃名为政村（Civil Parish）。在一九三〇年时英兰、威尔士两地共有一万二千八百五十村。村之村政由村民大会主之，凡村中之选民均得参加。但人口满三百以上之村，其村民大会应即经该管县之县议会之同意，选举会员组织村会。会员由五人至十五人不等，任期三年。人口不及三百人者，亦得设村会，但非必须如此者也。一九三〇年时英国两地设村会之村为数约七千二百。村之职权为建设、维持行人便道大道，分配公有土地，建立公廨、会议场、运动场、路灯、公共浴所、公墓、图书馆等。关于公共卫生或其他之事，如该管之区或县于此有未尽注意之处，则可具书向其陈述意见。此等事权之外，县议会亦得随时委任村民大会或村会以若何之事。英国地方自治，历史至久，勿论何级概出于民选，行政用委员会制。无国家命吏在内，可谓民治之极轨矣。苏葛兰之下级地方大体亦如英制，至一九二九年曾经改革尽废村制，区亦废其已往之委员制而以区议会之制代之。

第四节 法 制

法国地方紧接于州者为县（Arrodissment），皆无特定名称。但用数目字分别之，如第一第二第三之例是也。设于一八〇〇年，改正于一八三三年。除首州之Seine及州会所在地而外，县皆有长，自一九二六年其数由二百七十四归并为一百六十八，但事权则略有增加，由中央政府任命而受州长之节制，秉承州长之命令行事，俗以州长之信函称之。但以地方为政治运动之故，中央政府亦倚为耳目手足，其能否升进亦视其于政府党之下议院议员中，联络之法为何如。苟能多得友好，则希望必多。

县亦设有议会。议员由县属之镇用普选法选出，任期六年，其数至少九人。每年于八月州议会开会之前后集会。惟无甚事权，立法及财政之事皆无之。昔时犹得分配州议会议决各市分担之州税，今则并此亦不能为之。其较为重要者，即为上议院议员四种选举会之一种。同时县又为初审法院所在之地。然县无县有财产，亦无豫算，但为州之分区，不得与自治之地方并论也。

县下为镇（Canton），合数市而成为司法行政区域，亦为选举区域，在法之地方地位中，无若何重要之处也。

第五节　日　制

日本之府县为其上级地方，已详于上。至其市制则另行叙述，此处但论其町村。町村虽为二种地方，但定于一制之中，故合称町村。

町村设有议会，其议员依町村人口之多少数目不同，不满五千之地方，议员十二人。五千以上不满一万者十八人。一万以上不满二万者二十四人。二万以上者三十人。但议员定额町村亦得特以町村条例，酌量加减，惟须在总选举时方可为之。如人口有极显著之增减，得府县知事之许可，亦可不拘此限也。议员任期四年，悉用普通选举之法选举之。凡无被选举权及停止被选举者，自均不得入选。但亦有特定情形之人，虽可被选，惟必经法定之何种程序而后可以声明应选。如有有被选举权之官吏被选举时，必须受该管长官之许可，方可应选。又如对于町村为何种承揽之事，如包工承揽等事，日人谓为请负。凡关于町村以公款负担之事业，对于町村长或受其委任之人，而为承揽之事，或为承揽人之支配人，再如为承揽者为一法人，而为此法人之无限责任社员、职员或其支配人如已当选时，必使其所承揽之事归于作罢，又必不为此等人时，而后可以应选。其声明均有法定日期。

町村会之开会，须有定员半数之出席。但议员因故回避出席不满半数，或因同一事件招集二次而仍不满半数，又或虽有半数以上应招，而出席不足定数，虽经议长催告而仍不足半数，如遇此三种情事之一时，则开会可不拘过半数之限。其招集开会由町村长将所议事件于三日之前，发送通告，如有紧急之事则不拘三日之限。会期亦由町村长定之，闭会时期亦然。至议员如有定额三分一以上之人，亦可向议长请求开会。议决人数为出席之过半数。可否同数，取决于议长。如所议事件涉及议长或议员本身或其父母、祖父母、妻、子孙、兄弟、姊妹之一身之上，如未得町村会之同意，则须回避不得与议。开会虽行公开，但议长得以己意禁止旁听，有议员二人以上之提议，经可决时，亦可为之。

町村会以町村长为议长。如有故障时，由其代理者代行议长职务。代理者亦有故障时，由议员选举临时议长。但因有特别情事时，町村亦得自定町村条例，于町村会中另设议长及其代理者一人，而由町村会从其会中互选之。

町村会之职权为议决有关于町村之事件，及依法律敕令属于町村之事件。其事列举有十一款：一、为町村条例及规则之制定与改废。二、为以町村费支办之事业，但町村长、町村吏员依法令所定所掌之国府县其他公共团体之事务不在此限。三、为编制岁出入豫算之事。四、为决算报告认定之事。五、为除法令所定者外，关于使用费、办公费（手数料）、加入金、町村税及夫役现品赋课征收之事。六、为不动产之管理、处分及取得之事。七、为关于基本财产及积立金谷等之设置、管理及处分之事。八、为除岁出入豫算所定者外，为新义务之负担及权利抛弃之事。九、为定财产、营造物之管理方法之事，但法律敕令别有规定者不在此限。十、为关于町村职员之身元保证之事。十一、为属于町村诉愿、诉讼及和解之事。

上列各款之外，町村会复有数项事权：一、为提案。凡町村会议员就町村会可议决之事件中除豫算外，得提出议案。二、为选举。凡依法律敕令应由町村会选举之公职，则依法令行其选举。如选举町村长、临时议长、委员等皆是。三、为检阅行政及财政。凡关于町村事务之文件计算书，町村会皆得随时加以检阅，并得请求町村长就事务之如何管理、町村会议决案之如何执行、财政出纳之如何检查，一一报告。检阅之时，町村会得由议员中选举若干委员，会同町村长或其所指派之职员，就上举各事项中，实地行之。四、为陈述意见。凡有关町村公益之事，町村会得向有关之官府监督官署及町村长具书提出若何意见。五、为答复咨询。町村会遇行政官厅因事向其有所咨询时，则据其意见申覆。但如遇町村会不成立、不应召集或不能提出意见，又或不能召集町村会时，其提出咨询之官厅，得不候町村会之意见，而径行处置其事。

日本之町村会组织职权，大体如是。但町村人口甚少，事务极简，不必设置町村会者，亦非无之。府县知事如遇所属町村有如此特别事情时，即可不设町村会，而以町村中有选举权之公民为町村总会❶。即凡町村住民中有选举权者，皆为町村总会会员，其职务权限皆适用町村制中关于町村会之规定，惟必须出于府县知事之酌定，若町村公民自动为此以代町村会，则不可也。

町村行政，属于町村长及其佐理之人，町村制中名为助役，町村各置町村长助役各一人。町村长由町村会选，助役由町村长推荐而由町村会决定。二者任期均为四年，亦均为无给之名誉职。但町村以条例增加助役人数，使町村长、助役皆为有给，均得为之。二者均限于为町村之公民。凡町村会议员所不许兼之职，如检事、警察、官吏、收税官、町村中有给职员、教员等，町村长、助役亦不得兼任。如前所述于町村为何种承揽之事者，其限制亦与町村会议员相同。有给之町村长，非经府县知事之许可，不得从事其他有报酬之事业，亦不得为公司之取缔役（管理员）、监查役（监查员）或准此者，以及清算人、支配人及其他事务员。有给之助役亦不得兼任此等职位。

凡町村长之选举，于现任町村长任满前二十日内行之。如现任町村长欲行辞职，其声明亦非于其退职之日二十日前提出不可。新选出之町村长，须于收到当选通知后二十日内声明是否应选，否则以辞选论。有给之町村长及有给助役，除得町村会之承认外，任期中不得退职。如欲退职时，须于三十日前提出声明。

町村得设收入役（收款员）一人。如有特别事情

---

❶ 疑为"总会会员"。

时，得以条例增设副收入役一人。皆为有给之职员。其任期亦皆为四年。亦由町村长推荐而由町村会决定。其退职限制与必为公民皆与町村长有给助役同。如与町村长或助役有父子兄弟关系者，不得为之。如与收款员有父子兄弟之关系者，亦不得为副收款员。收入役如有故障时，则由町村长推荐、经町村会之决定暂定代理之职员。如有副役时则不然。但得府县知事之许可，町村长得兼掌收款员之事务。

町村因事得设临时或常设之委员，皆为名誉职。由町村长就町村会议员中或公民有选举权者之中推荐，而由町村会决之。但委员长则以町村长或其所委任之助役充之。关于委员会之组织，町村得以条例另为规定。临时常设之委员承町村长之指挥，监理财产或营造物，又受町村长其他委托，调查町村之事务，或从而加以处理。其退职之限制及应选之声明，均准用町村长之例。

町村长之职权，为统辖町村而为其代表。其职权范围为下举六款：一、应经町村会决议之事件提出议案及执行其议决之事。二、财产、营造物管理之事。但于此特设有管理人之时，则监督其事务之事。三、发付收入支出命令，及监督会计之事。四、保管证书及公文书类之事。五、依法令及町村会议决赋课、征收使用费、公费加入金、町村税与夫役现品之事。六、为其他依法令属于町村长职权之事。

町村长指挥监督町村吏员，得以其一部事务交其临时代理，并得令助役区长分掌。如系町村事务则须豫得町村会之同意。并得对于怠职人员，施行惩戒。其处罚为谴责及日金五元以下之过怠金。助役有故障而有数人之代理人时，则由町村长豫定代理之程序。

町村长执行町村会之议决。但如遇町村会不能成立，或不能开议，又或町村于应行议决之事而不欲议决时，得具状请示府县知事，而就町村会应行议决之事而加以处置。此谓之代议决。代议决之外复有专决，即事件应归町村会议决或决定，但当事机紧急之时町村会不能开会或町村长不暇召集町村会时，町村长得自专决。惟町村会次期开会时，须向其报告。至属于町村会权限以内之事，经町村会之议决，町村长亦得就其一部专决。前者虽云专决，则限其事后报告。惟后者惟于已经町村会议决之范围内行之。

町村有给职员，其俸额、旅费、退隐、退职、身故赡养遗族，均得由町村支给一定之金额。名誉职员皆得因公领受费用。其额以及支给办法，均以町村条例定之。领受此类金额之人，如有异议之时，得向町村长提出申请，而由町村长于七日内交付町村会决定。不服得诉愿于府县参事会，由其裁决，再不服时勿论何方得诉诸行政裁判所，府县知事亦得对此裁决而提起诉讼。

町村行政，其中最要者亦与府县等，为财务行政。此类首为财产赋税，次为举债，复次为预算及决算。兹依次论之。

财产之中，所包物类至多。其为供收益之用者，为基本财产。至于课税，大别为二：一、为就国税或府县税所课之附加税。但国税已经府县于其上加附税时，町村即不得于此再课附加之税。附加之税率、征收，须以均一为原则，惟得府县知事之许可时，亦可不拘此限。二、为特别税，即町村自定种类名目，而就其课税。盖町村自择税源、自定税率税则之税也。

对于町村负纳税义务之人，大体亦如对府县负纳税义务之人之于府县。其详已见于前。惟微有不同者，即于町村内外设有营业所，而为何种营业，如对于该营业或收入所课之本税，而不分别征纳时，则于其上课附加税时，须照本税比例征收。其余若为均一之课税，或一部份之课税，夫役之代替，现品折纳，收税职员之检查营业，对于不正当之免征以及逋漏之科罚，均与府县制中所定大体当同。

特定之物类，虽在町村之内，但不得就其课税者，亦有数种。此如神社、寺院、佛堂、祠宇、教堂之建筑物，以及其地界以内之土地。又如国家府县市町村公用之家屋物件、营造物皆是。但以住宅为说教之用，或收费而供人使用，又或于使用有收益者则仍负应纳之税。他如对于国营事业又其何种行为以及土地家屋町村，皆无课税之权。凡町村之收入金，于府县收入金之次有优先之权。此外于异议中之申请、诉愿、裁决等事，大体悉与府县制相同。

町村举债之事，亦如府县制所定，只限于为永久利益，救济天灾事变。其起借方法、利率、还期，均须经町村会之议决。如只用作预算内之支出，则可为一时之借款，而不必经町村会之议决，但必须以本会计年度内之收入偿还之。

豫算编制之权，属于町村长。其提出町村会之时期，至迟在会计年度开始之一月以前。所有町村之事务报告书、财产表均须一并提出。其中继续费、豫备费以及追加更正，亦与府县豫算相同。

町村会议决收支，町村制亦与府县制相同，设有较严之限制。如法令所定或该管官厅所命，应由町村负担之费用，其他属于町村义务之费用，遇非常灾害时，因应急或复旧而有所设施，则必有其费用，为豫防传染病而有其费用，或其他紧急不可避免之费用，以及与此种支出相伴之收入，町村会皆不得为削除或减额之议决。否则町村长以为难于执行，可自依己见或依监督官厅之指挥，交付再议。如以为有特别事由，得不交付再议，而径请府县知事之指挥。

较大之町村，为行事便利计，府县知事得征求町村会之意见，而定町村条例。于此设区会或区总会，使其议町村会可以议决之事。区会之议员，概为名誉职。其名额、任期以及关于选举权、被选举权等事项，悉于町村条例中定之。其选举之事，得援用关于町村会议员之例。如有争议时，则由町村会为之决定。区总会之如何设定，亦定于町村条例之中。关于区会及区总会之事，皆援用町村会之例。

町村为共同处理一部份之事务，或其全部事务，皆得依彼此之协议，受府县知事之许可，而设立协会。如因一部分之事务而为此时，各协会内之町村会或其职员之职务，因此而至消灭时，其町村会或其职员即于协会成立时消灭。如因全部事务而为之之时，其原有町村会以及町村职员皆于协会成立之时消灭。至府县知事遇公益上须设立町村协会时，亦得征求有关町村会之意见，提经府县参事会之议决，而为之设立共同处理一部分事务之町村协会，或共同处理全部事务之町村协会。町村勿论为何项之协会，皆须依其协议，经府县知事之许可。凡町村协会，应有规约。其协会名称为此协会之町村，共同处理之事务，协会会所之所在地，均于其中分别规定。如因一部分共同事务而为此者，并须于规约中规定协会之组织、协会议员之选举、协会职员之选任以及经费之支办方法。

町村协会，因其中之町村有时或要求退出，在外之町村有时要求加入，亦如府县协会，不免有增减之时。减之时则依协会之议决，增之时则由协会与新拟加入之町村协议而为之，均须受府县知事之许可。此指因全部共同处理事务而成立之町村协会而言。如系一部分事务之町村协会，增减之时，则依关系町村之协议，亦受关系府县知事之许可。至府县知事因公益上之必要，亦得征求关系之町村会或町村协会之意见，经由府县参事会之议决，就协会之町村酌量增减。町村协会亦得因公益上之必要，就其共同之事务加以变更。

町村协会，当其设立之时，必由关系町村之协议，并经府县知事之许可，而制定规约。如有变更之时，如系一部分事务之协会，则依关系町村之协议；全部事务之协会，则依协会之议决，另经府县知事之许可而为之。至府县知事因公益上之必要，征求关系町村或协会之意见，并经府县参事会之议决，制定町村协会规约，或就既成立之公约加以变更，皆得为之。

町村协会，依关系町村之协议，再受府县知事之许可，亦得自行解散。但如系处理全部事务之町村协会，解散之时，除应受府县知事许可之外，则依协会之协议而为之。府县知事亦得解散町村协会，但须征求关于町村或协会之意见，仍须经府县参事会之议决。町村协会因其共同处理事务之变更，协办町村之增减，以及此处所称之解散而有必须处分财产之事，则依关系町村之协议，或依关系町村与协会之协议，又或协会自依其议决为之。如变更町村共同事务增减协办町村数目，以及解散町村协会，系出于府县知事之所为，则其处分财产由府县知事定之。但须先行征询有关町村会或协会之意见，再经府县参事会之议决。

町村协会之成立，协办町村之增减，变更共同处理事务，订定或变更协会规约，解散协会，以及因变更共同处理事务增减协办町村，以及解散町村协会所发生之财产处分，町村或町村协会对于府县知事所为之许可处分，有不服时，均得诉愿于内务大臣。

上举诸国下级自治地方之外，若新起之苏联，其联盟各共和国及其自治共和国以内之乡村与城市，亦均为完全自治之制。无论议决机关或执行机关，其中人员均出于住民选举，绝无由国家或上级地方委任之人。故苏联之民主制度，实以乡村与城市为其基础也。

参考书

William Bennett Munro：*The Government in the United States* 第三十九章第四十四章。

William Seal Carpenter and Paul Tutt Stafford：*States and Local Government in the United States*（F. S. Croft. & Co.）第一章第三章。

Charles A. Beard：*American Government and Politics* 第三十四章。

G. Mowtazu Harriss：*Local Government in Many Lands* 第一章

一〇九页、一一五至一二一页，第二十六章三三六至三三八页、三四一至三四三页、三四九页至三五二页。

《改正地方制度通义》第二章至四章，荒川五郎著。

Sidney and Beatrice Webb：*Soviet Communism：A New Civilisation* 第一卷第二章二十二页至六十二页。

第十四章　中国之县区镇乡村

第一节　县

中国之州县，由来綦久。其在今日，人口地面，皆互相悬殊。往时多以所在地及人心为准。如唐宋时之畿，紧、望、上、中、下❶，是其在京者曰赤县，在陪京者曰次赤。此外京尹所属者曰畿县，陪京所属者曰次畿。又以所征地粮为准，如征粮二十万石者为上府，二十万石以上❷者为中府，不满十万石者为下府。征粮十万石以下❸者为上县，六万石以下者为中县，三万石以下者为下县。自明以来，凡属州，除品秩而外，皆与县等。清时依地租丁银编户之多少，以及所在地之冲僻，而定为几等之缺，有要缺、中缺、简缺之分。如冲繁疲难❹即为要缺，或曰繁缺。现行《县组织法》所定，系

---

❶ 唐开元中，用来定位所属州的等级。除京师附近的四州为四辅外，其余依次为：六雄，十望，十紧及其他上、中、下州。十紧，指秦、延、泾、邠、陇、汾、煕、慈、唐、邓十州。十望，指宋、亳、滑、许、汝、晋、洺、虢、卫、相十州。

❷ 疑为"以下"。

❸ 疑为"以上"。

❹ 清雍正间，由广西布政使奏准，分定全国州县为冲、繁、疲、难四类，以便选用官吏。冲谓地方冲要；繁谓事务繁重；疲谓民情疲顽；难谓民风强悍难治。

依区域大小、事务繁简、户口财赋多少，分为三等，由省政府编定，而由中央核准。《县各级组织纲要》则定依面积、人口、经济、文化、交通等，分为三等至六等，由省政府划分报内政部核定之。其官吏所司之事，如清赋、理民、课农、兴学等事，悉为代表国家执行国家行政，无所谓自治之事也。至清季变法，乃有九年预备立宪之事。举办地方自治，亦其中之一端。其府厅州县地方自治，系于宣统元年十二月二十七日奏定。府厅州县原非一级，如州中有直隶州，上不属于府而下有属县。府之中亦有不属于府之直隶厅。但府厅州县地方自治章程所定，府则指边省之府，无附郭之县，而有直辖之地面者而言。直隶州则但指其本管之地方而言，即府之自治之地方，即为其所辖之地方。直隶州之自治地方，即为其本管之地方。其所属州县地方，皆不在内也。

　　府厅州县地方自治之议决机关，为议事会。其议员名额以所属地方人口总数为准。在二十万以下者为二十名。自此以上，每增人口二万名，得增议员一名。但至多不得过六十名。其合并设立之议事会，以合并地方之人口总数为准。在三十万以下者为三十名，亦得照前称之率增加，但至多不得过一百名，皆由各区依其分配之议员人数选出。惟父子兄弟不得同时任为议员。若同时选出，子避其父，弟避其兄，任期三年，任满改选，并得连选连任。如议员出缺，至逾定额三分之一时，即照其所缺人数补选，其任期限于补足前任未满之期。在任期中皆不受报酬。议事会设议长、副议长各一名，由议员用无记名单记投票分别互选，其任期与得连选连任均与议员同。议事会之会期，每年一次，其期始于九月，其长一月，但得展期在十日之内，此为常会。亦得开临时会，其期亦为十日。其召集开会、闭会、展会均由府厅州县长官为之。除临时会之外，凡召集之日，须距开会日期在十五日以前。其应议事件，除系临时会外，亦由府厅州县长官于开会十日之前通知各议员。

议事会会议时，出席人数为总数之过半数。议决人数为出席议员过半数。议长如有事故，不克出席时，由副议长代理。副议长亦有事故，不能出席时，则由议员中公推临时议长。府厅州县长官，或其所派之委员及参事会参事员皆得到会陈述意见，惟不得参与表决。除有府厅州县长官之禁止，或议长、副议长又或五名以上之议员提议禁止之外，会议悉取公开。所议事件，如有涉及议长、副议长及议员本身或其父母、妻、子、兄弟者，皆须回避。此时议长或副议长不能出席则公推临时议长。有过半数以上之议员因此不能出席，得将其事移参事会代为议决。会期完毕，则由议长、副议长及议员二人，将议事录署名报告府厅州县长官。

府厅州县议事会之职权，共有六款：一、为本府厅州县自治经费岁出入预算事件。二、为本府厅州县自治经费决算事件。三、为本府厅州县自治经费筹集方法。四、为本府厅州县自治经费处理方法。五、为城镇乡议事会应议决而不能议决之事件。六、为依据法令属于议事会权限内之事件。

上列六款之外，议事会复有其他之权。一、为申覆府官咨询。即官府因事向议事会有所咨询时，议事会则胪陈己见，随时申覆。此处所谓官府，不只本府厅州县，其以外之官府如督抚司道等皆得为之。二、为建议。即议事会关于公益事宜，得条陈所见，呈候官府核办。

议事会议决事件，虽有如上举各端，然除答复官府咨询以及建议而外，其列举六款之中，不免有细微之事而不必全由议事会议决者。如筹集自治经费，处理自治经费等事，事颇繁重，议事会于此不妨议其有关大体之重要节目，而以其琐细零星之处，委托其他机关行之，此于事甚为便利。故当时奏定府厅州县地方自治章程，亦有议事会应行议决之事件，得由该议事会委托参事会代为议决。此可谓为委托议决。

府厅州县地方自治章程，当时民政部原奏章程，本设董事会为执行机关。宪政编查馆于承旨复核之时，乃改以府厅州县长官负执行自治之责，而于议事会外，复设参事会，而为其副议决机关。副议决者，即代理议决、补助议决也，其大体盖仿照日本府县参事会而为之。兹依原章程所定各节，略述如次：

参事会之会长，即以府厅州县长官为之。其会员则由议事会就议员之中选举十分之二，并选同数之人以为候补之人。其不得兼任咨议局议员、城镇乡议事会议员、城镇董事会职员或乡董乡佐，父子兄弟同时不得同任，以及为名誉职，皆与议事会议员相同。参事会会员，虽由议事会议员互选而来，但议参两会同时不得相兼也。遇议事会改选时，参事会会员亦随之改选。出缺之时，则依其选举之先后顺序递补。选举出于同时，则以票数多寡为序。票同论年，长者居先，年同抽签定之。如无候补之人，或人数不敷补充时，则举行补选。

凡候补参事会员，递补之后，其任期均与前任未满之期合并计算。

参事会之会议，每月一次。如有特别事故，经府厅州县长官之召集，或有参事员半数以上之请求时，得随时开会，其期限由会长定之。其会议与议事会有异，即不许旁听也。会议时除会长不计外，应有半数以上之出席。议决人数，为出席人数之过半数。会议时府厅州县长官所派委员及议事会议员，皆得到会陈述意见，但不参加表决。如所议事件系府厅州县长官交其代议事会议决者，此时参议会会长则不在议决之列，即不与议是也。每届会议之会议录，由会长及二名之参议员署名存案。

参事会之职权，共列七款：一、为议决议事会议决事件之执行方法及其次第；二、为议决议事会委托本会代议事件；三、为议决府厅州县长官交本会代议事会议决之事件；四、为审查府厅州县长官提交议事会之议案；五、为议决本府厅州县全体诉讼及和解事件；六、为公断和解城镇乡自治之权限事件；七、为依据法令属于参事会权限内之事件。于此七款之外，复有财政之检查权。即参事会得随时选举委员若干人，检查府厅州县之自治经费收支账目。其时府厅州县长官，或其所派之委员，应与之会同办理。

府厅州县自治行政，由府厅州县长官负执行之责。其职权有下述各款：一、为执行府厅州县议事会之议决事件；二、为提交议案于府厅州县议事会或参事会；三、为掌管一切公牍文件；四、为其余依据法令属于府厅州县长官职权内之事件。

府厅州县长官执行该管地方行政，因事多出议事会或参事会之议决，欲使行政之易于推行，于是于上列四款之外，予府厅州县长官以相当之节制议会之权。此为抗议与撤销，即府厅州县长官对于议事会或参事会所议决之事，或所行之选举以为逾越权限，或违背法令，得说明原委事由，交行撤销或将其议决事件交令复议。若仍不改前议，得将其撤销。但原议机关不服撤销时，得诉之于行政审判衙门。行政审判衙门未经设立之前，暂由省议会议厅处理。若议事会参事会之议决，系对于府厅州县收支而为之者，府厅州县长官，如以其议决为不适当或有碍公益，得交令复议。如仍执前议之时，得呈请督抚核办。

府厅州县长官，如遇议事会不召集或不能成立，又或遇紧急事件不及召集时，得将拟交之事件移交参事会代议。如参事会亦不赴召集，或不能成立，又或不能议决时，得将其事件申请督抚核准施行。二者均须于下次议事会或参事会开会时分别声明。议事会或参事会若以府厅州县长官之处置为不适当时，得呈请督抚核办，或诉之于行政审判衙门。

府厅州县长官，提交议案于议事会之时，应先将其案交参事会审查。审查如有异议，提出之时亦应将其异议附之案后，以备议事会之参考。此与参事会所列第四款职权，所谓审查府厅州县长官提交议事会之议案，同属一事。府厅州县长官于上述交复议、撤销等事而外，得令议事会为十日以内之停会。但因何故而始得出此，原章程则未有规定。

府厅州县长官于执行自治行政时，得依便利将其职权以内事务之一部，委任所属地方自治机关办理，即委任于城镇乡董事会、乡董或乡佐代行之也。

府厅州县地方自治行政，由其长官负执行之责。其下则设有自治委员，以资佐理。由长官司其进退。其员额任期规则由府厅州县长官拟订，交由议事会议决，申报督抚核定，并咨报民政部存案。其掌收支及经理公款、公产者，皆须身家殷实，操守洁廉，而由议事会或参事会为之保证，均承府厅州县长官之命令，办理各该管事宜而受其监督。如有过失，该管长官得依情节轻重，或加以申饬，或处以十日以上两月以下之罚薪，又或撤差，即撤去所任职务也。凡受撤职处分者，二年以内不得为府厅州县自治委员、议事会议员，以及参事会参事员。如遇必要之时，府厅州县长官亦得经议事会之议决，申请督抚核准，于自治委员之外，增设临时委员。员额任期及选任规则，均同自治委员之例。自治委员、议参两会之文牍、庶务之薪水、议事会议员参事会参事员之公费，均由议事会议决，由府厅州县长官申请督抚核定。

府厅州县自治经费，其中收入：一、为公款公产。以向归府厅州县全体所有而不分属于城镇乡者为限。其中有私家捐助曾经指令作为某事之用者，非其事已经法令变更，或已经废止之后，不得移作他用。二、为地方税。其赋课征收应按照度支部另定之地方税章程。地方税章程尚未施行之前，凡按照当时现制为府厅州县所应行负担者均照旧办理。三、为公费及使用费。凡府厅州县依法令办理之事，如与个人利益有关，得向其征收公费。使用府厅州县公共营造物或其他公产者，得向使用之人征收使用费。于此除法令别有规定者外，得由议事会议决征收细则，由府厅州县长官中请督抚核定，并咨民政部存案。四、为募债。其事限于为永远利益、救济灾变及还债三端。其募集方法、利息定率以及偿还期限，均由议事会议决而由府厅州县长官申请督抚核准，并分别咨报民政、度支两部存案。至于为筹预算内之支出而为短期借债时，亦与此同。惟申督抚核准，不必咨部存案。

府厅州县预算，由其长官于会计年度开始之前编成，于议事会开会之始，即附加按语，连同上年度预算一并提出。其中得设继续费以作数年继续举办事业之用，或其事业所须之费用非一年所能筹集者，则以此充之。并得于正案之外设预备费用，以备预算不敷之支出，或其以外之开支。但曾经议事会否决之事，不得动用预备费。

府厅州县上年度之财政出入，其长官应编成决算，连同收支细账，亦于议事会开会期中提出。预算、决算议决之后，由府厅州县长官申请督抚核准，咨报民政、度支两部存案，并榜示于外。其编制程序及其余关于收支之重要规则，由民政部会同度支部厘订通行。府厅州县之会计年度，遵用国家会计年度。在未定之前，暂照旧例，亦得依议事会之议决而设特别会计。

清末府厅州县地方自治，依当时原章，其自治机关得援照城镇乡地方自治之例，合并设置。合并之时，先由所属之城镇乡协议，再由各该地方长官，会同申请督抚酌夺，咨送民政部核定。当时关于此事，并定有府厅州县并设自治职分股细则。所谓自治职者，即今日通称之自治机关也。除细则所定者外，合并设置之自治机关，悉依正章程之所定。今依其细则所定，摘要分述之。

一、财政之分股。凡合并设置之自治机关，其地方财政如有必须分别办理者，则于议事会参事会内各分设二股，以各该府厅州县所选之议事会议员为各该股股员，而以各该府厅州县长官为各该股股长。各该参事员为参事员。合并之时，须由各该长官呈请督抚咨部核准。府厅州县收支合配于各该股时，由合并之议事会议决之后，呈由该管长官申请督抚核准，并咨部存案。

二、权限之分配。凡属于府厅州县权限之事件，某项应经合并参事会议决，某项应经各该分股议决，先由合并参事会呈由该管长官，申请督抚核准，咨部存案。合并之参事会其会长以其长官中之官尊者充之，其余则为副会长，官同则资深者居先，资同论年，年同以抽签定之。合并之议事会，议决合并议事会议决员额之分配，或议决按照各区人口分配议员人数时，必须有合并议事会议员总数五分之四到会，方可开议。此外向归该府厅州县分办或合办之事，如与章程不抵触者概仍其旧。

三、分股之解散。各股议事会，如遇解散之时，各该股议事员，同时解去合并议事会议员之职。

清季府厅州县地方自治，因民初国家无代替之法，仍沿行不废。至民国三年之夏，随国会非法停止之后，帝谋预谋❶之始，乃一体停罢。自此北京政府时代虽于

---

❶ 指袁世凯图谋恢复帝制付诸行动。

三年有《地方自治条例》及其施行细则，八年有《县自治法》，十年有《县自治施行细则》，复有市乡自治，然均未施行。七年国会移粤，著者曾拟此项议案预备提出，亦终未成议。十年粤军自闽旋师，广东省当局拟普设地方自治，于省署中设立法制委员会，著者亦在延聘之列。其时曾经一度实行之《广东省暂行县自治条例》，即系由著者就前在国会拟提之案重新增删而草定者。今虽已见废，然曾见诸施行，并曾极为邻省所称许而拟从仿行，则亦不失其足供讲学比较参考之价值也。爰就其中特殊之处，择要述之。

县议会议员，依人口为准，不满十万之县为二十名，多至五十万者为四十五名。以此为最多之数，即虽满五十万以上亦不逾此数。人口未调查以前，由省长将全省之县分为大中小三等。大县选举县议会议员四十名，中县三十名，小县二十名。三年一任。由各自治区，分区选出。尚未设自治区时，由选举监督临时画定之。

议员之限制兼职，父子兄弟不得同时并任，开会议决之一定人数，会期临时会之日期，议案有关本身或亲属之应行回避，议长、副议长之设置，与选举会议之公开原则，秘密会之特种情形，大体皆如清季之府厅州县地方自治章程之所定。盖其条例起草之时，著者取材之处，以此章程与美国市长制之市制为多也。

关于议员之事，此《条例》特有之规定，即县议会议员，得由人民加以召还，见于《条例》第八条中。即县住民认县议会议员为不称职时，得由该议员原选出之选举区三分之一以上之原选民联署，发刊布告，于五日内定期投票，以原选民五分四以上之投票，投票总数四分三以上之同意召还之。所以设高额人数之限制者，盖防其滥用也。

县议会职权，除《条例》中别有专条者外，亦取列举形式。共计十有一款：一、为制定关于第十三条所列各款之单行条例。按第十三条所定各款，即县自治之各种事权，共有五类，一已见之地方自治权章中。二、为议决县预算及决算。三、为议决县公债及其他于县库有负权之契约。四、为议决本县住民提出之议案。按本款亦为此《条例》特有之规定，即第六条所定县住民于每选举区内各有五十人以上之联署，得提出议案于县议会，即所谓创制也。五、为议决会内一切规则。六、为对于县长建议或询问。七、为受理本县人民之请愿。八、为答复县长之咨询。九、为议决县属各区议事会应议决而不能议决之事项。十、为议决县长交议事项。十一、为其他依法令赋与县议会之事项。

上列第一款，制定单行条例为县议会立法权之范围。关于此节，此《条例》亦有创设之例，即容人民之要求复决是也。依其第六条规定，县住民对于县议会议决之条例，认为有违反公益时，得与选举区各有十分一以上之选民，声叙理由，联署发刊布告，定期举行总投票，以有原选民三分二之投票，过投票总数之半决之。按此《条例》于区域变更时，亦采取住民投票公决之制，此见于其第三条。凡一村镇，分属两县以上，或别处他县境内者，谋自治行政之便利，欲改归一县管辖者，应由该村镇享有公权之公民举行总投票，以有该处公民过半数之投票、投票者过半数之同意决之。并呈由县长公布及报告省长。

县议会之职权除前列十一款之外，复有其他专条所定之权：其事一、为请愿，即请愿于省议会或国会是也。二、为弹劾，即对于县长如认为有违法行为时，得议决呈请省长查办之。三、为请求罢免县属职员，即县议会对于县属职员，认为有违法或不称职行为时，得议决咨请县长加以罢免。县长如以其议决为不适当时，得交请复议，其详见后。四、为检查会计，即县议会认为有必要时，得选举委员若干人，检查县自治会计。县长及其所属职员皆不得拒绝。关于县议会之事，余皆从略。

县长为县自治执行机关，但在当时系取民选制，实为中国之创例。人民如何选举县长，其时并另有条例。依其所定，除关于选举权之有无停止等事，大体与前住民章中所述无殊。惟此处应行补叙者，即其条例特设被选举之积极资格两款：即一、为曾在高等或普通以上学校毕业或修业者。二、为曾在国家或地方供职三年以上者。选举之时，各县依人口分区投票，全县合计以得票满投票总数三分一为当选。每当选之人或选不足额，则由选举监督就得票较多之人加倍开列姓名，于五日举行决选，而以比较多数之得票计算。当选之人须有三人，于选出之后呈报省长从中择一任为县长，五年一任。任满改选，于任满日前之第三十日行之。若在任出缺，应于出缺后之第十五日行之。办理县长选举之监督，为驻于该县之地方审判厅厅长或分庭之监督推事。盖以其在停止选举权及被选举权之列，于此为宜故也。

选举之法，其条例兼采提名推荐之制。依其所定，凡有被选举权之人，有志为候选人者，得以本县三百人以上之选举人联署介绍缮具愿书，详叙籍贯年岁资历，并附办公费银十元，于选举日期十日以前呈送选举监督，再由选举监督依介绍人数之多寡，顺序列榜，就各投票所分别宣示。如被连选，亦得连任。

除上述者外，仍有创设之例，即容许县住民有罢免县长之权是也。依其条例所定，县住民认县长不称职时，得由每一选举区各有三分一以上之原选民联署发刊布告，于十日内定期投票，以各选举区原选民三分二以上之投票，投票总数三分二以上同意罢免之。被罢免之县长，并不得于次任再为候补之人。所以设高额人数之限制者，其意不外虽赋与人民以如是权，但亦欲其出于慎重而不轻用耳。

关于县长职权，大体多采取清季府厅州县地方自治章程所定。然与彼大不相同者，即异议之取决不用撤销议决或申请上级官厅裁决，而取原议机关决定主义。依其所定，为县长公布或执行县议会议决事件，但有异议时，得于三日内声明理由咨请复议。如有列席议员三分二以上仍执前议时，应即依议行之。此即前所谓采取美国市长市制之例也。

县自治经费条例所定，虽亦多取府厅州县地方自治章程之例，然于其原定各款之外，本条例所增定者，为公益捐。县有营业之收入、罚款、国库或省库给与之补助费四款。国库或省库之补助费约有二种：一为不指定事项用途之一般补助，二为因欲县自治举办何种事项，或已经举办之事项，欲使其改进而予以补助，此为特别补助。罚款为对于违背自治规约之人所科之罚金。盖各种自治规约，因维持其效力之故，必附有罚则。如对于赋税之偷漏者，强迫就学之怠玩者，公共卫生之妨害者，他如公共建筑之不正当使用者，皆必有适当之处罚，均其例也。关于募债一节，本条例之所定为应募之人必限于有本国国籍之人。其总额除为振兴本县永远利益或救济灾变外，若仅为还债计，其额只以该县自治收入十分之三为限。其余关于预算、决算、特别会计等事，可参阅前述府厅州县地方自治章程，不赘述也。

本条例既使县长出于民选，故即以执行自治行政为重。至执行国家行政或省行政，均系出于委托。县长于此不过以地方自治行政人员为承受委托之人，而非代表国家或省之命官也。对于所由委托之人，关于其事固须负责。至地方自治之执行责任，则对于人民负之，而由人民于改选时负其责任。至如举行罢免之投票则更为显明。因此之故，若关于议决执行二者之间之参事会，即全为赘物，本条例故毅然废之。

此种四权具备之地方自治制度，幸已见诸施行。若无粤难之作，使得经久维持，则广东可谓国内首屈一指之地方完全自治省分。一旦变起竟至见废，惜哉。

现当国民政府时代，地方自治之设置，系以中国国民党总理孙中山先生所著之《建国大纲》为据，即其中第八条所定者也。依其所定，地方自治系由政府发动试办，期其逐渐达于完全自治之域。惟十年以来，如何发动试办，政府虽不少有所拟议，惟于实际尚少见其推行。即曾经公布之地方自治法规，亦有数起，因实行时期全然听之行政命令，施行与否，时期早晚，不决于法规之本身，而听之主管行政官署。故蹉跎至今，按照

《建国大纲》所定之标准，完成自治之地方，未有一县一市。吾人惟有置事实于不论，但就关于此事之法规，以立法见地加以论述可耳。惟此等法规，来原不一。有出自国民政府者，有出自行政院驻平政务委员会者，有出自西南政务委员会者，亦有出自豫、鄂、皖"剿匪"总司令部者。去年复有《县各级组织纲要》，虽全出于命令，实一代替法律者。论述之际，一并及之。

县参议会，首见于十八年公布及十九年修正公布之《县组织法》，二十一年公布之《县参议会组织法》《县参议会议员选举法》，后则有二十二年西南政务委员会公布之《县参议会组织条例》，与《县参议员与区乡镇里邻自治人员选举条例》，以及去岁之《县各级组织纲要》。关于同一事件，前后法规所定不同。县参议会亦然，《县组织法》所定为于区长民选时设立，而区长民选虽于《县组织法》施行一年以后施行，但至今亦未见诸事实。其议员名额，依《县参议会组织法》所定，为在人口不满十五万之县为十五名。逾此数者每三万增一名，但无至多数之限制。其选举方法，依其选举法所定，为依人口比例而以自治区为选举区。被选举人则不限于为本区以内之人。选举取无记名连投票式，此可谓为大选举区及秘密投票制。至西南政务委员会所修正者，为限制连记或并限于为本选区以内之人。于普通选举区之外复有法团，即农工商会而取复选制。即先由各该会之公共各团体举出代表，再由此选举县参议会议员。各团体选举一人，区则一人至三人。在县长民选以前，则依定额加一倍选出人数，由县政府呈报民政厅分别指定为县参议员或为候补县参议员。《县各级组织纲要》所定，县参议会由乡镇人民代表会所选之参议员组织之，每乡镇各一人。法定职业团体之代表亦得加入为县参议员，但不得逾总数额十分之三。但如何选举，以及法团代表如何酌加，则犹待另定也。至于任期，《县组织法》所定为三年。每年改选三分之一，至初次选出之人，如何分别改选，均无所定。逾县参议员总额十分之三时，将如何取决，施行之际，不无疑问也。考选举之制，以直接为最合民主精神。故比例、秘密、普通与直接之四大原则，为最近各国同趋之法。吾国县之人口，最多者不过数十百万，普通直选，非不可能。将来如遇改制之时，则如此间接选举制，予以变更，似无不可。《县参议会组织法》所定为二年而不分年部分改选，西南政务委员会于此所定亦同。县参议会会期每三月一次。有县长或五分之一以上议员之请求，得开一日为期之临时会。西南政务委员会修正之《地方自治条例》，则定每月六日开会一次，每次五日。开会须有总额过半数之出席，表决则为出席之过半数。会议之应行公开及有限制之秘密会议，关系本身议案之应行避席，议长、副议长之设置，禁止县参议员向县政府保荐人员或有所请托，禁兼任县属之公务员，议员之不受俸给，皆见于《县参议会组织法》中及西南政务委员会修正之《县参议会组织条例》之中。

县参议会之职权，《县组织法》中列举四款：一、为议决预算、决算及募债事项。二、为议决县单行规则。三、为建议县政府兴革事项。四、为审议县长交议事项。《县参议会组织法》中，则列举五款：一、为筹备区长民选。二、为经营县有财产及共有营业。余三款皆与前同。西南政务委员会所修正之《地方自治条例》，于此列举十款：其中为前两法所未有者，为第一款之关于完成自治事项。第二款之关于调查人口、测量土地、修筑道路、办理警察及保甲事项。第六款之关于县民生计及救济事项。第七款之关于促进县教育及其他文化事项。

《县参议会组织法》中，对于县参议员许县民有罢免之权，对于县参议会得行使创制权，对于其议决得行使复决权。惟各条之中，皆言依法。是必别有法律，详为规定，然后人民乃得行使其权。实则不必如是迂回。但于本法之中，规定各权行使之时，提出之人数，到场投票之至少人数，以及投票后取决之人数，即为已足，不必再俟法律别为之规定也。至公民复决县参议会之议决，亦须限于何类之议决应在例外。如决算一端，即其一也。关于此节，西南政务委员会修正《县地方自治条例施行细则》所定视此较详。如罢免县参议会议员，由原选举区或团体提出，或由其以外之选举区或团体提出，均分别规定提出人数、投票人数、取决人数。创制复决亦分别有人数之规定。详见该《县地方自治条例施行细则》第八章。《县各级组织纲要》规定县参议会之组织职权及选举方法另定之，是则以前关于县参议会各项法规又因此失效，今欲设立县参议会仍须别有所待也。

县长依《县组织法》所定，为凡筹备自治之县达到《建国大纲》第八条所定之程度者，应由民选。惟筹备之事，权属政府。如政府一日不加筹备，人民即一日无选举县长之望。在此筹备未定之前，依其所定，为由民政厅提出合格人员二人至三人经省政府议决任命。至其资格，依《县长任用法》所定，有下举之八款：即一、依法受县长考试合格者。二、高级考试行政人员考试及格并曾任荐任官一年以上者。三、在依法举行县长考试以前，各省考取之县长经考试院复核及格，并曾任荐任官一年以上者。四、在教育部认可之国内外独立学院或专门学校研究法律、政治、经济、社会学科得有毕业证书，并曾任荐任官二年以上，甄别审查合格，成绩列甲等得有证书者。五、曾任简任官一年，经甄别审查合格，成绩列甲等得有证书者。六、曾任荐任官三年以上，经甄别审查合格，成绩列甲等得有证书者。七、现任县长经内政部呈荐，复经内政部甄别审查合格，成绩列甲等得有证书者。八、曾任高级委任官五年以上，经甄别审查合格，成绩列甲等得有证书者。皆须年满三十岁以上。八款之中，首款有优先之权。不敷用时然后依次递推。至二十三年复有《补充县长任用资格标准实施办法》。其所定者，较前为宽。《县组织法》尚规定县长民选之原则，《县各级组织纲要》则有县参议会暂不选举县长之规定，然即使民选，亦未必非县参议会行之不可也。盖民选县长，其法亦不一也。

县长之任用，分试署与实授二者。前者以一年为期，后者三年。试署限满，考绩居优，则行实授。均由省政府咨报主管之部，审查合格正式任命。如有上述第一款至第七款之一，曾任县长因有成绩而得有奖叙者，得径行实授。实授之人，若非自行辞职，或因合并县治非受公务员之惩戒处分，或经刑事审判，不得停职免职，亦不得于任期内调任。优者任满得予以升补，六年课最则以简任荐记。此皆系国家人事行政，述其大概如此。

县长之职权，依《县组织法》所定，为综理县政，监督所属机关及职员。此乃泛言县长职权，至其于县自治中，居何地位，则见于《县参议会组织法》中。即县长于县参议会咨送决议案后，则分别执行。如延不执行，或执行不当时，县参议会得呈请该管上级机关，加以核定。但县长亦有相当对抗之权，即县长认县参议会议决案为不当时，应即详其理由，送交复议。如全体参议员三分之二以上，仍执前议，而县长仍认为不当时，应即提付县公民依法覆决。但覆决而言依法，则必另有其法，或另为立法，否则难以推行也。西南政务委员会所公布之《县地方自治条例》所定，则甚觉迂回。即县参议会议决其职权中各款之事，均须函由县政府分别转呈主管机关核准之后，方得见诸施行。此县政府非县自治之执行机关，乃为承转机关，而主管机关，核阅各县参议会之议决案，亦不免过于繁重矣。比较之下，《县参议会组织法》之所定，较为适当也。

《县各级组织纲要》所定县长之职权，有下举二款：一、受省政府之监督办理全县自治事项。二、受省政府之指挥执行中央及省委办事项。并须于公文上证明之。至于县政府之内部组织从略。

《县组织法》未规定县财政，《县各级组织纲要》则有之，且甚详细。其收入：一、为土地税之一部。在土地法未实施之县，为县有之各种田赋附加税。二、为土地陈报后正附溢额之田赋。三、为中央补助之印花税三成。四、为土地改良物税。土地法未实施之县，为房捐。五、为营业税。在营业税率未改定之前，为屠宰税全额及其他营业税百分之二十以上。六、为公产收入。七、为公产营业收入。八、为其他法令许可之税捐。

凡国家或省，事务之在于县者，其经费应分别出于国库或省库，不得就县筹支。收入不敷之县，得由省库酌量补助。人口稀少、土地尚未开辟之县，其开发经费，除省库拨付外，由国库补助。另建设所需，经县参议会之议决，与省政府之核准，得募集县公债。

第二节　区乡镇

清末举办地方自治，府厅县之次，为城镇乡地方自治。当时此项章程，系仿自日本之市町村制。依人口地方而言，城镇意指为市，此可并入之市制章述之。此处但述章程中所定之乡。

乡设乡议会。人口不满二千五百之乡，乡议员六名，以上者八名。五千以上不满一万者十名。一万以上不满二万者十二名。二万以上不满三万者十四名。三万以上不满四万者十六名。四万以上者十八名。二年为一任，每年改选一半。同时选出全数议员时，则抽签定之。其抽出之半数，以一年为任。有奇数而不能平分时，以多数为半数。缺额至定额三分之一时，则即补选。会中设有议长、副议长与议员，均为名誉职。惟议长、副议长得受相当公费。父子兄弟不得同时同任。若父子兄弟有为乡董、乡佐者，亦不得为乡议会议员。

人口过少之乡，即人数不足选出议员六名之乡，不另设乡会而直以乡选民会代之。乡选民会无一定员额,凡本乡有选举权之住民均为会员。惟议长、副议长由会员选举,亦为名誉职,亦得受相当公费。

乡会议每季一次,以二、五、八、十一各月为会期,以十五日为限。限满得由议长宣告展限,但至多不得逾十日。临时会如有地方官之通知及乡董或议员三分之一以上之请求者,均得随时开会。应议事件,除临时会外,由乡董于开会十日以前通知议员。出席人数、表决人数均取过半数制。会议之公开,决议案涉及本身或亲属之应行回避,皆与上述之府厅州县地方自治章程所定者相同。但因此致有半数以上之议员不能与议,使议案无由取决之时,则将其议案移交府厅州县议事会或邻近之乡议会代为议决。乡选民会会议则照乡议会之法行之。

乡议会之职权,共列九款:一、为自治范围内应行兴革整理事宜。二、为自治规约。三、为岁出入预算及预算正额外预备费之支出。四、为岁出入决算报告。五、为自治经费筹备方法。六、为自治经费处理方法。七、为选举上之争议。八、为自治职员办事过失之惩戒,其细则以规约定之。九、为关涉全体赴官诉讼及和解之事。此外如申覆地方官之咨询,及向地方官条陈自治事宜,均在其职权之中。议决之事,由议长、副议长呈报该管地方官查核后移交乡董按章执行。乡董所定之执行方法,乡议会如视为逾越权限,或违背律例章程,又或妨碍公益者,得声明原由,使其中止执行。乡董如坚持不改,得移交该管府厅州县议事会公断。不服公断时,得呈由地方官制断。如再不服,则由地方官申请督抚交咨议局公断之。乡之文牍收支账目，乡议会亦有检阅之权。

乡中负行政之责者为乡董及乡佐，均由乡议会就本乡选民中选举，呈由该管地方官核准任用，不得并任乡议会议员。父子兄弟不得同时同任，若同时被选，则以卑幼避尊长。任期二年，并受酬给，其数目定以乡公约。乡董事有事故时，代以乡佐。如同有事故时，则举行补选。

乡董之权限，如城镇董事会之权限，俟于后详之。乡董因执行职务，得经乡议会之公认，选派办事人员，亦不必限于乡选民，而于乡规约中定其细则。

乡自治经费，为本地公款、公产、公益捐及按照自治规约所科之罚金。三种公款、公产，则指归本地绅董管理者而言。若本来无之或虽有之而不敷用，得由议事会指定本地方关系自治事宜之款项产业，呈请地方官核准拨充。如系出于私家捐助、曾经指定用途者，非其用途已经律例规章变更或废止之后，不得改移。公益捐有二：一、为附于官府所征捐税者正额十分一以内之附捐，而由征收官吏收集之后，汇交于本乡。二、为另定种类名目自征之特捐。二者如何起征、变更或废止，均由乡议事会议定章程，呈请地方官核准行之。公益捐担负之义务，固为本地住民所应有，而非住民但于本地以内有不动产或营业者，亦一律担负之也。

乡之岁入预算，由乡董编制，于每年十一月会期内提出。乡议事会议决之后，呈由地方官申报督抚存案并公布之。其中亦规定预备费，若仍不敷时，得经乡议事会之议决，提用他款。上年收支之决算案则于二月会期内提出。其呈由地方官申报督抚公布等事，皆视预算之法行之。至于经费之检查，由乡董每月检查一次，此为定期检查。至由乡董会同议事会议长、副议长及议员一名以上每年至少一次而行之者，则为临时检查。

广东于民国十年办理地方自治。县自治之下为区自治。亦有条例颁行，其草案亦出于著者之手。今虽见废，然但为历史之叙述，亦无不可也。其中所定首为区域。凡人口满三万以上之地方，应定为一自治区。但满十万以上者，得依便利分为二区或三区。其人口不足为一区之数，则合数处而为一区。住民对于本区域以为有应行改正之时，得由本区享有选举权之住民十分一以上之联署，发刊布告。于布告后十日内举行总投票，以投票过半数决之。惟到场投票之人，应有本区总选民之几何，则未言及。依通常解释，须为过半数，然未明定，终觉有漏耳。

区设区议事会。其议员分为二类：其一、为由住民选出者十人，一年一任，任满改选。其二、为由区议事会选出者，为数亦十人，五年一任，每年改选五分之一。除一般无被选举权及停止被选举如前论选民章中所述者外，本条例所定复有三款：一、为逋欠本区各项税款，逃避对于本区应负之义务者。二、为承揽本区各项工程，尚未竣事者。三、为与本区有商业契约、财务契约尚未满期者。其余关于组织之事，大体与其他地方议会相同，无待赘述。

区议事会议员，区住民如认为不称职时，得由三分之一以上原选民，联署发刊布告，于五日内定期投票，得以原选民五分之四以上之投票，投票总数为四分之三以上之同意，加以召还。

区议事会之职权，为于区自治权范围之内，制定单行章程。其自治权为修筑道路、桥渡，排除交通障碍，保存区内古迹名胜，于荒山造林，保护已有森林，疏浚河流，建筑堤防等事。此外为议决预算、决算，征课区税，夫役，现品，借债，增加义务，抛弃权利，管理、处分财产，以及区民请愿等事。

区议事会于议决上举各项事端之外，复议决区内原选民三十人以上联署提出之议案。如搁置不议或被否决之时，得由原选民十分之一以上声叙理由，联署发刊布告，于二十日内举行总投票，以原选民三分之二以上之投票，投票之过半数，裁可之。至原由区议事会所议决之章程，区住民认为有妨害公益之时，亦得以此处所述相同之联署发起人数投票决定人数，加以撤销。如投票结果否决撤销时，则为赞成区议事会之原议决，自不待言也。

此条例原意，酌仿英制之委员制。区之执行机关，即为议事会之委员会。条例之中定名为董事会，由议事会就议员选举六人之董事组织而成。其中原由议事会所选之议员，亦须居其一半。均仍兼议员原职，而以其议长为董事会之主席。董事会其中分设财政、教育、道路、医务、保安各科。委员均由董事分任，亦得由区董事会议决，设立特别委员。由各科委员选举曾在专门学校或职业学校毕业之人，交由董事会分别委任。区董事会执行区议事会之议决。每于议事会开会之始，应将办事经过情形，附具意见，详细造具报告。

区自治经费，大体亦如广东县自治条例所言。其为本条例所特定者，约有下举数端。就不动产而课税，以其价百分之三为准。非不动产则以其上年收入百分之三为准。因救济灾变而起债，其期至长为五年，其额为预计五年内总收入三分之一。自治经费，如有盈余时，应作为教育积谷基金，不得因此遂将其收入作废。区自治经费，无论省县均不得提用。教育、水利、交通及保安为地方在所必办之事，其所需经费，每年应照预计之支出数目，就收入税款分别支配。如有不敷，则别筹他项收入，设法补足。

现行之制，依《县组织法》所定，县下画分为区。除因习惯地势及特别情形外，区以十乡镇至五十乡镇组织而成。《县各级组织纲要》规定，由十五至三十乡镇依《区自治施行法》所定，画分之时，由省政府派员协助县政府办理。变更之时，由县政府召集有关系之区长会议绘图说明呈核。二区以上，得联合办理共同之事。在区长民选之前，由关系区长提交区务会议议决。区长民选时，则提交区民大会决议。

区设区民大会，于内政部核准区长民选时召集。区长民选时期，为《县组织法》施行一年以后，由省政府就各县地方情形酌定时期，咨请内政部核准。区民大会，由区长召集，于区内各乡镇分场同日开会。由会场各推主席开会。勿论为议决或选举之事，均合并计算票数与人数。其期一年一次，为期六日，于区长满任前一日举行。有特别事件或区公民十分之一以上之要求，得开临时会。临时会如系关系区长本身事件，则由监察员召集，如系关于监察员之事件，区长延不召集，则由过半数之乡镇公所联名召集。

区自治人员，首为区长。由区民选举，由县政府呈报民政厅存案。若有违法时，则由区民罢免。其被选举资格，依《区自治施行法》所定，为年满二十五岁以上而有下述七款之一：即一、候选公务员考试或普通考试高等考试及格者。二、曾任中国国民党区党部执监委员或上级党部重要职员满一年以上者。三、曾在国民政府任委任官一年，或荐任官以上者。四、曾任小学教员或在中学以上毕业者。五、经自治训练及格者。六、曾办地方公益事务著有成绩经县政府呈请省政府核定者。七、曾任乡长、副乡长、镇长、副镇长或乡镇监察一年以上者。未至区长民选之时，则由民政厅就训练考试及格人员之中选择任用。如有违法或失职之时，得由县长呈请省政府加以罢免。如县政府不行呈请时，若有区属乡镇长之过半数签名，召集乡镇长会议，以过半数之决定，得联名呈省县政府请求罢免。区长因故不能执行职务，由区务会议推定乡长或镇长暂代，如逾二月则举行改选。依《县各级组织纲要》所定，区署系县政府补助机关，代表县政府督导各乡镇办理行政及自治事务。故区长不由民选。其下设二人至五人为指导员，由甄选训练人中委用。分掌民政、财政、建设、教育、军事等事，皆为有给之职。

区长之外为助理员，由区公所就下述有各款之资格之一者遴选，而由县长加委。一、公务员候选考试或普通考试及格者。二、经自治训练合格者。三、在中学毕业或有相当程度者。四、专习法政一年半以上，确有成绩明了党义者。助理员之名额及其薪给，由区长呈请县政府定之。

区设区公所，其中设有区务会议。由区长助理员及区属乡镇长组织而成。区务会议，审议区公所之经费，区公产之处分，区公约及单行规则之制定，及修正区公所之职务。并于法令或区民大会交办之范围以内，而出区务会议议决，分别自行办理，或委托乡镇办理下述各款之事：一、户口调查及人事登记事项。二、土地调查事项。三、道路、桥梁、公园及一切土木工程、建筑修理事项。四、教育及其他文化事项。高级小学校、国民补习学校、国民训练讲堂皆在此款之中。五、保卫事项。六、国民体育事项。七、卫生疗养事项。八、水利事项。九、森林培植及保护事项。十、工商之改良及保护事项。十一、粮食储备及调节事项。十二、垦、牧、渔、猎、保护及取缔事项。十三、合作组织及指导事项。十四、风俗改良事项。十五、育幼、养老、济贫、救灾等设备事项。十六、公营业事项。十七、区自治公约制定事项。十八、财政收支及公产、公款管理事项。十九、预算、决算编造事项。二十、县政府委办事项。二十一、其他依法令赋与该区应办事项。住民如有触犯刑法而有证据时，区长得加以拘禁，报告区务会议及县长，并送交该管之司法机关。对于违反法令或自治公约者，亦得报告区务会议，或请县政府处理。《县各级组织纲要》所定，为区署于此设警察所，而受区长之指挥。区于民选区长之后，设监察委员会，由五人至七人之监察委员组织而成。任期一年，由区民选举，其被选举资格与区长同，其职务为监察区财政，向区民纠举区长违法、失职等事。因前者之事，得随时调查区公所之收支以及关于公款、公产之账目。如认为收支不当，或执行事务而有不当，得随时呈请县政府，加以纠正。至因后者之事项，则自行召集区民大会行之。监察委员会每月开一次，亦得开临时会，而由当选次序轮流主席，由其召集会议出席及议决，均为过半数制。《县各级组织纲要》复规定，区建设委员会以区长为主席，延聘区内声望素著之人为委员，从事研究乡村建设之事。

区财政之收入为公产及公款之孳息、区营业之纯利、依法赋与区之款项及省会补助金四类。其预算、决算经区务会议议决之后，由区公所呈报县政府核定汇报省府，并行公报于区公所所属乡镇。因紧急事项，为超过预算之支出时亦如此，惟不报省政府。又财政收支，每届月终皆须公布。

区公所依《区自治施行法》所定，附设调解委员会。委员半数由区公民选举，又半数由区属乡镇调解委员之中选举。至区长民选之后，由区民大会选举之，区自治人员不得与选。区长民选之前，由区务会议选举之。此时调解委员如有失职、违法情事，亦由区务会议罢免。若在区长民选之后，得由监察委员请求区公所执行，令其停职，再提交区民大会加以罢免。

区调解委员会为民事调解。如已起诉，须依法向受理之法院声请销案。如正在法院附设之调解处调解之中，即不得再为调解。其为刑事之调解，限于依法得撤回告诉之事件。乡镇调解委员会所未调解或不能调解者，区调解委员会亦得为之。如亦不能调解时，则由区长据调解委员会之报告，呈报县政府转报司法机关。后述之乡镇亦设调解委员会，除委员系由乡民、镇民大会选出外，余大体同此。

区属各乡与镇，即为百户以上之村庄。不满此数者，则编为乡，百户以上之街市为镇。不满此数者编入乡。但因特别情形如地势、地方习惯等事，虽不满此数亦得为之，但至多不得超过千户。二乡或二镇以上之地方，如有共同利益之事，得订立公约，联合办理。《县各级组织纲要》所定，乡镇之画分，以十保为原则。其数不得少于六保，多于十五保。其画分及保甲之编制，由县政府拟定，呈请省政府核准施行，汇报内政部备案。县市以下之自治，完全由国家立法，而取详晰主义，著者自始未敢谓其甚当，以其适于此，未必即适于彼。以吾国之广土众民，以如此繁琐之法文，求其尽合地方实际情形，实未敢令人尽信。即以此处所述者言之，若使乡镇至多不得超过千户，全国中过千户之乡镇不知凡几。以吾所知，河北定县所属如此之乡，即有三处。究应如何处置，不无问题。吾尝以此询诸尝宰江宁之某君，彼谓曾以此上请内政部解释。其解释谓可加以画分。不知此等乡镇，其公款、公产以及所办理之公共事业，如曩不分别，一旦强加画分，纠纷之起，有在所必然者也。至于乡镇以内二十五户之间，五户之邻，亦皆为规定，似未免太为繁琐矣。

依《县组织法》及《乡镇自治施行法》所定，乡镇有乡民、镇民大会。凡乡镇之公民，均得到会与议，而以到会公民过半数之同意为议决之数。惟乡镇公民到会至少应有总数十分之几，则无明文。除所议事件涉及乡镇长本身而由到会公民推定临时主席外，开会时皆由乡镇长主席。除初次大会由区长召集并为主席外，每年开会二次，每次为六日，均由乡镇长召集。其第一次则于乡镇长任满一日以前行之。亦得因特别事件而开临时会议。如特别事件系有关于乡镇长者，则由监察委员会召集；如系有关于监察委员本身之事件，乡镇长延不召集，则由该乡镇过半数之闾长联名召集之。

乡民、镇民大会之职权，为选举或罢免乡镇长及其他职员，制定或修正自治公约，议决单行规程，议决预算、决算，议决乡镇公所交议事项，议决所属闾邻或公民提议事项，共计六款。《县各级组织纲要》于此规定，乡镇民代表会，其代表由保民大会选举，每保二人。如乡镇长由乡镇民代表会选出者，则兼任乡镇民代表会主席。至其组织职权以及代表之选举方法，则仍待另定。惟不取直接选举，而用间接之法，似与近代选举之义未合也。

乡镇自治人员，为乡长、镇长、副乡长、副镇长，其被选举之年龄、任期以及资格，如区长被选举资格之第一款至第六款，而微有不同。即第二款但为曾在党服务，第三款无曾任荐任官之规定，第六款办理地方公益事务之成绩，只须曾由县政府之核定。未至区长民选之时，乡镇长、副乡镇长应由乡民、镇民大会选出加倍人数，报由区公所转呈县长择任，并由县长汇报民政厅备案。五百户以上之乡镇得增设副乡镇长，首次由区长定其名额，后则由每年第一次之乡民、镇民大会决定。至乡镇长、副乡镇长，勿论由县长择任，或全由民选，乡民、镇民大会如认其有违法、失职时，皆得加以罢免。其法得由乡镇公民百分之三十以上亲自签名附其理由书，于开大会十五日前送达各公民罢免。案中之乡镇或副乡镇长亦得于开大会七日之前，提出答辩书，送达各公民，而以到会投票之公民过半数之同意决之。至至少应由多少公民到会投票，则未之定。凡以为可者，投白色之票，否者投蓝色之票。罢免如经可决，则即改选。

乡镇皆设公所，于现行法令区自治公约乡民、镇民大会交办之范围内，办理同前所述区公所所得办理之事，而由乡镇长执行之。每月至少开会一次，由乡镇长召集，副乡镇长、本乡镇所属之闾长、监察委员皆得到席，必要之时，邻长亦得到席。

乡镇皆设监察委员会，由乡民、镇民选举之三人至五人之监察委员组织而成。其人数首次由区长决定，以后则由乡民、镇民大会分别决定。乡镇监察委员会之所司，亦如区之监察委员会。其向乡民、镇民大会纠举乡长、镇长、副乡长、副镇长而提出罢免案时，如距乡民、镇民大会开会日期在两月之外，则召集临时会决之。监察委员会亦得为罢免乡镇长之提议，由乡民、镇民大会加以罢免。

编制预算、决算及其提出，处理违反法令自治公约及触犯刑法之人，皆约与区长同。乡镇之财政收入及办理方法，皆略同于区。初级小学救济由十岁至四十岁之失学之国民补习学校，为国民训练讲堂，乡镇皆须设立，或联合数处而为之。补习科目为党义、自治法规、世界及本国大势、本县详情。

闾与邻，各设闾长与邻长，邻长与闾长各由闾邻之居民会选举之，任期一年。有违法失职时，则由住民罢免。其职务为经住民会议之决定，办理法令范围内之一切自治职务，及县政府、区乡镇各公所交其办理之事。

《县各级组织纲要》规定，乡镇设立公所，其中设置乡镇长、副乡镇长一人至二人，由乡镇民代表会选举。其被选资格内有五款：一、经自治训练合格者。二、普通考试及格者。三、曾任委任职以上者。四、师范学校或初中以上学校毕业者。五、曾办地方公益著有成绩者。其实行选举日期，仍须另定。任期二年，得连选连任。乡镇长、乡镇中心学校校长、壮丁队队长，暂以一人兼任，此制初行于广西，彼省人士称为三位一体。如在教育经济发达之区城[1]，乡镇中心学校校长，仍取专任之制。

乡镇公所，设民政、警政、卫生、经济文化四股，各设主任一人，至户籍则由一人专办。各事由乡镇长、副乡镇长、中心学校校长分别担任，并设专任之事务员。凡自行举办之事务，均经乡镇务会议议决。其会议由乡镇长主席，各股主任均应出席，与所议事件有关之保长，亦得列席。至于乡镇公民职员之训练，则待另定。

乡镇财政之收入：一、为依法所赋与者。二、为公产之收入。三、为公共营业之收入。四、为补助金。五、为经乡镇人民代表决议征收而属县政府核准之收入。乡镇财政之收支，由乡镇公所编制概算，呈由县政府审核之后，而编入县概算。

乡镇之下，依该大纲所定为保甲。每保至少六甲，至多十五甲。如人口众多之地方，成为一体之一村一街，不易分离时，除壮丁队须分保编练外，得联合二三保设立国民学校、合作社、仓储等公共事业。并推举保

---

[1] 疑为"区域"。

长一人为首席保长，以总其成。

保设办公处。其中设保长、副保长各一人，由保民大会选举，再由乡镇公所报告县政府备案。其被选资格：一、为由师范学校或初级中学毕业，或有同等学力者。二、曾任公务人员或在教育文化机关服务一年以上而著有成绩者。三、曾经训练合格者。四、为曾办地方公益者。在未办理选举之前，则由乡镇公所推定，呈请县政府委任。任期二年，不限制连任，兼任国民学校校长、壮丁队队长。如地方经济文化发达，国民学校校长则行专任之制。保长、副保长之外，设干事二人至四人，由副保长及国民学校教员分别担任，分掌民政、警政、卫生、经济、文化等事。如经费不足，亦可仅设一人之干事。

保甲大会，每户出席一人。其组织职权则待另定。每一保甲至多为十五户，少为六户，各置甲长一人，由户长会议选举，再由保办公处呈报乡镇公所备案。其训练办法则待另定。甲设户长会议，必要时亦得举行甲居民会议。凡保得沿用原有之特别墟场等，但须逐渐改称为保。

现行地方组织各法，概以官治为主。虽其中亦有民选之职位，然亦徒有空文而已。如县长之民选，必待筹备自治达至《建国大纲》第八条所定之程度而后可。但此等应行筹备之事其发动之权，皆不在民而在官。官府永不发动，则人民永无选举县长之望。又区长之民选，必待省政府请内政部之核准，如省政府永不为此请，内政部不为此核准，而又无一定时期，是民选区长亦空言也。至《县各级组织纲要》则明定县长区长皆不民选，乡镇长之选举亦不规定至近之期限。凡此皆无异左手与人民以权，同时即以右手撤回。尝考地方自治，贵在设法启发人民，使其对于地方政事，能于拟定具体方案，并能切实执行，而又能忠实负责。宜如何就此充分发挥，则有不能不望于今日之立法建制者。

本章参考书

《大清法规大全》：府厅州县地方自治、城镇乡地方自治各章程。

《中华民国法规大全》：内政部门县组织、县参议会组织等法，《广东县自治条例》《县议会议员选举条例》。

《县各级组织纲要》。

第十五章 市

第一节 美 制

前章所述地方，概指以农业为主之社会而言。至本章所论者则指以工商业为主之地方而言，即所谓市也。虽其中亦有近于农村社会者，然其大势亦多趋向工商事业。在今日资本主义之国家，其势尤甚。此则因生产方法改变，机械代替手工，于是工厂繁兴，家庭工业为其兼并。昔之伏处家庭以手工为农事之副业者，乃不得不群趋于工厂之中，倚以为业。因而人口乃不得不集中于工厂所在之市。加以机械近复推行于农业之中，减少农田手工，因此改就工厂谋生者，更日以加多。故百年之中，凡工商兴盛之国，其人口由野入市之数，阅之无不惊人。加以交通卫生娱乐各种设备，多置重于市，更足以吸引人民，乐居于市。管子所谓末产盛则市与野争民，今日资本主义之国家，工商繁盛，人口争趋于市，正此理也。

近代都市，既因经济之趋势，使之日见其盛，故其于地方自治，市实居重要地位。今仍因前章之例，先从美制论起。

美国市制设置之权，概在各州立法部，而以立法之法出之。各州之中，其法不一。一为特别赋与制（Special Charter System），即本州立法部，随时依一市独具之情形，而予以自治约章（Charter）。因此一州之内，市各为制。虽系依实际情形，各求自适其宜，而党派利用此事，借以扩张势力，遂使市制时常变动，悉随州议会一时之喜怒而为。于此市予以宽格之自治制度，于彼市则又不然。此制颇久，自为英领时即已如是。行之至十九世纪中叶，为矫其弊，乃附以本市同意之法。即不论于何市推行何制，必先得其同意而后可。厥后有数州于改正州宪法之时，乃以明文加以禁止。于是而有第二之通行制（General Charter System）。此即于州宪法上，明文规定只许州议会制定通行全州之一律市制，而不得对于一市或数市为单独之制。然各市往往情形不一，通行之制，恒不能彼此兼顾。州议会遂于通行制中，想出分别之法。遂有第三之分别制（Classification System）。此制为按照市之人口多寡分为几等，各别为制，市则各依其等而用之。但施行之后，觉其仍有未当，于是而有第四之自定制（Home Rule）。始于米苏里州（Missouri）❶，复有数州踵之。各于改正州宪法时，加以采用。其法一为先由本市决定是否举行起草委员之选举，其发动不论市民与市议会皆可。二为如果决定组识起草委员会时，则举行从事此事委员之选举。三为起草。四为草案告成之后，宣付市民公决。公决人数，各州多少不同。且有须经本州州长之核准者，并不得与州宪法或法律有所抵

---

❶ 即密苏里州。

触。勿论市民或市议会,皆有提议修改之权,修改案仍须经市民之公决。上述四者之外,复有第五之选择制(Optional Charter System),一九一三年创始于纽约州。其制为由州议会制为不同之制,而由所属之市,依其情形,选择行之。

市制内容,除区域住民自治权而外,则为自治机关之组织。在美各州,甚不一律。大别约有下举三种,施行时期亦先后不同。

一、市长市议会制(Mayor and Council System)

行此制者至一九三一年为止有一百四十二市,居百分之五十。此制精神之理论,为平衡限制,为立法行政分立。其中又有集权与分权之别,前者谓为强有力之市长制,后者反之,当于下述各端之中分别为之说明。此处先言市会。市会由来綦久。独立之前,概行英之旧制。一会之中,而有二种议员。独立之后,二十世纪之前,东部大市概为上下两会制。上会曰元老会(Board of Alderman)。下会曰庶人会(Common Council)。今则全国之中,除有十六大市仍行两会制外,余皆行一会制。议员人数,较昔渐减。即人口虽增,而员额并不增也。小市有少仅三人者。极大之市如纽约,两会共为七十一人。芝加哥则七十人。议员之选举,往时但为单员小区制,今则全行通选制,即不分区而由全市统计得票之数是也。间亦有行区选与通选并行之制者,例如有出议员二十一人之市,三分之二为区选,余一为通选,则分全市为十四区，区各选一人。投票者同时共投八人，其中一人为由本区选出，其余七人则综合全市所投之票计算是否当选。选举多行预选之法。即先于预选之中，照正额之几倍，选出候选人，再于正式选举之时选定。但不行预选，而由定数选民联名推出候选人者，亦间有之。因防党派垄断而行大区比例制者，亦复有之。亦有分年分部改选者，如波士顿市九人之中，每年改选三分之一，是其例也。议员任期由一年以至四年不等，而以二年者居多。

市会每周或二周开常会一次，自选议长，并由议长指定委员，组织委员会，分别审查应议之事。市会之职权，为议决地方法律与各种决议。但必须市制有所规定而与州法律无抵触者，方可为之。如保护市民生命财产之公安、卫生、教育、道路建筑皆在其内。最要者为财政之事，如预算、决算、课税、举债皆是。但课税则须从州法律所定之税则税率。举债则从州法律所定之限度。预算之内，对于州法律定为市在所必办之事，皆须规定其经费。他如允许私人团体，经营专利事业，其年限及经营方法，如州法律已有规定者，则须从其所定。

次论市长。此则概由市民以普通秘密投票之法选举，并先由上述预选之法选出候选人，然后正式选举。至以在本市定期以上之居住为被选资格之一者亦间有之。任期为由二年以至四年。新英兰各市，有至短仅一年者，但大市多取长任。曾否身任公职在所不问。除波士顿及费里得费亚两市而外，皆不限连任。其俸给有仅数百金元，多至四万者，如纽约是也。

市长职权，举其大端言之，一为对于市会者，虽不得正式提出立法之案，然亦得设法表示意思。关于此节，最要者为抗议权，即于收到市会议决之议案后，得于定期之内，声明异议，拒绝执行。对市会议决之预算案，亦得如此。且不限全案，得对案中之部分而为之。虽有数市市会得以通常多数否决市长之抗议，但多额之限，如属于前述之集权之市，则不只三分之二，有至四分之三者。如系抗议许可专利营业之议决案，一经抗议则为最后之决定，即市会不得就此复议。如纽约、波士顿、印度亚那、费里得费亚皆如是。此即前所谓集权市长制也。

二为关于财政者。其中首为编制预算。昔由市会为之，今则概归市长。惟纽约市，另设有从事于此之预算委员会（Board of Estimate and Appartionment）。其会由市长、审计长（Comptroller）、市会议长、本市所属五分市（Borough）之分市长，合组而成，共十有六人。但市长一人而有三票之投票权，此特例也。市长之财政权，以波士顿为最大。其所编制之预算案，市会不得于其中增加支出或添设项目。虽可削减，但须不经市长之抗议，或经抗议而为市会以法定多数再行通过，方能有效也。

三为属于人事之权。市中行政人员，如各局局长、委员会委员等，始则多由市会分别选任，约如今日之英制。后乃改由市民直接选举，继又为两党共同选人合组之法。然不收和衷之效，反多倾轧之事，终乃归由市长任命。然犹附以由市会事先同意之法，不但委用时如是，免黜之时亦有如是者。但二三大市，如波士顿、纽约等已废而不行矣。任用人员，如系经过考铨之法者，免黜之时则非经过惩戒公判不可也。此类之外，如监督市政、督率属员、惩罚过犯、领导典礼、对外代表本市，皆为市长职权范围以内之事。

二、委员制（Commission System）

此虽为代市长市会制而起之一种新制，然在英领时代及十九世纪之时下级地方亦曾有类此之组织。至为正式市制则始于塔克斯州（Texas）❶之葛维士顿市（Galveston）❷。一九〇〇年此市沦于潮水，旧日市长市会，极为腐恶，竟无力应变。于是市民乃起而共谋，乃于次年请之州会，另定市制。设置五人之委员会，其中三人由州长委任，二人由全市通选，任期二年。后因州长委任之法与州宪法不合，于一九〇三年改为五人，全由民选。然后由此五人互推一人为名义市长。所有市政分为四局：一为公安与消防。二为街道与公产。三为自来水与下水道等。四为财政与收入。除市长统理全局而外，其余委员，则各掌一局。始由委员择任，后则于人民选举之时即指明被选人所掌之局。委员会有定期常会，随时之临时会，就中处决一切市政，约与私人工商事业团体之董事会相似。

委员制既起于葛维士顿，一时盛行。至一九一四年，行此制者日见其多，至于四百余市。后又渐少，尤以人口二十万以上之市为甚，少者仍多行之。虽不免有小异之处，而其大体则同。即不分议决与执行，悉委其

---

❶ 即得克萨斯州。
❷ 即加尔维斯顿市。

权于五人委员之手。集中事权，一扫平衡限制之说。然因少数委员所为，未必尽合民意，于是于其外，又济以市民提案（Initiative）、市民复决（Referendum）之法。对于委员亦得由市施行罢免（Recall）之法。并恐政党垄断，乃废政党推荐之习惯，而代以市民联名提名或预选之制。前者为由一定人数之市内选民，联名具书提出候选人，后者系由先行举行预选，由此选出正额一倍或二倍之候选人。二者皆取决于正式之选举。此此制之大略也。

委员制亦如一般政制，不免有其缺陷。举其要者言之，意见不易一致。五人之委员，人数虽少，然遇事亦各有所见。其上又无总揽其成之人，故意见恒不一致，此其一也。此五人者但以行政论，无居中统摄之人，虽少反觉其多。以决定政策、讨论立案而论，则又觉其过少，此其二也。委员各掌一局，而与名义上之市长实无统率关系，无异独立，各项行政，不易联合一致，此其三也。委员虽掌行政专局，对于主管之事，多不干练，必须另用专门人才，以资佐理，此其四也。故此制行之三十余年，又复有代起之新制。

三、市经理制

此制亦曰经理议会制（City Manager System）。一九〇八年，维基尼州（Virginia）之斯陶顿市（Staunton）❶，修正市制之时，即于行政一面增设经理一员，

---

❶ 即弗吉尼亚州。

使之办理大部市政。一九一三年，南加洛林州（South Carolina）之桑特市（Sumter）❶之市制，即近于经理制。至成为正式市制，则由一九一四年倭海约州（Ohio）之但顿市（Dayton）❷，于上年大水灾之后行之。其制系设市会议员五人，任期四年。但其中三人或二人，应每二年改选。至期以不用政党标记之提名法，提出加倍人数，而以得票之最高数为当选。如应选三人，其中一人票数至多，则名之为市长。只能于会议时主席，领导典礼，无实权也。议会之权为议决市之规章，税项预算，设立或撤废行政机关。检查行政人员所办理之事务，与选举市经理，此又与工商事业团体之董事会相似。

市经理一员，不问党派关系及系何籍贯，而由市会选举。专就市会议决之范围以内，负执行行政之责。不定任期，去留随时听市会之意。其所受之俸给亦由市会为之议定，有年至二万五千金元者。其职权约与市长相似。并得列席市会，向其陈述意见，但不列入表决之数。质言之，市经理又与工商事业团体之经理相似。

经理制但顿市初行之时，本系一时试办之法。然各市踵而行之者，至一九三五年约有三百余市，小者多而大者少，彼此亦间有不同。如经理之选举，为得人计原不限本籍。然囿于地方成见，以此为限者亦非无之。市会人数原求其少，但亦有多至二十五人，用分区比例选举之法者。且有于此外增行市民提案及公决，对于市会议员及经理允许市民罢免者。此制原意在使市政近于工

---

❶ 即南卡罗来纳州萨姆特市。
❷ 即俄亥俄州戴顿市。

商事业，力矫政党操纵之弊。然市制之中，虽亦有如工商事业者，但非尽如是。工商事业，纯然以营利为事业，市政则不然也。盖市政终属政治性质，求其全然不合政治臭味，终不可能也。

于机关组织之后，所应论列者，为市之行政。其事多端，概列举于市制之中。凡市行使各项事权均须顾及州宪法与州之法律。一有违犯，则不免招致法院之否认。其事约有十端：一、公安，凡警察消防属之。二、公共工程，街道、水道、下水沟、公共建筑、处置秽物秽水属之。三、公用，自来水、电力、煤气等属之。四、公益，保护健康、安置贫民及身体缺格之人，以及公园、公共体育场等属之。五、教育，各级市立学校、图书馆、宣讲所等属之。六、设计，如开辟道路、分区、画界、公共大建筑之设置等属之。七、人事，如人员之登用、升迁、惩戒、退休、考绩等属之。八、法律事务，如各行政机关之法律顾问，因诉讼代表本市出席法庭等属之。九、财政，如征收税项、保管库藏、募债、偿债、购置以及预算、决算、审计支出等属之。十、司法，如处分过犯、维持市之法律属之。各端之中，关于其事，皆有详细规章及计划。此系专论市行政之事，此处不能遍及也。

美之市政，从来有二种并行之主义：一为求其能有民主之监督；又其一为力求行政本身效率之增加。因前者之故，往往行政官署之主管人员，多出于民选。虽不必如是者，而亦使之如是。不必取委员制者，而亦取委员制。遂致权力分散，责任不专。有统揽市政之责者，不过仅居其名而已。此即前称之分权制。因后者之力矫前者之弊，凡不必民选之公职，皆改为市长官委任。不必用委员制者，则改用独任制。如系市长制则权在市长，即前称之集权制也。如系委员制则属之委员会，经理制则归之经理。

犹有应述者，即美国之特别司法制度。凡市皆有市立法院，且不只一种，而为州司法之基础。凡轻微民刑案件，皆由此受理。其法官有由市民选举者，有由市长任命者，又有由州长任命者。此等法院，如警察法院、治安推事法院、司录法院（Recorder's Court）皆是。至县市因地方毗连，行政相通，而行县市连合制者，亦有之。此则于一九三四年始于福禄利达州（Florida）❶。

美国之市，均隶于县下。州议会于县属地方，使之成立为市，法律上多有人口限制。有少仅二百五十人，多至一万者。然有数大市人口既多，地面亦广，不但不隶于县，而反包括数县在内，如纽约则广袤至于五县，费城桑港县市区域相同，波士顿亦几如是。余如圣鲁易等，因市地方极大，即以原属县之事权归并于市。维吉尼州凡市皆由县分出，而令市亦执行县之事。在他州设此等离县独立之市，法律多设人口限制。米奈苏达州（Minnesota）❷ 为二万人。米苏里则多至十万人。各州州宪法关于县市合并之事，往往有原则之规定。

本节参考书

William Bennett Munro: *Municipal Government and Administration* 一卷八章一六八页至一七一页、十七章至二十一章。

---

❶ 即佛罗里达州。
❷ 即明尼苏达州。

William Bennett Munro：*The Government of American Cities* 八章至十五章。

William Bennett Munro：*The Government of the United States* 四十章至四十二章。

William Sial Carpenter and Paul Tutt Stafford：*State and Local Government in the United States* 第四章。

Charl's A Beard：*American Government and Politics* 第三十二章、三十三章。

G. Montage Harriss：*Local Government in Many Lands* 第二十六章三四三页至三四九页。

第二节　德　制

德国在前世纪上半叶，仍为农业社会。人口散处，外移渡美者为数尤多。除滨海数市如汉堡等而外，市政多无可言者。至一八七一年连胜奥法，工商日渐繁盛，人口外移渐少，亦且趋集于城市矣。

设定市制，在昔，其权操之于各邦，革命之后，则在各州，中央概不过问。然因普鲁士地广民众，各州市制，多准普制。然亦不尽同，如三级之选举制，他州即无采用之者。普之市政在昔皆由邦政府与地方豪强互相把持，市民绝少过问之权。当费勒德大王（Friederick the Great）时，悉由退伍军人宰制各市，任其搜括民财，借以减少国家供给。市职冗滥，无以复加。至一八〇八年 Stein 新制之后，始加改革。市渐有自治之权，而能课税，颁布章程，经管财产，办理市内认为在所应办之事。市中之有产者从此渐得容喙❶市事。此种新制，虽行于全普，然一八一五年取自法国各地，其市制仍沿其旧。至一八三一年始归于一。至一八五〇年国会成立之后，乃复位新制。勿论大市小村一律用之。旋觉其未当，乃于一八五三年颁行新市制，先行于六大市，后推行全普。以后虽有更易，仍以此为本。兹就其大概述之。

市议会（Stadtuerordneten versammdung）大小因人口而异，最多为柏林市，一百四十四人，最少有仅二十四人者，大概五万人口之市，议员即为四十二人。其选举由前述三级之选民，以小选举区制，每级各选总额三分之一。六年任满，每二年改选三分之一。其改选也，第一第二两级选民，各于本级之内一律投票。至第三级则勿论区之多少，分为三部，分次轮流投票。如此次改选为甲部，次二年为乙部，再次二年为丙部。故一二两级选民每经二年，则行使其选举权一次。第三级之选民必待至六年方始行之也。

选举之时，如同一家族同时当选，则以卑幼回避尊长，不得一齐应选。全部议员之中，半数须为有不动产者。如无产之人已逾半数，则择原选举时得票较少之人，依次开除，然后另选有产之人补足半数。当选票额为绝对多数。如不足额，则照正额加倍开列得票较多者之姓名，于初次投票后八日内，再行决选。虽谓投票，但实际并不如是，不过选民于身入投票所之后，大声高呼所选举人之姓名，而由司选书吏在旁记录。盖公开选

---

❶ 参与议论。

举而非秘密投票也。并为强迫就选制，一经被选，如托故拒绝应选，则科以重罚。革命之后，始遵宪法所定原则而行秘密、直接、普通及比例之制。此乃一般选举原则，市亦莫能外之也。

议员于被选后就职，并宣誓尽职。随即秘密投票，绝对多数选举议长（Vorsitzonder）、副议长（Stteluertretor）。如得票不足额时，则以得票较多者，加倍开列人数，二次决选。并以同法选举秘书长（Schriftführer）一人。其人如非议员，并须得理事会之承认。议会开会，首即议决会内规则。如开会时间、委员会职权等，并须得理事会之承认。如因此发生争议，则取决于该管上级机关。

市议会之开会，除夏令外，每周一次，亦可开临时会。尤以讨论豫算案时为多如此。除有必要时外，皆取公开议事，亦颇自由，上级机关绝少干涉，亦无停会或解散之权。革命之前，虽可以敕令解散市议会，然极为罕见。

市议会之职权，市制中虽未加详定，但除以明文归之于理事会者而外，市议会皆有议决之权。其中约有下列数端：一、制定改正或废止市之法律。二、豫算。会议之时增减变更固无不可，但须得理事会之承认。如有异议，则设协议委员会，从事协议。议如不谐，则由该管上级机关为之决定。三、对于理事会，随事建议。如未经采纳，因而发生争议，亦由该管上级机关为之裁定。四、选举应由市议会选举之职员。

市理事会（Stadt-magistrate）为市之执行机关，由市长（Bürgermeister）及若干之有给与无给理事（Schoffen）组织而成。无给理事人数，依人口多寡而有不同。如人口一万以至三万之市为六人，三万至六万为八人，六万至十万为十人，十万以上每人口五万加二人。有给理事之人数，决之于市议会，并由该管上级机关核准。二者总数约当市会议员全部四分之一以至三分之一，均由市议会以秘密投票绝对多数制分别选举。有给理事任期十二年，间有为终身者。选出之后，须经上级机关核准。如初次选举不足得票定额，则二次决选，不得兼任市议会议员官吏及教会教职。近亲同时被选，则以卑幼回避尊长，皆不禁连任。有给理事概系行政专家，富有学识及经验之人。选举之时，视其力所能胜者，指定专管之局，如财政、交通、教育、公用、卫生、济贫等是也。其不必引用有专长之事者，则以无给理事任之。

凡市如须用有特定专长之理事，恒由理事会指定标准，公开招选。凡具书声请应选之人，再由理事会审查，分别附加意见，咨送议会请其选定。但以能力学问为准，党派关系概所不问。如曾为小市之有给理事，而应选大市之有给理事，则视为升进。因此职之人选，不限于有本市住籍者也。有给理事之俸给，随市而异。若满其十二年之任期，则有半薪之退休金。若满二任则以全薪退休。无给理事必为本市市民，任期六年。一经被选，至少须任职半期。托故而不应选，则有科罚。故膺此职者，以家道殷实而复情殷公益之人为多。

理事会之开会，为不定期制。随时开会，亦不公开。以过半数为开会定数，出席者之过半数为议决定数。会议时以市长为主席。议决之事件，其实际施行，则有赖于后述之各种委员会。

理事会职权，依一八五三年市制所定，为下举各端：一、于本市之内，执行本邦法令而为其代理人。普制凡邦之行政，多不另设机关，而委托地方自治机关办理。及联邦政府成立之后，联邦行政多委之于邦，邦再委之于市。故此类之事，理事会中颇为不少。二、豫备提出于市议会之议案。凡市议会议决之案，除纯系对内之事件而外，均送经理事会再决。如有争议则取决于上级机关。三、监督行政。市内一切行政，皆由其监督。如因此而至增加市民之财政担负，则须经市议会之议决。四、财政。如豫算、决算、课税、审计收支等皆是。五、管理公产。此中包括公用事业。如许可私人团体、利用市有财产、创设公用事业皆是。如国与邦之法律于此有所规定，则从其所定。六、任免行政人员。如系无给职员，则由市议会选任。如系有给者，则由理事会先行商之市议会，然后委任。如市议会不予同意，理事会亦可改委。如须经上级机关核准者如警察、教育人员之类，则必经其核准。关于此类邦之法律，如有所定，则须从其所定，并须考验资格而后为之。如免行政人员之职，被免之人，得诉之于上级机关。必证明应如此时，其免职处分始为确定。七、保管文书。八、对外代表本市。虽有市长，但理事会之对外文书，必市长与有关之理事会同签署，然后有效也。九、其他。如分配职务于所属机关皆属于此。

市长（Bürgermeister）。由市议会以绝对多数秘密投票法选举，不限本市住民，往往选自有给理事之中。小市市长被选于大市，则视为升级。此职注重行政经验与专长，与实业公司董事会之选举经理相似。大市有设二市长者。其第一市长称为大市长（Oberbürgemeistee），恒由曾为市长者之中选出。凡设二市长之市，其第一市长在假或有故障时，则由第二市长代理。第二市长实副市长也。选出之后，须经该管县政府之核准。革命之前，大市市长有须得敕许者，任期十二年，不限连任，且有为终身制者。俸给优厚，复有公费。满任后仍支半薪，满二任后则支全薪三分之二。

普制之市长，非独立地位，仅为理事会之主席，而为其中之一员。其与诸理事乃同僚而非长属。然以其为理事会主席之故，法令时有赋与之职权，约有下举各端：一、会议主席。此中包括编列议程，凡理事所提议案，市长如以为有违反公益之处，可不列程。然理事因此得诉诸该管上级机关。故市长虽有此权，恒不轻用。议决之议案，如应咨付市议会者，则由其与有关之理事，会同署名。理事会之内部行政，则由其监督指挥。二、指派委员理事会内各种委员会之委员，概由市长就理事之中或市议会议员之中，又或市民代表之中分别指派。勿论何种，理事会亦可加以改组并监督其行事。三、监督理事会所属行政人员。此类人员，如有所陈诉或请求，皆向彼为之。对于失职人员，则有惩戒之权。如科罚、停职、拘禁，随其事之轻重而为之。免职则须经理事会之议决。如时机紧急，亦可先行办理，再由理事会追认。如得该管上级机关之承认，亦可免理事之职。凡市内行政，皆由其监督。其中尤以审计财政为要。各行政局所，如有争议，则由其裁决。行政局所之多少，因市之大小而有异。四、警察。此中不但为指挥、编制、训练等事，凡消防、卫生、交通诸事，亦在其内。五、户籍。凡人口统计，如死生、婚嫁、来往、迁徙、疾病、葬埋、选举等事，皆属于此。

委员会。理事会内设各种委员会。理事会所议之事，于议决之前，多交付委员会审查报告。其人数由三五人以至二三十人不等，由有给理事为之主席。其不必有专长者，无给理事亦可为之，皆由市长随事指派。委员会不但事先审查议案，凡议决之事，亦由其执行。故市属之行政局所，皆依其事务性质分配于各委员会。除委员长为有给之理事而外，其余委员由市长就理事会理事之中、市议会议员之中、各局所官吏之中或市民之中分别指派。市民代表，由市议会于自由执业及工商团体之人中选举，任期六年。其人数多少，随市而异。选出之后，交由市长分派于各委员会之中。惟教育委员会之委员，因教育行政多受邦之监督，故须受上级机关之核准。委员会虽无终决之权，但其报告或所拟方案，苟非极不当者，理事会多接受之也。

普鲁士昔时市制，就选举言之，为纯粹代表资产主义。就行政言之，则为专家技术主义，故重久任，优待遇。前者自今日视之，诚不足道。后者实不无特优之处也。

德国地方自治，因非国家立法之事，故革命以前之各邦及战后之各州颇不一致。上次欧战期间，因救济损失，分配物品供给，全国乃有市联合会之设。继至革命改制之后，地方联合团体，有县、市、镇、农区四种。中央内务部之法规，如与地方有关者，施行之先，须与地方代表商议。故此等地方代表之意见颇足以左右国家或本州之立法。凡此皆一九三三年以前之旧制也。

一九三三年阿道尔夫·希特勒当权之后，乃于十二月以阁令（Cabinet Act）代法律，改设全国地方会议，完全处于内务部管辖之下。此地方会议（Der Gemeintag）仅备中央咨询，并无若何最后决定之权。至前此之四种地方联合团体，则悉行解散。新设之地方会议，设主席一人，委员若干人，均由内务总长委任，任期六年。议会之中，分设五局及专门委员会。其局长以及委员均由主席推荐而由内务总长委任。皆为无给之名誉职。不得自行集会，惟由内务总长召集。所议之事，亦只以内务总长交议者为限，无自行提案之权也。地方会议设于中央，在外则设分会，其数二十。其地方面积大小约如普鲁士往日之县，完全隶于中央。地方议会之中，无自立之资格也。

至一九三五年四月一日，复颁行《地方政府法》。除柏林而外，一律准此。从前自各州以至各县所行之旧制，悉行作废。新制之市，其市会议员由市长与国社党驻市委员会商之后，再加委任，绝无执行之权。其新制中规定市长事先应征求市议会意见之事，约有十三款。但市长以为紧急亦可先行付诸施行，再求其追认。市议会勿论为何种议决，均系备市长之取择，无拘束之力也。

市长为委任制，以为国社党所信任者为合格。出缺之时，则公告征选。凡应征者之愿书，汇送于国社党，由党中派出委员三人与之会谈，然后拟出三人之名单，交由内务总长择定，再由市委任。如系人口满十万以上之市，则呈请国家首长择定。若所拟名单无一可择，则再行拟出。如仍无可取者，则由有择定之权者自择所欲之人。市长之下，复有佐治之人，亦由政府与党会商委任。此制之下，有给市长须专任，其任期十二年。非专任者为无给，任期六年。新制之中，关于行政之事，如预算之复核期限、课税、举债、偿债、处分财产等事，皆有较严之限制。此制用意，为使首领精神用之地方自治，实与自治之义背驰，加以以党主持其事，尤拂民情。自施行之后，国中非难之者，已不乏人也。

本节参考书

William Bennett Munro：*The Government of European Cities* 第二章。

G. Montagu Harriss：*Local Government in Many Lands* 第十章一一八页至一一九页。

Friz Morstein Marx：*Government in the Third* 第五章第二节一三六页至一四四页。

第三节　英　制

英国之市，由来綦久。当撒克孙[1]时代，即已有之。诺门征服之后，虽封建诸侯，分据土地，各有所领之市，然终以直属国王者为多。其时虽因秩序回复，市亦见繁盛，然终在农业社会之中，人口并不集中。至生产革命之后，乃渐形成近代之市容焉。

英之各市，除属于封建诸侯之少数者而外，概系自国王获得许可之自治约章（Charter）。此类约章，非系出自国王之慨允，即系出资易得。故国王李嘉第一

---

[1] 即撒克逊。

(Richard)随十字军东征之时，因征集财富之故，往往发售市自治约章。故著名之一二一五年之大宪章，其中亦曾明认国内各市之自治。盖市于事实上早已自治，至受约章之后，不过进而取得法律之地位而已，在十四世纪即已如是。各市受其自治约章，因不出于同时之故，内容不尽相同，然大体则无大异也。其要者：一、为自征财赋权。以前之人口税及其他各种之税，皆由国王设官征收，或由领主之封建诸侯派员征收。至受有约章之后，则市自为之而解交应行缴纳之处。其法为先定市之岁纳税额，届期缴纳。故少官吏征收烦琐不定之弊。其名即曰市税。二、选举权。凡市受有自治约章，即自选自治职员。始则专为收集上述赋税之事。继则职事随时有增，不只于此也。三、为司法权。即市得自维持法院。但其法官则不由选举只由州会分出耳。市自治约章其始系对于市内人民而为之，继则以市为一团体，对一市而为之。且系限于国王或封建诸侯在位之时，如已易代，则须更换新约章。凡市请求自治约章，如有纳税者二十分之一以上之反对，国王须交国会议决。不及此数则径行授与。如该管之州议会及毗连之市议会亦有反对时，亦交国会议决。

市在初期人口既少，皆为小工小商，事甚简单，并无议会而为直接民主政治之市民大会。继因人口增多，事业推广，市民大会觉其不便，始改为市议会，而由市民每年选出十二人之议员，委之以市政。其入选者恒为较负人望之有产阶级。虽每年改选，实多连任。其后工商繁盛，市民多分别设立行会（Guild）。故凡为行会会员者，恒为市议会议员。始则市民皆隶于各行会之中，继则入会多有限制，会员仅居少数。因此市政亦遂落于此少数之手。享有选举权者，不过市民百分之五六耳。自一二六五年以还，国会下议院议员之选举，概由各市选出。而此项选举，遂亦操诸此等行会之手。加以国王为操纵国会之故，亦左袒此等少数之人，有时发给市自治约章，亦必设法维持此等少数人之权利。于是自昔传来之民主市政精神，乃扫地无余，而浪费、循情、假公济私等等弊端，亦层出不已矣。

一八三二年改正国会选举，重新分配议席，世称为英之大改革。次年新选之国会，亦遂以改革市制，引为己责。因而设立委员会，从事调查，遂将已往弊政，尽揭于报告之中。并附以意见，以为建议。于是政府遂有改正市制案之提出，世称为民党议案（Whig Bill），卒于两院中少数王党（Poriss）反对之下妥协通过，此为一八三五年著名之市制案（Municipal Corporative Act）。除伦敦别有法律规定外，此制施行于一百八十三市。其后关于市政之法，陆续有之。至一八八二年，乃加以归并。于是而有市制归并法之颁行（Municipal Corporation Consolidation Act）。

英之市议会，其议员名额，随人口而异。小市全市通选，大市分区行之。区各选三人，被选之人，不限本市籍贯。任期三年，每年改选三分之一，此为通常议员。复有元老议员，其数为通常议员三分之一，任期六年，三年改选一半。初次选举以及改选，均由通常议员于十一月九日选举。如通常议员被选而为元老议员，则开去原缺，另行补选。元老议员与通常议员，同为构成市会分子，无特别职权。惟每届改选，人多连任。各委员会亦恒以元老议员为委员长。此种议员之设，盖在使市会较多保守安稳之性耳。此一会两种议员之制，行之美国，遂衍为初期之两会市制。

英市市长，由市会于十一月九日选举。一八三五年之市制，限于就二种议员之中互选。一八八二年之制，则废此限制，会外之人，亦可入选，实际以元老议员入选者为常见之事。此职并无特别职权，惟为会议时之主席及各委员会之当然委员而已。虽名义上为仪同市之治安判事，实际上并无司法职务，亦不支薪。除礼仪而外，并不代表本市。故其副署公文亦非非此不可之事。然究因其为市长之故，交际颇多。大市为尤甚，故任期虽只一年，所费实多，非富有者不易为之。但名位高尚，贵族以及富翁，亦多于乐就也。

市会除选举市长元老议员有法定日期而外，余皆由会内规则定之。多采用国会之议事规则。会期小市每月一次，大市半月或一星期一次，以定额三分之一为开会人数，以公开为常。但经多数议决，亦可不如此也。

市会之职权，即为市之自治权。考其来源有五：一、为习惯法，即通行市制施行之前，自来各市原有之权。此如为何种法律行为，为诉讼当事人，享有财产权，征收赋税权等皆是。二、为市制。即一八三五年、一八八二年之两法为习惯法之所无而为此法之所有者，警察即其一端。原为习惯法中之权，两制则加以废止，如司法权是。他如发给发售酒类之牌照，亦不在内。三、为市制施行以后，国会续定之单行法，如公共卫生、公路等。其中有必行者，有酌行者。凡施行酌行之时，市会须有列席人员三分之二以上赞成。四、为国会批准之私案。此为由市自拟法案，委托议员提出国会，请其赋与何种职权。其案如有涉及中央各部中主管之事，国会讨论之时，如须征求其意见。如市有反对者，国会之审查委员会于审查之时，须传集两造加以询问。凡市提出私案，如因延聘专家，委托代理人等事而动用公款，则须先行提交市民公决。复决制之在英国，惟此一事而已。五、为中央主管官署之暂行命令。凡市欲取得何种新事权，则向中央主管官署请求暂行命令。如经查明，事属可行，则先行令其办理，而后汇交国会请求追认。因其最后决定之权仍在国会，故此等命令谓之暂行命令。

市会职权之内容，就其最要者言之：一、为财政。其中首为豫算。此则以各行政委员会之概算为据。豫算之议决，英之市制及其他法律于此多无限制。此外则为保管库藏及课税。凡课税先就市之不动产估定价格，而后定其税率。除无租户者须向业主课税而外，皆向租户课之。至于借债，勿论因何事故而为之，须先得中央之许可，或用提出私案之法，经国会之核准，或请求主管之部予以暂行命令。二、为监督行政。除发给售卖酒类之执照及济贫两事别有主管机关外，其余一切市政如学校、卫生、道路、公用事业、公共建筑等，皆在其列。

英之地方自治机关，州市一律不取分权主义。市议会即兼执行之责，实际则赖各项行政委员会。委员会有出于法定者，警察、教育是。此外则由市酌定设立。大抵大市多而小市少。有常设者亦有临时特设者。常设委员会如事务甚多，其下得设分委员会，至以全体议员为委员，则为全会委员会，如讨论豫算即由此行之。每年十一月会期之中，先选举一司选委员会。再由此拟出各委员会之委员名单，报告大会。大会虽亦可变更或否决，但恒照单承认。虽每年改组，但连任者居其多数。除警察委员会之委员，依市制所定，不得逾议员总数三分之一而外，余皆自酌人数。二种委员亦无一定分配人数。市会议案勿论由议员提出，或市民请愿，又或由行政机关提出，均交有关之委员会先行审查，然后报告。其中勿论有所赞否，或有所更正，又或附以新意见，大会讨论之时，虽可不拘于此，然以接受者，居其多数。

委员会之设立，除法定者外，由市自酌。其要者：一、为财政委员会。凡编制豫算、管理收支、课税、借债、偿债皆属之。二、为财产委员会。凡市有之公产，皆由其经管。三、为公用委员会。凡道路、水电、公园、卫生设备等事皆属之。至于法定委员会，则有警察与教育。教育一事，自一九〇二年始归于市自治范围之内。

以上所述各委员会，为专属于市者。此外则有联合委员会。如本市与该管之州有共同事务，如水利交通等类，而须协同办理者，则各出委员，组织联合委员会以行之。

各委员会虽执行各项行政，然其委员非必为精于其事之专家。故每一委员会，皆有专任有给之职员，皆由各委员会拟出而由大会决定。遇有缺出，则公开征充。应征之人，不论是否为本市之人，概具书声明志愿，连同经历证件，交与市会，再交有关之委员会审查。审定之后，则拟定人数，报告大会，由其从中决定。党派关系，虽亦有之，然必注重实在才能。英之地方政府用人虽无竞争考试之制，而实效则过之。

有给职员，有法定者，有不然者。一八八二年市制中，规定市至少须用秘书长、会计二员，其余得自酌增设。此等职员之中，其要者：一、为秘书长。其职为保管文件，起草法案，代表市会，对外交际。二、会计员。其职为保管籍账、办理收支、税项债项等事。三、测量技师。其职为工程设计、督工、收工等事。四、警察长。其职为维持地方安宁秩序。凡市之警务，国家恒于特定标准之下，补助经费。故如何使市之警务符合此种标准，乃警长至重之责也。

市皆设财政审计员，为数三人。其中二人，每年由市会就市民中有选举权者之中选举之，其一人由市长委任。大市则添设有给之专任会计员，以资佐理。凡市之财政半年结算一次。一八三五年市制所定，于三九两月行之。结算之后，则由审计员三人公同审计，并得附加意见，报告大会。虽无停止支付之权，但如认为不当，得加以声明。审计已毕，则付印以备市民之索阅。凡市之财政审计报告，秘书长每年应依定式呈报中央主管之部，汇交国会备案。

英市在昔，一切行政悉在治安推事管辖之下。自生产革命之后，地方事务，日以增加，治安推事，势难兼顾，至一八三五年之市制，乃举一切行政归之市会。惟余发给售卖酒类之执照一事，但照旧留于治安推事。其余纯系刑案司法之事。治安推事虽系由国王任命，但其余人员，如书记官等则由市委任，经费亦出自于市。因习惯、历史之故，各处颇不一，致有完全离州而独立者，亦有但为州司法之一部者，亦间有兼管民事案件者。地方法官，必曾执行律师职务满五年以上者，方得为之。

上述之市，均为属市。即位于州境之内，而为州所辖。有何等职务，须受州议会之监督。州议会之议员，亦多由市选出。异于此者，则称州市，如人口满五万人以上，经国会或主管部之许可，得自州完全分出而为州市。州市云者，即以本市市会兼掌州会之职权。分出之后，即不再向所在之州会选出议员。此外又有组织职权，全然与市无别，而称之曰城（city），大小新旧不等。凡称为城者，非在昔为大僧正或僧正❶所驻之地，即为国王勅许者。其与市不过同实异名而已。

本节参考书

William Bennett Munro：*The Government of European Cities* 第三章。

William Bennett Munro：*Municipal Government and Administration* 第一卷第九章一七四页至一七七页，第十八章三五七页至三五九页、三六五页至三六六页、三六八页至三七零页，第十九章三七四页至三七五页。

William Bennett Munro：*The Government of Europe* 第十六章二九六页至二九九页。

G. Montagu Harriass：*Local Government in Many Lands* 第二十四章二三八页至二四零页。

---

❶ 又称僧主，是统领教团，并匡正僧尼行为的僧官，是僧团中的最高职官。

第四节 法　制

法国昔时各市，除少数属于国王者而外，皆为封建诸侯所领。市恒向领主出资易得地方自治权。此等诸侯有时互相战争。各市每于严重之际，择其可助者而助之。得胜之后，则向其要求自治权。有时国王利用各市群起反抗领主之诸侯。惟领主失败，市归国王之后，亦并不能从此取得自治权，而与原为国王所属之市，一律由彼设官治理，征收财赋。一切政事，操之于官，市民概不与问。故法之地方自治，在大革命之前，实无可言。市亦莫能外乎此例。既完全出于官治，而官治亦不一律，有纳资而为之者，有子弟世袭者。

革命既起，市之组织，亦随中央政制而变更，乃就自昔相沿之四万四千有奇之教区，或居民聚居之地方（paroisses or communautes d'habitants）视为经久之地方自治区域，而施以一律之行政制度。于是而有一七八九年之市制。其制纯取民主主义，市无论大小，一律自选市议会议员与市长。其选举除有极小之财产限制而外，几可谓为纯粹普通选举。其行政亦完全自由，国家概不过问，殆无所谓上级监督也。行之至一七九五年中央政府保安委员制，市制又随之而变。自此市民虽仍自选行政人员，但使之对中央负责。不但市隶于中央监督之下，且以乡（canton）为自治基础。乡设五人乃至九人之乡董，办理乡政。凡不满五千人之市，皆归并为乡。为便于中央节制之故，巴黎、马赛、里昂三市各分为三市或三市以上。此制行之至一八〇〇年，波拿巴·奈坡仑❶又复加以变更。乡则改为纯粹司法行政区域，市则无论大小，概设市长一人。市长之下有市丞，其人数随市而异。亦设议会议员十人乃至三十人不等。惟均由中央政府或州长指派，而不由于选举。至州长对于市之监督权，亦较前加重。此种置重中央集权之地方制度，既始于法国，欧陆纷纷仿效，远且及于南美以及东方之日本。近吾国亦趋向于此，鄙意实未见其可也。

奈坡仑既败，旧朝复辟。然其地方制度，仍行之不改。至一八三一年始令市议会议员由有产而曾受教育之市民间接选举。至于市长则由州长就市议会议员之中推荐，而由中央政府任命。其后市会之权亦较前加重。至一八四八年第二共和之后，市制渐又趋于宽大。不但改行普选之制，凡人口不满六千之市，概自选市长。人口逾此数者，则由中央政府就市议会议员之中择委。然行之不久，至一八五二年第二王政市议会议员，虽仍行普选，市长无论市之大小，概由中央任命。且中央事事干涉，几无自治之可言。迨至一八七一年王政颠覆，国会于仓皇之际，决定复行一八四八年之旧市制，而略加以改变，小市仍自选市长。人口满二万以上之市，则由中央任命。市长及市议会议员一律任期三年。至一八七四年国会复通过提案，凡市不分大小，其市长一概改为任命。越二年又废此制。至一八八三年国会各党有鉴于市制之应行根本改革，乃组织委员会从事研究，次年遂有新市制案之提出。同年四月五日略经修正通过于两院，

---

❶ 即拿破仑·波拿巴。

公布颁行，以至于今。后虽不免修正，大体仍旧。除巴黎而外，凡市皆用之。虽至极小之村落，亦称之为市，故亦适用此制，此则法国之特例也。

法国之市，今约三万七千二百有奇。因仍为纯然农业国家，故工商集聚之大市，为数极少。人口逾十万之大市，在十年之前，不过十四五耳。其小者人口有不满百人者。其区域大体仍本一七八九年之旧。小自十余英亩大至四百英方里，平均为三千六百四十五英亩。间亦略有变更。虽地面、人口相去极远，因自革命以后，力求中央集权之故，为使其便于中央钳束，市取全国一律之制。间有不同，终无大异。兹就此制所定者，分别述之。

市设市议会（Council Municipal）。其议员人数，依人口多寡而异。五百人以下者十人。递增至六万人以上则为三十六人，惟里昂一市为五十四人。任期四年，任满全部改选而由全市通选。如满万人之市，则分区选举，每区至少选出四人。如何分区，由市议会议决，呈由州议会复核。如对于复核以为不当，市议会得诉之于行政法院。选区分定之后，甚少变动。惟因人口变动，每区应出议员人数不免时有更改耳。除女子无选举权而外，为普选制。于每届改选之年限五月第一星期日举行，并于十五日前公布选举日期。选举用无记名连记投票法。选票则由候选人自备。当选票额，为满投票总数之半数，并须满注册选民总数四分之一。无人当选，或选不足额，则于次星期日再选或补选，亦不用提名之制。虽云自由投票，然上级州政府之左右，终不能尽免也。

市议会常会年共四次。其期为三、五、八、十一各月。由州长公布开会日期，并由其召集。首次开会则选举市长或市丞及秘书长。此次期由一年长议员主席，平时则由市长为之。有州长、市长之召集，或多数议员之要求，皆得开临时会。但非由州长召集者，须以其理由，申报州长。常会日数，每次为十五日。但议决豫算时，得延长至五六星期。其余得州长之许可，亦得延长。临时会日数无定，会议概从公开。如有多数议员议决，亦可不如是。表决分起立、投票二种，后者又分有记名与不记名二种。如用有记名投票表决，须有出席议员四分一以上之要求。

市议会非有总员半数以上出席，不得开议。但隔三日之后仍无半数以上之人出席，则以当时实际出席者计算。议决定数为出席人员半数以上。凡连三次会期而不出席之议员，则由州长宣告开缺。辞职之议员，须向州长提呈辞职文书。市长指挥开会之事，但不参加表决。必遇可否同数之时，而后为之。

市议会之职权，悉列举于市制之中。亦有别以法令赋与者。市制中虽一面概括规定市议会得依其讨论处理市中一切之事，但又有规定市议会勿论讨论何事，不得逸出法定范围之外。故国事以及本州之事，不能涉及也。其职权约分四种：一、为有须经上级机关核准而后生效者。市制中于此类罗列十有三款。其要者多为财政与产业，如豫算、决算、课税、举债，以及公产之经营、买卖、出租、出借、其他处分之事。此中至要者为道路。如虽为市道路，但为国道及州道所必须使用者，亦不视为完全市道。他如承受私人有纠葛之赠与，或设定市场等事，皆须经中央主管部或该管之州政府之核准。二、为建议。即关于市政之事，向中央主管部或州政府而为何种建议。接受与否则听之承受机关。三、为答复咨询之事。即该管上级官府，因事向市议会有所咨询，则向其申覆。如不申覆，上级官府亦不径行办理。且不咨询亦无不可。但为减轻责任计，凡得咨询之事，则必出于此也。此类之事，如变更教区，济贫，开拓街道公路，小学教育，承受慈善机关之赠与，皆在其中。往时且有涉及教会之事，近则无之。此类之事市议会亦得为前款之建议。四、为市议会得完全处理之事。此类之事，多为公用，如电力之各种公用设施、煤气、自来水等事也。

市设市长（maire）一人及市丞（maires adjoints），其数因市而异。人口不满二千五百之市为一人。由此以上至一万人者二人，此上每加二万五千人增一人。但除里昂为十七人而外，至多不得过十二人。二者皆由市议会于集会之初五月会期中就议员之中互选之。如有议员总额四分之一尚未选出，则不得选举。凡经营市财政之人，皆不得入选。选举以绝对多数为当选。如因两次投票，无人当选，至第三次投票，则以比较多数计算。市长、市丞，任期均与议员同。入选之后，仍留议员原任，而不开缺另选，亦不限连任。选出之后，则于二十四小时内公布于市府之外，同时并呈报该管之州长或副州长。选举公布之后，选民之中，如有以选举为不合法或被选之人不合法者，得诉之于该管州长，请其裁决。无论何造，如不服州长之裁决，得诉之于行政法院。市长与市丞均为无给制，亦无公费。惟因其身膺此职之故，恒有特别费用，故各市多于豫算之内，规定相当之补助费。

市长之职权，因其地位而有别。其为国家代理人而执行国家法令之时，则对于该管上级官府负责。其为本市自治行政首长而执行市议会之决议之时，则不能不受其左右。其所有职权，约有以下各端：

一、为财政。此中，首为豫算之编制与提出。其编制也，由市长督同市丞与各行政机关主管人员而为之。其中岁入、岁出，各分经常、非常或云特别两门，罗列条项款目，逐一分别规定。有得由市长酌定者。亦有出于法定必须规定者，如维持公产，保管图籍，编造选民名册，修缮道路，教育及警察，职员薪俸，退老金等，皆属于此。编定之后，则与会计员所备之财政报告，一并提出于市议会。其次为管理公产。其中如有出于私家捐赠而定有办理条件者，管理之时，则须从其所定。凡因此发生之支出，均为必须支出，则必定于豫算之中。

二、为警察权。警务人员，除督察长（commissaires do police）由总统任命，巡兵队（gendarmes）由市请求陆军总长委任而外，其余下级人员，如稽查、书记、警务代办（agent de police）、乡村监察（sergent de ville）、乡村守卫（gardes champetres）等皆由市长委任，并经州长核定而定警察人员之薪俸职务、训练以及升降停黜等事。凡人口不满四万之市，市长此项事权，较为自由。逾此数者，其事则定以总统命令。市长执行警权，因维持安宁秩序，得于国家法令范围之内，发布缉捕命令（arretes）。此等命令，往往出于补充国家法律。因大陆国家，其立法恒只定大体原则，而以其详委之行政命令。此等命令中央主管之部以及州长下及市长，皆可为之也。除执行国家警察法令而外，关于防火、防疫、维持交通、公共卫生、管理建筑、修缮等，如市议会有所议决，其执行之权，亦属于此类。

三、为任免市属职员。除会计员、警务督察长而外，凡市属职员，悉由市长委任。因考试之制，尚未施行于地方政府之故，市长用人恒出于市丞或各行政机关主管人员之推荐。市属职员市长如以为不称其职，除系高级警务人员须得州长许可而外，停职、停薪、罢黜等处分，皆可为之。

四、为执行国家及地方行政。前者来自国家法令。其中如户口统计，办理四年一次定期之人口总调查，编造选民名册，征收直接税皆是。其最要者为调查及征调兵役，战时支应过境军队，协助军务等事。后者之事，则出自市议会之议决。凡不为国家法令所限者，市议会有所议决，皆由市长执行之。

市丞之职权，法无所定。市长不拘何项职务，亦不拘多少，皆得随时分别委托市丞办理。要不外依事务之性质与市丞之所长，酌量分配而已。若认为不当，变更撤委，均无不可。市之各项行政机关，亦恒依市丞人数而定。其名义上之主管，亦恒由市丞任之。

市丞之次，则有有给之常任职员。其中以秘书长为最要，乃市政府事务之中心。在小市之中，此职视为小学教员之升阶，其下分设四科。二为会计员。大市由市议会选出三人而由总统从中择一任命。三为警务督察长，由总统任命。虽由市库支薪，但不视为完全市属职位。其他皆由市长进退，大市可至数百千人。虽无考试之制，但专门职位，则必考验所学，亦恒用一二年试用之法。期满着有劳效，则行补实。

本节参考书

William Bennett Munro：*The Government of European Cities* 第一章。

William Bennett Munro：*Municipal Government and Administration* 第一卷第四章六三页至六七页，第十八章三五六页至次页、三六五页至次页、三六八页至三七一页，第十九章三七三页至次页。

William Bennett Munro：*The Government in Europe* 第二十九章五六五页至五七零页。

G. Montagu Harrias：*Local Government in Many Lands* 第二章六页至九页。

第五节　日　制

日本市制，及前章所述町村制，均始于明治二十一年四月，至四十四年全部根本改正，至大正十年四月又部分改正，昭和二年四年复先后改正。都凡十章一百八十一条，兹就其所定内容，择要言之。

市与前章所述之町村，同为府县之下级地方自治团体，亦为国家行政区域，为一种法人，承官之监督，于法令范围之内处理地方公共事务。并依从来法令惯例，及将来之法令，处理属于市之事务。惟同称为市，其中有名为勅定者。凡勅定之市，概分设数区，区亦为法人，亦皆有其境界。境界欲加以变更之时，府县知事得征求关系市町村会之意见，经府县参事会之议决，并经内务大臣之许可而为之。如因区之境界而发生争论时，则由府县参事会裁定。如市町村不服其裁定，则诉之于行政裁判所。区之境界，如遇不能判明而并无因此有若何争论之时，府县知事得交付府县参事会，使其加以决定。市町村如不服其决定，亦得诉之于行政裁判所。区皆有其财产、营造物，亦有依法令应由区自行处理之事务。

市设市会，其议员名额依人口多寡而定。未满五万者三十人，五万以上未满十五万者三十六人，十五万以上未满二十万者四十人，二十万以上未满三十万者四十四人，三十万以上者四十八人。

凡人口逾三十万之市每十万人、逾五十万之市每二十万人各增议员四名。议员定数，市虽得以条例加以增减，但非在总选举时不得为之。如人口有极显著之增减，得内部大臣之许可，即非在总选举时，亦得以市条例加以增减。其为此之时，自必于现任议员人数，有所变动。如系增员，自必举行增员选举。如系减员，则从现任议员之中，而由市长照应减之数，抽签使之解任。如现有缺额议员，则即以此作为减员。如仍不足应减员数，除缺额议员外，仍由市长抽签决定解任之人，以足应减之数。如缺额议员逾应减员数，则依出缺先后顺序，作为减额之员。同时出缺，抽签定之。市制中此种规定，町村制中亦复有之。

人口较多之市，得以条例为分区选举之法。为区几处，区出议员几人，亦均定于条例之中。其在敕定之市，即以市中各区为选举区，而以条例定其应出议员人数。被选之人，概不以本区为限。其不分区选举之市，如有特别情事之时，亦得设投票分会。

分区选举之市，其条例中关于因减额、解任之事，而预有规定者，如遇发生解任之事，则由市长就该区选出之议员中抽签决定。此时本区如适有缺额之员，则即以此作为解任之员，而不另行抽签。

市会非有定员半数以上之出席，不得开会。但因议员因故回避出席，以致不满过半数，或因同一事件，招集二次而仍未满半数，又或因虽有半数以上应招，而出席不足定额，虽经议长催告，仍不满半数，如此三端，苟有其一，则开会即可不拘半数以上之限。至议员应行回避之事，约与府县会町村会议员相同。议事以出席议员半数以上决之。可否同数，取决于议长。

市会由市长招集。除紧急事件外，应将日期付议事件，于开会三日前通知各议员。其期限亦由市长决定，亦得酌量延长。

市会议员，任期四年，自总选举之日算起。凡补缺选举之议员，及因增额中途新选之议员，其任期均与总选举时选出之议员同时满任。议员出缺，逾定额六分之一时，市长或市会认为必要时，则行补缺选举。

市会由议员之中选举议长及副议长各一人，其任期与议员相同。议长有事故时，由副议长代理。副议长亦有事故时，则选举临时议长。此时则以年长议员，代行议长职权。年龄相同，抽签定之。市会设专任议长、副议长，此为市制与町村制特异之处。议长总理会议之顺序，维持议场秩序，如有半数以上议员请求议长开会，而议长不应其求，得举临时议长行之。如因此而开会，议员中有对此提出异议者，议长非依多数议决，不得终止其日之议会，或即闭会。凡议员，除岁出入豫算案外，于市会可议决之事项内，得以三人以上之联署，提出议案于会议。如有市长之要求，或议长又或议员三人以上之发议，而经可决，得禁止旁听。市长及其委托人，皆得列席市会，参与议事，惟不得参与表决，亦不得中止议员之言论。

市会职权，为议决有关于市之事件，及依法律敕令属于市会之事件。其事项约有下列数款：一、设定市条例及市规则及其改废之事。二、关于以市经费支办之事，但市长及其他市吏员依从来法令或将来法令之所定、所掌国府县及其他公共团体之事，不在此限。因执行此种事务，其经费虽由市负担，市会亦不得为若何之议决。三、议定岁出入豫算之事。四、承认决算报告之事。五、除法令有规定者外，关于赋课、征收使用费、公费加入金、市税及夫役现品之事。六、关于不动产之管理处分之事。七、关于基本财产及积立金榖之设置管理及处分之事。八、除以岁出入豫算所定者外，为新义务之负担及权利抛弃之事。九、定财产、营造物之管理方法之事。但法律敕令有规定者不在此限。十、关于市议员身元保证之事。十一、关于属于市之诉讼、诉愿及和解之事。凡属于市会之事，市会得随时以其一部，委任于市参事会。

上举各款之外，市会复有数种职权：一、依法律敕令举行应由其举行之选举。此时议员之中，如无异议，得用指名推选之法。如经议员全体同意，被指名者即为当选。二、检阅行政。市会随时得请求市长报告事务之管理，议决之执行，财政之出纳。凡有关市政之事务文书及计算书，皆得加以检阅。三、建议。即关于公益之事，向行政官厅市长以及监督官厅具书提出意见。四、申覆咨询。凡行政官厅向市会有所咨询，则向其答复。但开会不成，不应召集，不能提出意见，又或不能召集，则提出咨询之官厅，不俟市会意见径行处理其事，亦可为之。

市设市参事会。此为与町村制极异之特例。由议长与十人之名誉职之参事会员组织而成。其在敕定之市，得以市条例增设至十五人。参事会员皆由市会就议员之中选出，一年一任。出缺则行补选。前任必俟后任就任，方行解职。市会任满其所选出之参事会员，亦须俟至后任选出就任时为止。参事会员如因选举违背法令，致受撤销之处分，在其确定之前，仍不失其出席与议之权。市参事会以市长为议长，有故障时以代理者代理之。市参事会由市长召集，如有半数以上之会员，提出议案请求召集，市长须如其所请。会议之开闭以及延长日期，皆由市长行之。参事会之开会定数，表决定数，以及会员应行回避之事，均与市会相同。惟会议不取公开，即不准外人旁听也。

市参事会之职权为下举各款：一、属于市会权限以内之事受其委任而议决之事。二、市会不能成立，又市长以为事机紧急不暇召集之时，原属市会事件而代为议决之事。三、其他依法令属于市参事会之事件。市参事会亦如市会得向有关之行政官厅提出何种建议，或申覆行政官厅之咨询，以及依法令举行应由市参事会举行之选举。

上举代市会议决之事，除因不暇召集市会外，如市会因回避不足开会定数，或二次不应召，或虽足数出席仍不足数，经议长催告仍然如此，此时亦可为之。

市之行政，属于市长及其佐理之人。此等佐理人员，市制中称为市参与及助役。市长为有给职员工，市制中称为吏员，但市得以条例使之为名誉职。任期四年，由市会选举之。后任之选举，则于现任者满任前二十日内行之。如欲辞职，须于退职前二十日内，向市会声明。如为名誉职市长，其期为三十日，并须为本市公民，有给者则否。非得该管府县知事之许可，不得从事有报酬之业务，亦不得为公司之管理员、监察员与准此之职位。亦不得为清算人与支配人及其他之事务员。被选之市长，于收到当选通知书后，须于二十日内声明是否应选，逾期以辞职论。至官吏当选，非得该管长官之许可，不得应选。

市设市参与，不必凡市皆有。如有此必要时，得以市条例酌定人数而设此职，皆为名誉职，并须为本市有选举权之公民，但市得使全部市参与或其一部为有给吏员。如为有给吏员则可不拘为市公民之限。市参与由市长之推荐，而由市会决定。其声明退职，后任之推荐、应选、官吏当选而应选，应受该管长官之许可，皆与市长同。市参与秉承市长担任市所经营之特别事业。

市吏员中设助役一人，但得以市条例增设人数，任期四年，由市长推荐而由市会决定。如遇市长不在职之时，则由市会选举之。其后任之推荐或选举，声明退职，应选，官吏当选，与应选之限制，皆与市长同。助役为有给职，故不拘为本市有选举权公民之限。市长、市参与及助役，其兼职之限制，与前所述町村长相同。上述有给市长，所不能兼任之职，有给市参与及助役亦与之同。

市亦如町村设收款员一人，或以市条例增设副收款员，任期均为四年。其任用则不拘本市公民之限制，其兼职限制均同市助役。其与市长之回避关系，副收款员与收款员之回避关系，均如町村制中所定。惟市制中特多市参与一种耳。

凡敕令指定之市，其中各区，皆设区长。亦为市之有给职员，而由市长任免。亦不得兼市长所不得兼之职。至非敕令所指定之市，为便于市之行政计，亦得分设数区。各设名誉职之区长及一人之代理人。由市长就市公民有选举权者之中推荐而由市会决定。其后任之推荐、应选、声明退职、官吏当选之限制，均同市长。但内务大臣得令此等区长使之为有给吏员。区皆设收款员及副收款员，由市长就其与市长助役、市收款员、市副收款员、区长及其他市吏员无父子兄弟关系之人中择任。任后如发生此等关系，则须解任。收款员与副收款员彼此之间，亦不得有此关系。区长、市长得以其一部事务，令其分掌。亦得以收款员之一部事务，令副收款员分掌或令区收款员分掌之。如涉及市之出纳，或其他会计事务，则须豫得市会之同意。

市为办理行政，得设临时或常任委员，皆为名誉职。由市长就市会议员名誉职参事会员有选举权之市公民中推荐，而由市会决定。至委员长则由市长或受其委任之市参与或助役充之。其各委员会之详细组织，由市条例为之规定。各委员均承市长之监督指挥管理市之财产或营造物，又受市长之其他委托，调查属于市之事务或加以处办。关于市长之任中选举后任、应选声明、退职当选、应选之限制等事，市委员中亦均适用之。

市长之职权，为统辖全市而为其代表。其所掌事务，为下举各款：一、为应经市会或市参事会议决事件，提出议案或执行其议决。二、为财产、营造物管理之事。如另设有管理人时，则监督之。三、为发付收入支出命令，及监督会计。四、为保管公文书类。五、为依法令又市会之议决，赋课、征收使用费、公费加入金、市税及夫役或现品。六、为依法令属于市长职权之事。

市长监督指挥市属吏员，与町村长之与町村吏员相同。惟科过怠金，彼为五元日金，此则为十元。其代议专决之事，亦与町村长相同。至市属有给职员应得之报酬金额，名誉职之公费支给方法，以及收款之异议声明，均与前述町村制中所定大体无殊。

市行政之中，其最要者，亦为财务。其中亦包括赋税、财产、债项、豫算、决算等事。关于此节，市制中所定者，大体亦如町村制，可以参阅，不赘述也。

市与町村为共同处理一部事务，依彼此协议而得府县知事之许可，得设市町村协会。公益上如有必要，府县知事得征求有关市町村会之意见，而经府县参事会之议决，得设立市町村协会。市町村协会只有一部分之共同处理事务，而无全部共同处理之事务，此为市制特异之处。至于市町村协会之为法人，协会之应有公约，协会之市町村之增减，共同处理事务之变更，公约之变更，协会之解散，财产之处分等事，均约如町村制中关于町村协会之规定，可以参阅也。

本节参考书

《改正地方制度通义》二章至八章，日本荒川五郎著。

《新旧双注市制町村制府县制关系法规》市制全部，日本自治馆编辑局编纂。

第十六章　中国市制

近世所谓市制，吾国于古无之。汉时京兆尹属有长安市。市有令与丞。此乃京师以内一种行政分支，未可视同各国今日之市也。民国以来，北京政府时代，京师有市政公所，其中设有督办，亦非自治之市制也。求其近于是者，厥惟清末城镇乡地方自治章程中所定之城镇。依其所定，凡府厅州县治所之城乡地方为城。其余人口满五万以上之市镇屯集为镇。乡之人口如逾此数时，则由乡董呈请地方官，申请督抚改设为镇。

城镇之自治组织，大体约与前述之乡相同。至其特异之处，其一为城镇议事会议员之名额，即以二十名为定额。如人口满五万五千以上，则增设一名。自此以上，每多人口五千则增设议员一名。至多以六十名为限。除名额而外，城镇议事会悉与乡议会同。

二为城镇特设董事会。其中组织为总董一名，由城镇议事会选举陪正各一人，呈由该管地方官申请督抚遴选任用。董事一名至三名，以议事会议员二十分之一为额。亦由议事会就本城镇选民之中选举，呈请地方官核准任用。名誉董事四名至十二名，以议事会议员十分之二为额，其选举亦如董事，惟不必须地方官核准。总董、董事任期均为二年，名誉董事亦然，但每年改选一半。同时选出者，抽签分出半数，以一年为任期。若不能平分时，以多半数为半数。均得连选连任。

总董、董事，均得支薪，而以公约定其数目。亦皆不得兼任议事会议员。父子兄弟同时当选时，则以子弟避其父兄。总董有事故时，以年长董事暂行代理。年同以居住本市较久者为之。若再相同，抽签定之。总董、董事，因事出缺，名誉董事出缺，逾定额之半，均即改选。

城镇董事会以总董为议长，其开会定数，为总额三分二之出席。议决定数，为出席者过半数之同意。可否同数取决于议长。会议事件，如与总董、董事、名誉董事之本身或其父母兄弟妻子有关，应即回避。因此如至全数三分之二以上时，则将所议事件，移交议事会代议。董事会每月开会一次。城镇议事会之议长、副议长以及议员，皆得到会陈述意见。

城镇董事会之职权，计有四款：一、议事会议员之选举及其议事之准备。二、议事会议决各事之执行。三、以律例章程或地方官示谕委任办理各事之执行。四、执行方法之议决。此四款之外，则有对于议事会之抗议权。即董事会如视议事会议决事件，为逾越权限，或违背律例章程，又或妨害公益，得声明理由，交请复议。若议事会仍执前议，得移交府厅州县议事会公断。不服时则呈请地方官核断。如再不服，由地方官申请督抚交咨议局公断。

关于城镇董事会之事，除章程中特有规定者而外，余皆如关于乡董之规定。至城镇自治经费，亦概与乡同。

洎至民国，正式市制实始于十年广东之举办地方自治。是年之秋，粤军自闽班师，省长陈炯明即于广州设定新市而与前述之县自治同时并行。市制草案，出于孙科君之手。亦由省署法制委员议决交由省议会通过。其制系仿美国所行市制中之委员制，但以五年为保育政治之期。于此期中，市长暂由省长委任，期满后改由民选。至市议会则行平等直接分区选举之法，凡居住本市满一年以上享受公权而未停止选举权者，皆得投票。故著者当时亦曾于东山投票场，亲行投票也。此制全由孙科君起草，法制委员会中则不过略有修正耳。

市政府之下，则设有财政、公安、教育、卫生、公用等局。其局长皆由市长提名，申请省长委任。另设独立之审计处。审计员则由市议会选举。因行被中未携有此制誊本，故仅就所忆及者述之，不克详尽也。

国民政府时代，现有各市，概依十九年五月二十日公布之《市组织法》。至二十二年十月十七日西南政务委员会曾公布修正之《市地方自治条例》。同月二十八日另公布《地方自治条例施行细则》，市亦在其中。今西南政务委员会既经撤销，则此两条例，自亦作废。然为参考计，叙述之际，亦并及之。

《市组织法》所定，市分为二种：一、首都，人口满百万以上之地方，政治上、经济上有特殊情形者，则设为市，而直隶于行政院。此谓为直隶市。但虽如此，如系为省政府所在之地，则隶于省政府。二、人口满三十万以上或人口不满此数而逾二十万，其每年所收牌照费、营业税、土地税，居该地方总收入二分之一以上，则离县独立而设市，隶于省政府，又谓之为普通市。

市之全体人民代表机关，依《市参议会组织法》所定，为市参议会。议员名额在人口二十万之市为十五名。如逾此数，每人口五万增加一名，皆由市公民直接选举。至于任期与市组织所定不同。前者为三年，每年改选三分之一。至初次同时选出全部之议员，如何决定到期应行改选之部分，则无所定，于此实不无疑义。后者为一年，依通例自应从后者。至市参议会之设立，前法规定于区长民选时始行之。但区长民选，必须经内政部之核准，故市参议会之何时设立，亦无异须经内政部之核准也。

市参议会之会期，《市组织法》所定为每年常会二次。如有议员五分一之请求，或议长以为必要，亦得开临时会。至《市参议会组织法》所定，为两月一次。开临时会与前法所定相同。其日期多寡两法皆付缺如。出席人数为绝对多数。议决人数为出席者之绝对多数。可否同数取决于主席。议事取公开式，但有主席或参议员三人以上之提议，经众可决，亦得禁止旁听。议案如与议员本身有关，除经市参议会许可而外，则必避席而不与议。

市参议会设议长、副议长，任期一年，由议员互选，亦得连选连任。选举时用无记名投票法，出缺即行补选。如议长、副议长同时皆有事故，则互选临时主席以代之。

市参议会议员皆无薪俸。不得兼任本市市政府公务员，亦不得向市政府保荐人才，或有所请托。如无故缺席而满五次时，则视同辞职。

市参议会之职权，不见于《市组织法》，而定之于《市参议会组织法》。计有十款：一、关于区长民选及完成市自治事项。二、关于市单行规则事项。三、关于市预算、决算事项。四、关于市财政募集市公债及其他增加市民负担事项。五、关于经营市公有财产营业事项。六、关于市民生计及救济事项。七、关于促进市教育及其他文化事项。八、市公民行使创制及提交审议事项。九、市长交议事项。十、其他应兴应革事项。

除选举而外，市公民对于市参议会之罢免创制复决，《市参议会组织法》中皆有所定。惟皆言依法，是必另有法律单为此等事而设。市公民之能行此等之权，为时尚有所待。以鄙意观之，似不若径以发动人数，到场人数及决定人数，定之于本法之中，较为简便也。

西南政务委员会所公布前述二种条例，其中规定市参议会系由二种议员组织而成。一、由本市分区选举区，各选议员二人或三人。二、由各界团体于区选议员总数三分之二人数以内，各选议员。计商会、工会各选总数七分之二，农会、教育会及自由职业团体各选七分之一。对于区选议员或法团所选之议员，市公民行使罢免权时，原区或原团体均有提议之一定人数。如系出于原区之外或各团体共同提出者，则全市公民或各团体公民皆有一定人数。惟应有若干人数到场投票，以投票总数中之几分之几决定，则无所定也。

市政府为独任之市长制，直隶市市长为简任❶，省属之市其市长为简任或荐任❷。考地方自治市长为市自治之执行人员，苟欲行真正之民主地方自治，不设此职

---

❶ 经过选择而任用官员。《后汉书·申屠刚传》："皇太子宜时就东宫，简任贤保，以成其德。"
❷ 由各地主管长官推荐给中央政府任命的官员。民国时期文官的任用方式之一。

而别行他制则已，如其设之，自应归于民选。查《县组织法》中明定民选县长之原则，即筹备自治之县，已达《建国大纲》第八条所定之程度，经中央查明及格后，其县长应由民选。县市皆为地方自治基础，而《市组织法》于此原则，独付缺如，何也？

市长之下，分设各局，有必设者，如社会、公安、财政、工务是，有遇必要时，经该管上级机关之核准而得增设者，如教育、卫生、土地、公用港务是，《市组织法》中并就市职务各款之中，指明各局主管之职务，如社会局主管为第一至第十款之事，公安局主管为第十一款至十四款之事。然亦有互设为局者，如第十三第十四两款，则公安而与卫生共之。其余各局亦皆指出专款职务，惟公安在首都则另有主管之警察厅，直隶于内政部。省会之市公安局，属省政府而不属市，此特异之处也。省属市除公安而外，各局得缩改为科，除局而外，市属机关最要者为秘书处。各局长秘书长，为简任或荐任。

各局秘书而外，市政府设参事二人，专掌摹拟审查之事。关于专门事业，则聘专门技术人员。

市政之设施，决于市政会议。由市长、参事局长或科长组织而成。市参议会中，亦得选出三人至五人之议员出席与议。其应议事件，为下列各款：一、关于秘书处各局科办事细则事项。二、关于市单行规则事项。三、关于豫算、决算事项。四、关于整理财政收入及募债事项。五、关于经营公产公营业事项。六、关于市政府如处、局或科职权争议事项。七、市长交议事项。八、其他重要事项。八款之中，由第二至第五及第八，均须经市参议会之议决。在其闭会期间除第二三两款外，市政会议均得先行议决，事后交市参议会求其追认。

市长除监督所属职员而外，对于市参议会则有抗议权，此则取分权市长制之意也。即市长对于市参议会之议决案，如认为不当，得详具理由，交其复议。如市参议会议员有三分二以上仍执前议，市长仍认为不当，应即提交市公民复决。至所称三分二以上者，指参议员总额而言耶？抑指出席议员而言耶？是则不无疑问者也。

市下为区，区设区民大会，于区属各坊设分会场，同日举行，每年一次，由区长召集。遇必要时，则有临时会。由本市公民出席投票，行使四权。但行使程序，并非异常繁重之事，乃不定于本法之中，而另待法律为之规定，是则不免于迂缓矣。区临时会关于区长应行回避之事，则由区民代表大会主席召集。然区长应行回避之事，常会中亦可发生，如何办理，则无所定也。

区设区公所。其中人员，首为区长，由区民大会选举，任期一年。如有违法失职时，亦可由区民大会罢免。其被选资格亦如前述《县组织法》中关于区长之规定，惟此处第七款与彼不同，即曾任区民代表会代表或坊长、坊监察委员一年以上者，其在区长民选之前，直隶市区长由内政部委任。省属之市由省政府委任，市长亦得就有被选举资格中者，提出候选之人。如有违法失职时，市政府得呈请原委机关，加以罢免。否则得由该区所属坊长过半数联名呈请市政府或原委机关为之。如有事故不能行使职务，不满二月则由所属坊长中推举代理之人，逾期则另行改选。

区长之外，为助理员。由区长提名拟请市政府委任。其被委资格，亦如《县组织法》中关于县区所属助理员之规定。其名额以及薪俸由区长呈请市政府核准。如区民代表会既经成立，区长为此时，须先经其决定。

区公所之事权，计有六款。一、区民大会决定应办事项。二、区民代表会议决交办事项。三、区预算、决算编制事项。四、区财政收支及公款、公产及公营业经管事项。五、市政府委办事项。六、其他依法令委办事项。至第四款中所定之区收入，则为下举数款：一、公款公产之孳息。二、营业之纯利。三、依法赋与之款项。四、市补助金。五、其他经区民代表会议决之收入。

区民大会之外，则有区民代表会。惟至区长民选时，始行设立。由区民大会每坊选举二人之名誉职代表。遇违法失职事时，亦由坊加以罢免。其候选资格，与下述坊长相同。其中设有主席，由代表选举。代表大会之职权：一、审核区预算、决算。二、审议市政府、区公所交办之事。三、审议所属坊公所提议事项。四、审议代表提议事项。五、审议其他应行审议事项。代表会之常会每三月一次，区长主席。遇必要时，有三分之二以上代表之请求，皆得开临时会，会期十日。区长监委及所属坊长，均得列席。

区民代表会之外，有监察委员二人，由区民代表会于每年第一次常会中选举，亦得由其罢免。监察委员如以区公所之财政，为与预算不符，或有其他情弊，或对于区民大会又或区民代表会之议决执行不力，或遇区长、助理员有违法失职之时，应即通知区民代表会主席，请其召集代表会。亦得随时调阅区公所之账目或公款。

区下为坊，坊设坊民大会，以出席公民过半数之同意，决定下举之事。一、选举或罢免坊长或其他职员。二、议决单行规程。三、议决预算、决算。四、议决坊公所交议之事。五、议决所属闾邻或公民提议之事。坊民大会每年开常会二次，亦得开临时会，由坊长召集。除因事回避另推主席之外，则由坊长主席。临时会如坊长应行回避，则由监委召集。如系监委应行回避之事，坊长延不召集，则由坊内过半数之闾邻长召集之。

坊有坊公所，其中首为坊长，其被选举之资格与任期，约同区长而微有不同。即在党服务为由区分部算起，任官由委任职算起，服公[1]成绩系由区公所呈请市政府核定。其因故不能执行职务，如何代理或改选，均与区长同。坊民如罢免坊长，其提议人数，与前述之乡镇长相同。其职权：一、为坊公所交办之事。二、编制预算、决算、管理公款、公产、公营业之事。三、市政府区公所委办之事。四、其他依法令应办之事。坊公所内并附设调解委员会，所司为民事调解，依法得撤回诉讼之刑事调解。其详已见于前述之区乡镇节中，兹不赘述。

坊亦监察委员三人或五人，由坊民选举罢免，监察坊之财政及坊长之行为，并得自行召集坊民大会。

坊下为闾邻，各设其长，由其地居民选举。如有居民三分一之纠举，过半数之同意，得加以罢免。任期一年。其户数一经编定，闾逾三十五，减至十五，邻逾七

---

[1] 原文如此。

减至三，则每年改编一次。闾邻长各经居民会议之决定，办理依法令之自治事务，及市政府、区坊公所委办之事。

中国市制但就立法以言，亦未见其尽善。除选举而外，其余如复决、创制、罢免三权，《市组织法》中虽有所规定，亦皆言依法。是则一日无为此等事专定之法律，即一日无行使其权之希望。故但就本法以观，此种规定，亦仅有口惠而实不至也。至于区长之民选，必待内政部之核准，而其核准，亦不定至迟之期限。则此亦可谓为渺不可期之事。市长则明白定为不由民选，更与市自治之义相去愈远，故中国今日之市制，谓之为纯然官治主义而非地方自治团体，非过言也。

本章参考书

《中华民国法规大全》内部门市组织法。

《大清法规大全》宪政部城镇乡地方自治章程。

第十七章　下级地方自治之监督

地方自治之必须监督，其义已见于第十章。兹仍依前定之例，先从二重宪法之国家论起。美国下级地方之自治，因其自州设定，故监督之权亦在于此。其法有二：一为立法监督，凡属本地方之自治，除不得违反国家宪法及本州宪法而外，如立法部视为必要，皆得随事立法，加以限制。如课税之事，关于种类、税率征收方法则设有一般定率。举债之事，或限定为年征税额百分之五或十，或一年收入中之若干部分。逾限之时，其举债议案，须付地方公民以总数三分之二以上之复决。他如预算则有法定编制之法，会计则有法定检查之法。因避行政干涉，故为此立法监督主义。❶然地方办理各事，往往于法定限制之中，设法取巧，失其本意，而又无随事考察之法，久之乃继以行政监督之法。如市中消防事务，因地方行之寡效，各州多改归州属行政人员办理。又有由州派选举行政人员，监视各市之选举者，如纽约麻州各市之考选事务，亦归州设法监督。他如教育、卫生、道路、警务、救济等事，各州皆有行政监督之法，其法亦皆由立法部随事为之规定。惟此等事务，各州所以加以干与者，不仅意在监督，亦在求其效率广大。故

---

❶　此句后似应有"二为行政监督"。

凡自治事项，如涉及两地以上，如两县或两市者，州必过问之也。

德国各州，其下级地方自治，亦归该管之州，各自监督。因其设定之权亦在于此也。其监督之法，虽不尽相同，然其大体则不外下举数端：一、监督最高机关为州政府之内务部。[1] 下级地方之事，如有该管上级地方者，则此级地方对其所属，亦有法定监督之事权。凡下级地方之议决选举，须经监督机关之核准者，则必经其核准而后生效。须经其检查者，则查检之时，遇有违误则须令改正。凡关于财政之议决，如赋课新税、举债、一切增加人民负担之义务，处分公产，如出租债、变卖、抵押、设立储蓄银行等事，皆必经监督机关之核准。预算、会计，如有法定方式则须从其所定。凡自治事项，办理之时是否逾越权限，地方义务是否依法履行，处理应办之事是否按照法令方式监督机关，均须注意及之。如有不当，则提异议或加以否认，皆无不可也。惟至一九三三年政变之后，地方不论何级，悉在中央钳制之下。既无所谓自治，则亦无所谓监督也。

单一国家地方自治，无论何级，最后之监督权，则在国家。英国自市而下之自治，其如何监督，约与上级地方之州相同。法国在内为内务总长，在外各州则为州长。州长之为此，则系出于中央之代理。其事不一，其格亦严。兹但就市自治之监督言之。因法之下级地方，以此为最要也。

监督之事有对于地方议会而为之者，如市议会行使

---

[1] 原文仅有此"一"。

其议决权时有关特定之事，则须经其核准而后有效。（一）预算案经市长编制提出之后，市会于五月分会期中议决，然后备案呈请该管州长核准。如其市预计之市收入逾三百万法郎时，则须呈请内务总长核准。其中收入部分复核之时，于原案之外，增减均得为之。支出部分则有法定必须规定之款。凡管理公产、保存文物之费用、公务员之薪俸、退老年金、警察及教育经费、办理选举费用，均在其内，均不得加以削减。如预算遇不能议决之时，该管州长应暂施行一种临时之计算。但其收支总额，不得超出前三年预算之总数。呈请复核时，凡有关本案之计算概算报告表册等类，亦须检同呈送，并有一定之方式。（二）举债及课税。凡市为改善或兴复之事，如极小限度之内皆可径行议决。举债如其数额较巨，则必经州长之许可。如因此而至于赋课长期特别之税，更须经中央之认可。凡举债时须斟酌其利益，市会议决之后，于呈请复核之时，所有债额利率还期、用途，以及地方财政情况，均须逐一叙述，以备详核。至于课税，勿论初课特别之新税，抑或变更现行之常税，均须于实行之前，呈请复核机关之核准。（三）处分财产及承受赠与。前者之事，如变卖、交换、出租、抵押皆属之，其中以道路街衢尤为重要。如地方以此许可私人团体作为交通公用之事，如敷设电车轨道、安插通电线竿、沟通水管之用，均须经州长核准。其为此也，则由当地之工商界中及业主之中，指出七人或九人组织委员会，定期调查，并先发布公告征询地方官私方面意见，然后呈覆州长。州长于接洽地方商会及其他代表机关意见之后，送由州会决定。至于接受遗赠，所以亦须上级机关之核准者，因此类赠与，其中多有纠葛，受之不慎，往往因此招致讼累耳。

除上述三种核准事项之外，监督官厅对于市会尤有二种更重之权：一为停会，二为解散。市会议事之际，必须严守法定范围，不得稍有逾越。议员亦不得干与国政或本州政事，否则州长得令其停会。即无此类之事，但州长以为地方公益有应须如此之时，亦得为之。一期至多不得过乎一月，如觉停会处分犹为不足，则呈请总统加以解散，暂行委任三人至七人之委员，处理紧急事件，但不得涉及与预算有关及变动市之人事行政。市会一经解散，两月之内，应即举行新选举，而成立新议会。

上述诸端，胥为对于地方议决机关监督之事，至对执行机关而为之者，亦有数端。市长经管市之财政，于市会议决预算之前，应就财政情形作成报告，连同会计员所作之报告，一面咨交市会备议，一面依本年度支出总额之大小，分别呈报内务部长或审计院。至于编制预算，或为必须规定之款，或为自行酌定规定之款，均依法律之所定。市长管理警务，其委任高级警员，以及规画勤务、工俸、训练、黜陟等事，均应经州长之核准。执行警权之时，市长所发之命令，州长认为不当，随时可加以撤销。此皆其至重监督之事也。

监督下级地方自治，在法国于内务总长、各州长之外，复有行政诉讼。此则以行政法院为最高，而以州为初审。凡地方行政机关执行行政事务，如因此而侵害人民权利，如其不涉及于刑事范围，被害之人可向应行受理行政诉讼机关请求审判，加以纠正或赔偿损害。此虽不限于地方自治行政，然地方行政人员，无论执行国家行政或自治行政，如有此等情事之时，被害之人皆可提起此类诉讼，则此行政诉讼亦不可谓与监督地方自治无关也。

日本市町村自治之监督，第一次为府县知事，第二次为内务大臣，其事均行于市町村两制之中。日本亦采法国行政诉讼之制。故其市町村自治行政，亦有得经此种诉讼而由行政裁判所判决。其得提起行政诉讼之事，皆分见于上述町村制与市制之中。其提起之限期，则为自府县知事处分决定、裁定及裁决之日起三十日以内。凡此类之事，皆不得同时向内务大臣提起诉愿。诉愿之事，市町村制中随事各有所定。除两制中已有所定者而外，概自府县知事之处分决定或裁决之日起二十一日内行之。凡关于监督市町村之事，如不服府县知事之处分，皆得于期限以内向内务大臣提起诉愿。两制中所定得声明异议之事，其限期亦与诉愿相同。如觉情有可原，虽逾期亦得受理。除两制别有所定者而外，其决定定期为三月以内。府县参事会受理之诉愿，其裁决时期，亦与此同。

监督官厅为实行其事，随时得令所监地方报告事务。至于调阅案卷、籍账检查出纳，以及就实地视察事务，均得为之。凡下级官厅关于监督之事，有时发布命令或为何种处分，上级官厅如以为不当，皆得加以撤销。

上述行政诉讼与诉愿之事，见于两制中之监督章中者有后举之数事。即市长对于市会、市参事会之议决或选举，町村长对于町村会之议决或选举，以为逾越权限违背法令或会议规则，得自依己见，或依监督官厅之指挥，交付再议或再选举。但关于议决之事，以为有特别事由时，得不交付再议，径请府县参事会加以裁决。交付再议之后，市会、市参事会、町村会二次之议决，市町村长仍以为逾越权限违背法令或会议规则，得请求府县参事会裁决。监督官厅于二次之议决或选举，皆得加以撤销。对于府县参事会之裁决，勿论第一次或二次以及监督官厅之撤销处分，市长、市会、市参事会、町村长、町村会，如其不服，皆得向行政裁判所提出行政诉讼。至府县知事如不服上述府县参事会之裁决，亦得提出行政诉讼。

市长对于市会、市参事会之议决，町村长对于町村会之议决，如以为显然妨害公益，得自依己见，或依监督官厅之指挥，声明理由，交付再议。但以为有特别事由时，亦可不交再议，径请府县知事之指挥。再议之后，市町村长仍以为如此时，应请府县知事指挥。

市会、市参事会、町村会议决之收支，市町村长以为难以执行，他如依法令为市町村所应负担之费用，该管官厅依其职权所命之费用，因应急或为复旧设施所要之费用，为预防传染病及紧急不可避免之费用，以及随此等费用应有之收入，市会、市参事会及町村会于议决之时，如加以削除或减额，市町村长遇此等事时，均得申请府县知事之指挥。市町村长或市会、市参事会、町村会如不服府县知事之处分，皆得向内务大臣提出诉愿。

凡须得监督官厅许可之事，遇有请求更正之时，如其更正并不违反本来申请许可之旨趣，监督官厅得许其更正。凡应经监督官厅许可之事，皆得依敕令之所定，委派下级官厅办理。如系轻易之事，亦得令其免受许可。

应受府县知事许可之事，两制中所定各有十有一款：一、设立新条例或改废旧者。二、关于处分基本财产及特别基本财产之事。三、依旧来之习惯，市町村住民之中特有使用财产或营造物之时，经各该地方议会之议决，仍依旧惯办理或变更其旧惯，又或废止其旧惯之事。四、新设使用费或变更已有使用费之事。五、不依均一之税率，而于国税或府县税之上赋课附加税之事。六、新设特别税，或对于已行者，而加以变更之事。七、有利于数人之营造物，因其设置维持以及其他之费用，对于有关系者使其负担之事。有利于市町村一部之营造物，因其设置维持以及其他必要费用，对于该部内有纳税义务者使其负担之事。有利于数人或有利于市町村一部之财产，如有收入之时，应先以之充作费用。八、对于数人或市町村之一部特别有利益之事，得因此而为不均一之赋课。或对于此数人或市町村之一部，而为赋课。九、不依市町村直接税之税率，而赋课夫役现品。但在紧急之际，而赋课夫役则得免受许可。十、设定继续费或变更之事。十一、除因预算内之支出，而为一时之借入金而外，举债及所定举债方法、利息定率偿还方法，或于此而有所变更之事。此数事之中，第一、第四、第六及第十一四款，有以敕令指定者，则依其所定，分别受主管大臣之许可。

除受许可事件之外，监督官厅，有指示改正预算之权。凡市町村依法分应负担之费用，又该当官厅依其职权所命之费用，市町村预算内，如缺漏不为载入，府县知事得指示理由，加入于其预算之内。

监督官厅对于地方之事，有代执行之权。即地方长官或其他职员，应执行之事而不执行，府县知事或其所委之官吏职员得代为执行，其所须费用仍由应出之地方负担。地方如对此处分以及上述改正预算，不肯服从，得向行政裁判所提起行政诉讼。至如地方官吏以及职员遇有故障之时，得临时选任代理之人，或派遣官吏使之掌管其职务，其旅费均出自派往之地方。

府县知事对于市町村长及其属吏得施行惩戒。其处分有谴责、二十五元以下日金之过怠金，及解职三种。但如系解市町村长、市参与、市町村助理员、收款员、副收款员之职，须经惩戒审查会之议决。其会员一由内务大臣委派府县高等官三人，二由府县名誉职参事会员中互选三人，而以府县知事为会长，有故障时以应行代理者代理之。被解之人，如其不服，得诉愿于内务大臣。解职之前，得先令停职。此时所有报酬一并停给。一经解职，二年以内，北海道府县市町村以及准此类之公职，皆不得就也。

除上述各端之外，监督权之至大而复无限者，为解散地方议会权。内务大臣不论何时得下令解散市会或町村会，而于三月以内重新选举。至于因何事而为之，会期之中，是否只限一次，皆无所定也。

吾国清季所行之府厅州县地方自治及城镇乡地方自治，其两章程中各定有监督专章。前者监督官厅为本省督抚，而受成于民政部。至自治事项有涉及于他部者，并受成于各该主管之部，如学务之于学部、实业之于农工商部，以及财政之于度支部是也。

监督官厅行使其监督权，章程中如有专条，则从其所定。此如章程中所定须经督抚之核准裁核办理咨部存案之事是。此外督抚随时得令府厅州县呈报办事情形，亦得遇事调阅公牍文件、检查收支籍账。如以府厅州县之预算为不适当者，得加以削减，但只定有削减之权。至法定应由地方负担之支出，预算中不为规定，或虽有所定，而数额过微，不足以举办或维持其事，则监督官厅似应有增加支出之权，而令地方设法筹划。惟彼时章程，于此则无所定也。

自治事项，其中有须经监督官厅核准者，地方长官于申请之后，如欲有所改正，须不出原申请范围之内，而不得与其旨趣相反。

督抚遇不得已情节时，得咨请民政部解散府厅州县议事会，而于三月内重行召集。重行召集之后，由府厅州县长官申请督抚酌定会期长短。但云不得已情节，而不指明一定情形，亦不得限次数，当时因纯在取法东邻，故不觉其有所未当也。

城镇乡地方自治之监督，为该管之府厅州县长官。监督官厅，随事随时应按照自治章程之所定，查其有无违背之处。如其有之，应即酌加纠正，并令城镇乡办理自治之人，报告办事成绩，并征集其预算、决算表册，随时亲往检查，按期申报本省督抚，再由督抚汇咨民政部。至分属二县以上之地方，或分属直隶州与其属县之地方，其自治之监督，则由州县会同行之。

府厅州县长官对于城镇乡议事会、城镇董事会，得申请督抚加以解散。对于自治职员，亦得申请督抚加以撤销。城镇乡议事会如经解散，须于两月之内重行召集，城镇董事会应于解散后十五日重行成立，乡董应于撤销后重行选定。若城镇议事会、董事会同时解散，乡议事会、乡董同时解散撤销，是时应于两月内，先行召集议事会。所有选举及开会事宜，由府厅州县董事会代办。议事会召集之后，应即于十五日之内重行成立城镇董事会或乡董。

自治职员有犯赃私及侵吞、挪借款项者，除责令全数缴出外，仍由审判衙门按律办理。议事会及董事、名誉董事，如干与自治以外之事，监督官厅得停止其到会一次以上三次以下，或三日以上十日以下。董事会总董、董事则停薪半月以上二月以下如情节较重，则行除名。此则定于原章程罚则章中。

民国十年广东省曾行之县自治，其条例中亦定有监督专章。其所定监督官厅为省长。除条例中所定应呈请省长核准之事项而外，县长应于每年一月将该县一切议决执行事项，分别呈报省长。省长得随时调阅县之文书及会计簿记，并得实地稽查其事务。省长认县长及其所属职员为违法失职时，得交职官惩戒处加以惩戒，如其事牵涉刑事或侵害人民权利，应移交法厅办理。

其县下之区，依其自治条例所定，由县长监督之。对于区参事会所为之议决以及预算，有判令更议或改正之权。但对于前者，区参事会得为仍执前议之议决。对于后者，得呈请省长裁决。至依自治条例法律或省县所定条例，属于区自治应办之事，县长如以为办理不力或有玩忽情事时，有勒令照办之权，至因此对于区自治人员酌科罚金，亦得为之。

现行县市等地方法规如县市组织诸法，其中虽无监督专章，然亦不乏应经上级核准以及委任之事，亦不得谓为全无监督。若督促地方能于确实达到《建国大纲》第八条所定之程度，尤非有适当之监督方法不可。惟查诸法规章则之中，于此多系赅括原则，并无分别逐年设施之具体方案，所以至今甚鲜成效也。

本章参考书

William Bennett Munro：*The Government of Europe* 第十六章二九八页至三〇四页，第二十九章五六九页。

同著者：*The Government of European Cities* 第一章、第二章、第三章。

同著者：*Municipal Government and Administration* 第八章一五七页至一五九页，又一六一页至一七一页。

G. Montagu Harriss：*Local Government in Many Lands* 第二章一七页至二十页，第十章一一一页至次页。

《改正地方制度通义》第九章，荒川五郎著。

《市制关系法规》市制第九章。

《町村制关系法规》町村制第八章。

《大清法规大全》宪政部府厅州县地方自治章程第六章，城镇乡地方自治章程第六章。

第四编　论特别地方自治

第十八章　京师地方自治

各国中央政府所在地，如其国家有通行之地方自治制度，于此亦必有之。吾国清末因举办府厅州县地方自治及城镇乡地方自治，故京师内外城亦为之设定自治制度，此其极著之例也。然各国之中，有以其地方为国都之故，其本来地方政府组织独殊于其他同等级之地方，因而自治制度亦随之而大异。吾国清末所行之京师地方自治，其所以异于上述两种地方自治者，亦此故也。然亦有以其地方为国都之故，反全然竟无自治制度者，如美国之华盛顿即是如此，然亦始行而终废。兹就其经过及现行之制述之。

当一七八七年美国正在制定现行宪法之时，其中央政府将来建于何地尚未决定。又因地方皆有该管本州，故其宪法第一条第八节第十七款之前半段，即于此明白为之规定，即由特定之州以一广袤不越十英方里之区域出让，而由国会承受，于此区域之内，无论关于何事皆行使专有之立法权。此区域即作为北美联合州中央政府所居之地。翌年又及其次年梅州（Maryland）❶倭吉尼州（Vinginia）❷先后以此项区域出让。越五十年原让倭吉尼州之地又复归还原州。及至今日美之京畿即哥伦比

---

❶ 即马里兰州。
❷ 即弗吉尼亚州。

亚区，广袤约六十九英方里有奇。中央政府随于一八〇〇年正式成立于此。是年京畿合格选民，亦曾一次参加总统选举。自此以后，凡中央选举，京畿居民则不复有过问之权。然自此以至一八七四年，市民之权，国会仍赋与之也。

中央政府尚未正式完全设立之先，总统于一七九一年曾委派委员三人，从事京城之建设。至一八〇二年始废此委员会而改为自治市制，而由国会赋与以自治约章，其中设有市会为两院制。选举初限于成年合格白种男性。居民居住限制为在选举以前满十二月以上，并曾于地方纳税。至一八四八年年满二十岁以上之白种男子，年纳学校税一元以上及其他纳动产不动产之税者，皆有选举被选举之权。至一八七一年则大行扩张，如人种肤色之区别皆行废止，即纳税资格亦不再设也。

市之第一市长，由总统于一八〇三年任命。以后每年改任一次。至一八一二年改为由市会选举。一八二一年又改为由市民直接选举。此为京城本部之自治组织。至于华盛顿城外今称为哥伦比亚区，则为乔治城（George-town），另为一市。合华盛顿在内，全区名为华盛顿县，别由一法院管辖。其名曰Tevy Court。其中人员，由总统就治安推事中择任。至一八六三年改为总统经参议院之同意任命，而不限制由治安推事中选择。

上述华盛顿县与华盛顿、乔治市分设之制，行至一八七一年复经国会废止而设为哥伦比亚区。由总统经参议院之同意任命一区长（governor）治理之，任期四年。并设两院之立法议会，上一院由总统以任命区长之法任命十一人之议员组织而成。下一院由民选而出之，二十二人之议员组织之。此区亦如其他直辖地方，有向中央下议院选派代表之权。此制行之至一八七四年又复一变。

上述各制，历经试行，国会引为不满，乃于一八七四年澈底加以变革。即市会之权，改为径由国会自掌。除有数之较轻事件委之于下述之行政委员会而外，重要之事，如预算以及许可私人为公用事业之事，其权均操之国会。但以纯粹地方之事，国会未必熟习，乃以其事委之于两院因此特设之委员会。委员会之下，复设随事而为之分委员会，如预算等类是也。

行政则设三人之委员会，均由总统经上议院之同意，分别任命。其中二人须就曾任高等文官之人中选择，任期三年，实际多择自两党之中。又其一则就曾在国家军队中从事工务者用之。由此三人之中，每年轮选一人为委员长，二人即可开会议决事件。所有市政分为三部，人各分任其一。此行政委员会，统揽京市一切行政。然因事务有分属他处之故，其事不无限制，如公园、体育场、自来水其中有属于陆军部者。救济委员会之委员，则出于总统之任命。教育委员会及儿童保护委员会之委员，则由法院推事委任。又如行政委员会，每年向财政部造报之收支概算，其中所列之教育经费，须依教育委员拟定之数，而不得变更，皆其证也。此财政概算，由财政总长复核之后，则移交国会，为最后之议决。行政委员会之下，各种行政之事，皆分别设列专管之处，如警察、街道、卫生、公用、教育、财政、公园等类是也。

直属之京畿区域，亦有其特殊之司法制度。于此设有五种法院：一、为市法院，设推事五人，由总统于居住区内并曾执行法律事务五年以上之人中选择任用，任期四年，管辖在五百元以下之民事诉讼。二、警察法院，推事二人，任期六年，亦由总统任命，凡违警事件，以及在一年以下之刑事案件，皆其所司。三、幼年法院，由总统任命一任期六年推事，专管十六岁以下之犯罪儿童。至于虐待儿童之成年人，以及违背童工法，遗弃妻室，对于妻子不履行抚养义务之人，亦由其管辖。四、高等法院，设首席推事一人，陪席推事五人，各按专管之事分别设立。计分巡回法院、刑事法院、国家区法院、衡平法院及管理遗嘱承继之法院之五者。五、为上诉法院，设首席推事一人，陪席推事二人，任期皆无限，凡不服区高等法院警察法院及幼年法院之判决者，皆得上诉于此。如此特殊之京师政府制度，其意在便于国家之径行统制，故不以无人民之自治为嫌也。

德国之柏林，于一九二〇年曾经改制，已述于前。至一九三一年又复更定新制。依其所定，市设市议会，额定议员二百二十五名，由市民以普通直接选举之法选出，任期四年。此为总市会。市会之外，设一理事会，以司市中行政之事，由大市长一人、市长二人及十五人之理事组织而成。理事十五人，其中九人有给，任期十二年。其余六人为名誉职，任期四年，但得受每月二百五十马克之公费。理事会开会时，以大市长为主席。大市长之下，直属各种委员会。每会由二十二人组织而成，其中五人为理事会之会员，十七人为市会议员，承大市长处理其所分任之事。

全市分为二十区。区各设区会，由本区选出之总市会之议员，及专为区会选出之议员组织而成。区会议员，其数不等，少则十五人，多至四十五人，区会各自议决本区之事。至市会讨论预算之时，其中有涉及各区之事者，区会亦得向其提出意见。一切市政，市会仅为之议定大体，其详细推行之法，则由各区会决之，尤以教育之事为尤如此。各区各设区务执行机关，谓之 Bozirksamt，其中设理事七人，由区会选举，以受薪者为多。柏林市制至一九三二年复有改革之议，但未闻其详也。

英之京畿区域，已见于第五章之中，至其中政府之组织，于此述之。伦敦中心之伦敦市，为自由市民之自由团体，其市民权往时限制颇严，近则只居住市内年纳二十一先令之税者，即可享有市内选举投票之权。至若选出国会议员之权，则与他市无异也。此市之制，与一八三五年之通行市制，全然不同。

市中设有三种议会：一曰长老议会（The Court of Alderman），其中设长老议员二十六人，合市长在内为二十七人，任期终身，由市民照本市所分之二十六区，分别选举，但系一种形式，无重要职权也。次曰众议会亦可曰市会（The Court of Common Council），其中设有二十六人之长老议员与二百零六人之通常议员，前者由市民选举，任期终身。后者每年由各区选出，但人数区各不一。此会实操议决与执行之实权。除无选举市长之权而外，其所掌与其他之市会相同。复次为市民总会（The Court of Common Hall），议员为数九千人左右，年开会二次。其唯一要事，为选举市长、警长（Sheriff）及财政主任（Chamberlain）。

市长每年由市民总会就长老议员曾任警长之人中选举两人，移送长老议会，然后择其年资深者而为市长。长老议会之为此，甚少不循此论年资之例。故其选举亦故事耳。市长虽年受优厚俸给，居住官舍，但无实际行政事权。不过仅有礼文仪节、酬酢之事。如一年一次宴集市中巨绅之宴会，会集市民之游行，与宴会宾客是也。

至于市内一切行政，皆由市会所属之各种委员会、分委员会以及专任之有给职员分别办理，约与其他之市无大悬殊。此种特殊之制，纯然出自历史习惯，沿袭极久。吾人觉其不无不便，彼国人则安之若素也。

伦敦市外，为前所述一八八八年由工务局改设之伦敦州。其中亦与他州等，设有州会，议员一百一十八，分由五十七区选举，区各二人。原有之伦敦市则出四人，任期三年，其选举方法，均同他州。此为通常议员。复由此通常议员，就本类之人中，或其以外之人中，选举十九人之长老议员，任期六年，每三年改选一半。再由此两种议员选举会长一人，每年改选。勿论议员或外人皆可入选，并选举副会长、代理会长各一人，均各一年为期，会中设有书记等职员，任期不定，故久任者极多。伦敦州会议员无论何类，均得兼任国会之下议院议员，故可两处应选。勿论已为何处议员，而于他一处之选举，仍可参加竞选也。

州议会之职权，亦与其他之州相同。其中亦略有不同之处，如饮水供给则有依法另设之用水区，设有水局，专管其事。街衢灯烛，则由州属之各市分司其事，清理街道亦然。州会则只管街道定名、更名之事。街道商务之交通，则由警察官署管理。州会之权，因其为首都，国会以特别法律赋与以专管之权者亦不时有之。至州行使其事权，亦与他州等，皆随事而设立主管之委员会。其组织以及任用专门人员，大致与他州相似。惟党派关系，较多于彼耳。

居于伦敦州下，于一九〇〇年由百余村落或数区合成之二十八市，谓之京市，亦各有其组织。每市各设市会，先由选民选举至多不过六十人之通常议员，再由此类议员，选举至多十人之长老议员。二者再合选市长一人。其选举方法以及组织约与通行市制相同，惟议员之选举，其中党派竞争，远过一般之市。

京市职权，约如他市，而略有不同。如防火、排水、供给用水、警察、运输、教育等事，他市皆有其职事。此则不属于州，即别有所归。有时经国会之议决，或中央主管部之许可，京市与州之职权，亦得互相转移。京市自治，紧[1]接受伦敦州之监督。以上则为中央主管部。如市遇举债之时，须先得州会之许可。如经其拒绝，则得诉之于卫生部，请求撤销州之原来决议。如举债之事，系因法定之事而为之者，则免受许可也。

伦敦三种自治机关，惟中央伦敦市掌有警察权。其市会中设有委员会，专司其事。此外勿论为伦敦州抑或二十八之京市，皆无此权。专设警察专区，跨越伦敦内外约七百英方里谓为京畿警区，位于内务部管辖之下，由其委任警察使一人、副使三人、督察（Constable）五人。其区系于一八二九年创设，一八五六年略有变更。

---

[1] 疑为"仅"。

至关于警察之财务行政,如购置、薪俸、订立契约等事,则由国王钦任专员司之。其官谓之守藏吏。

济贫之事,在英之京师地方,亦不归于自治机关办理。虽亦系自治之事,但系另由三十有余之民选救护会分别办理。有依地而分设之区,亦有联合而为之处,各得征收或使用为此专设之济贫税,其事则由中央主管部监督之。

法国巴黎亦不适用通行地方制度。今其所行者,实本一八七一年之法律而来,乃州县市混合之制。巴黎位于萨州之内,然其境几占萨之全部。此州虽亦与他州等,设有州长,其职权亦约如他州州长,但不同之处有二:一、州长同时领巴黎市市长事。二、不掌警察权,另有设专司其事之长官,谓之警察长。职司全州警务,与萨州州长平行,非其属也。

州长之下,则有秘书长以及各局各科,各有其长。高者由内务总长呈荐总统任命,其次由州长请之内务总长。用人概用考铨之法。无论升级以及初用,必经考铨合格,方为合法。

警察长(Prepect de Police)设自一八〇〇年之法律,由总统任命,直隶于内务部。凡在他州州长所掌之警务,以及在市市长所司之警务,在此均属之于彼。其事不只为维持公共安宁秩序,凡消防以及公共卫生等事均属之。其事极繁,其责极重,其权亦极大。

萨州亦与他州等,设有州会。巴黎市市会,设于本市之内。州则包括全市之境及其以外附近区域。因此州会之组织,亦包括市会议员及以外之议员在内。即由巴黎市市会全体议员及由市外两县加选二十一人之议员会合而成。此萨州之州会虽其人员与市会有五分之四相同，但仍分别开会，各有所遵守之法规。至其职权，约如他州州会。

巴黎市市会，共设议员八十人。由合成本市之二十县，每县不拘人口多寡各选四人。选举必同日举行。如选不足额，则一星期后补选，任期四年。虽系名誉职，但每人各有六千余佛郎❶之公费。年开常会四次，亦可随时召集临时会，会议概行公开。初次常会之始，即以无记名投票选举议长、副议长各一人，秘书长、秘书等及理事一人。再由此等人员组成会内行政局。勿论常会或临时会，领市长之萨州州长及警察长皆得出席发言，应议会之质问。其议事程序，与所用规则，约同他市。

会内分别设有常任委员会与临时委员会。前者于首次常会抽签，将全部议员分为四部，每部各选二人至四人为常任委员。后者或由大会票选，或由常任委员会选出，其法不一。此二种委员会之外，复有混合委员会，由议员与官吏或市民组织之。

市会职权，约同他市。凡预算管理财产、处分财产、承受赠与、管理商场、赋与许可等事，皆有其议决范围，均须经州长承认，而后生效。

巴黎市原由二十县合成。县于此亦可谓之为区。每县各设长官一人，亦称为市长，由中央政府委任。并有三人或五人之僚佐，亦由中央委任，而无公俸。均秉承萨州州长，管理本县行政。如调查户口，造具选民名册，传唤应征兵役，皆其要者。其下亦设有秘书局长等

---

❶ 即法郎。

职。亦有随事而设之委员会，委员可择委本市市民为之，至委员长必为市长或其僚佐而后可也。

吾国京师，特别设立自治，亦有可考者。清季筹备宪政，既先于城镇乡地方，创设自治。京师地方，亦未便令其向隅。惟地方自治与地方官制有关。因吾国京师设官，自古与在外地方不同，故自治亦然。宣统元年十二月二十四日，宪政编查馆曾奏定《京师地方自治章程》，都凡八章一百三十六条。颁行之后，至民国三年夏与府厅州县城镇乡地方自治一齐停罢，卒未规复。兹就原章所定各节，依次叙述，以与上述各制互相参证。

京师地方自治之事权，以及居民选民资格，均与《城镇乡地方自治章程》所定相同。与彼不同者为自治机关，原章程谓之为自治职，此则勿论议决执行，均取上下两级之制。上级为统管全京之自治，下级则分区设立。区又有城郊之别，为制亦不相同。

清末举办新政，其事有巡警一端。京师初设巡警专部，旋改为民政部，于内外分设巡警总厅。厅有丞以下各官。城各分为区。地方自治之城区，即以此警区为准。清时京畿改明时之五军都督府而设步军统领衙门，统率中左右南北五营，巡徼五城四郊。每郊各有该管京营辖地，谓之汛地。及设立自治之后，外郊自治区域，即以此京营汛地为准。

城郊各按警区营汛，分别设立区议事会，其议员以十五名为定额。凡人口满五万五千以上之区，得于额外增设议员一名。自此以上，每人口五千，增设议员一名，但以三十名为限，由京师选民选举。区议事会之组织，如任期，正副议长，开会议决定数，出缺补选，回避以及职权等事，举如《城镇乡地方自治章程》所定之城镇乡议事会，惟会期与彼不同。即每月一次，每次三日。其因不同意区董事会所定之执行方法，请其停止，而不停止，则得请求总议事会公断。不服则请之自治总监督。京营所属，得径向自治总监督请求。此与城镇乡议事会请求公断方法有所不同也。至因回避而不能议决之事，则由总议事会或邻区议事会代议之。

城郊各区，自治执行机关为区董事会。其中设总董一名，由区议事会选举，正陪各一人，呈由自治监督申报自治总监督任用。以议事会议员什一为额，设董事一名至三名，由议事会选举，呈由自治监督核准任用。复以议员什五为额，由区议事会选举三名至六名之名誉董事。区董事之组织，一切举与《城镇乡地方自治章程》所定之城镇董事会相同。惟每月举行职员会，彼为一次，此则二次。城镇董事会，向议事会移交复议之事，如仍执前议时，得移交府厅州县议事会公断。如不服其公断，则请地方官为之。如再不服则由地方官申请督抚交咨议局公断，此则公断机关为总议事会。如不服公断，则请自治总监督核办。如事在京营各区，得径请自治总监督办理。盖京营郊区以上无总议事会也。此与城镇董事会又一不同之处也。

上级之自治议决机关，为总议事会。其中员额为各区议事会议员之什一，由各区议员互选兼充。任期一年，每年于任满三月前举行改选，用无记名单记投票法，以此较多数为当选，票同序齿，齿同由议长抽签决定。选定后呈由各该自治监督申报自治总监督，汇申民政部给照存案。总议事会由议员以秘密投票之法，互选议长、副议长各一人，均为名誉职，但得由总董事会议决予以相当公费。

总议事会会期，与城镇乡议事会会期相同。展限日期，发送开会通知之日数，以及要求开临时会之议员人数，均与彼同。自治总监督以及总董事会亦得为此请求，至开会议决议事公开议员回避事件，均与区议事会相同。如因此有不能议决之事，则由总董事会代议之。

总董事会之职权，计有九款：一、关涉京师全体自治范围内应行兴革整理事宜。二、各区通行之自治规约。三、本会应需自治经费岁出入预算及预算正额外预备费之支出。四、本会自治经费岁出入决算报告。五、本会自治经费筹集方法及地方全体担任之公益捐。六、本会自治经费处理方法。七、本会选举上之争议。八、自治职员办事过失之惩戒。其惩戒细则以规约定之。九、关涉本会全体赴官诉讼及其和解之事。

上列九款之外，总议事会复有数权：一、监督自治执行之权。即对于总董事会执行事务，得随时监察调阅文卷，以及收支籍账。二、答复行政官署咨询之权。即自治总监督，遇事有所咨询，应胪陈所见，随时申覆。三、建议之权。即遇地方行政与自治有关之事得条陈所见，呈候自治总监督核办。四、停止执行之权。即对于总董事会所定之执行方法，如认为逾越权限，违背律章，或妨害公益，得声明理由，停止其执行。如总董事坚持不改，得呈候自治总监督核办。

上级自治执行机关，为总董事会，其中设总董一人，由总议事会就本地选民之中选举正陪三名，呈由自治总监督申报民政部开单奏请圈出一名。董事五人，由总议事会就本地选民之中选举，呈由自治总监督核准申报民政部任用。名誉董事十二名，由总议事会就本地选民之中选举。总董之选举，用无记名单记投票。董事及名誉董事，分次选举，均用无记名连记投票，均以满议员总数三分之一为当选，票同序齿，齿同由议长抽签定之。如得票不满定额，则再行补选。总董、董事二年一任，名誉董事一年一任。总董、董事以及名誉董事，均由民政部给予执照。总董、董事之薪水，由总议事会以规约定之。除名誉董事而外，总董以及董事皆不兼总议事会议员。各区自治职员，若有父子兄弟现为此职者，则不得为总董、董事。若父子兄弟同时被选而为此职时，则子弟避其父兄。总董如有事故，以年长之董事代理，年同则以居住本地方较久者代之，若再相同，抽签定之。总董、董事出缺，名誉董事出缺，如至定额之半，即行补选。

总董事会以总董为议长，每月开会一次，由会中文牍于五日前发送通知与议程，须有全部董事三分之二以上到会。取决于出席者之过半数。可否同数，决于议长。所议事件，如前所述，与本身或亲属有关则须回避。因此以致人数不足开会，则将该事件交总议事会代议之。开会时总议事会议长、副议长及各区董事会总董，皆得到会陈述意见。

总董事会之职权，计有三款。一、总议事会议决各事之执行。二、以律例规章或自治总监督委任办理各事之执行。三、执行方法之议决。第一款中之事，总董事会以为有应归各区分办者，得议决委任各区董事会办理。

上举各款之外，总董事会对于总议事会之议决得提出抗议，即视其议决为逾越权限、违背律例规章，或妨害公益，得声明缘由，交其复议。若总议事会仍执前议，得呈请自治总监督核办。

京师自治行政，亦与其他地方相同，其中以财政为最要，所有经费：

一、为公款与公产。此以向归地方绅董管理者为限。其中如有出于私家捐助，曾经指定用途者，则依其所指。必其所指之用途，已经法令变更或废止之时，始得不然。地方如无公款公产或为数极少，不敷应用，得由议事会指定本地方关系自治事宜之款项产业，呈请该管自治监督核准拨充。

二、为公益捐。分附捐与特捐二种。前者系于官府所征税捐之上，附加原额十分一以内之捐款，即今所通称之附加税，由经收官府汇交董事会收管。后者为本地方自择种类，自定各目之捐，即地方特税也。由自治监督出示之后，自行按章征收。凡以劳力物品供给自治之用者，则计其所值，作为特捐，由董事会呈请征收。征收章程，由议事会议决。至在本地方之不动产或营业，勿论本人是否居住本地方之内，概征收应纳之公益捐。公益捐勿论创设新者，或对于现行者，有所变更废止，概由议事会拟定捐章，于议决之后，呈请各该自治监督核准。

三、罚金。即地方颁行之各种自治规约。其中对于违反之行为，当必定有罚则。罚金者，即此等规约之罚则，所科之金额，亦地方岁收之一种也。

地方岁出入预算，每年由董事会编制，于议事会十一月会期中提出。经其议决之后，呈报自治监督核准，交由董事会执行。自治监督于核准存案之后，榜示公众。其中于正额之外，设预备费，以备正额不敷之用，或临时之支出。如仍不敷，得经议事会之议决，提用他款。至地方决算，由董事会制成之后，于议事会二月会期中提出。议决之后，亦呈报自治监督存案，并公布之。

地方自治经费，每月由董事会总董检查一次，曰定期检查。每年由董事会总董会同议事会议长、副议长及一名以上之议员，至少检查一次，则曰临时检查。

京师地方自治之监督，内外城以巡警各区区长为监督，巡警总厅厅丞为总监督，均受治于民政部。其监督方法，约如城镇乡地方自治监督官厅之与所监地方。外郊地方自治之监督，则由步军统领衙门派员充之。按照监督之法，申报步军统领衙门，再由此汇咨民政部。自治事项，有涉及各衙门管理者，并由各主管各衙门监督。

各区区长，得申请巡警厅丞解散区议事会、董事会或撤销自治职员。议事会解散后，两月内改选。董事会于解散后，十五日内成立。若两会同时解散，应于定期内先行召集议事会，于议事会成立后十五日内成立董事会。至外郊步军统领衙门所派之各区自治监督，亦得申请步军统领衙门如是办理。勿论城郊区地方自治机关解散之后，均由各该上级监督官厅申报民政部。

至民国时代，京师地方自治亦于民国三年之夏，与省议会府厅州县地方自治、城镇乡地方自治一律停罢。以后亦无于此重建自治之议。十七年中枢南渡，江宁改为首都，虽于此设市，但亦适用通行《市组织法》之所定，非特别自治之地方也。

本章参考书

《大清法规大全》宪政部京师地方自治章程。

Delos F. Wilcox：*Great Cities in America* 第二章。

William Bennett Munro：*Municipal Government and Administration* 第二十二章四三六页至四四七页。

同上著者：*The Government of European Cities* 第一章九一页至一〇八页，第三章三三九页至三七九页。

G. Montagu Harriss：*Local Government in Many Lands* 第一章一五页至一七页，第十章一二一页至一二三页，第二十四章二四一页至二四二页。

第五编　补论中国地方制度及自治问题

第十九章　中国地方制度之变迁

第一节　上级各地方

第一款　州

本著既成之后，意有未尽，原俟于再版之时，就有关各章之中酌量加以订正；惟以纸版成型，势难变更，故特增此编，用申前版未尽之论。尝考各国设定地方自治，皆与地方历来官制有关，故论吾国地方自治，亦须略述地方官制历史。兹依其名称等级分别叙述。首须论列者，则为本款之州。

中国地方制度名称，以州郡为最古。州为最上级，故先论之。秦自始皇二十六年外既普设郡县，又复自内分遣御史出而监郡。后世御史之分道监察、分省巡按以及督抚之兼带衔衘，皆本于此。汉初省御史监郡之制，但有事仍遣丞相史出刺郡县而不常置。至武帝元封五年乃置刺史十三人分部出察郡县。史者，即丞相府掌书记之官。刺者，侦察之意也。其职只六百石，位卑而职重，其事权一本当时所谓之六条，非六条则不问。六条所定极为切实。隋唐之世，亦曾仿行，然不如远甚。其条所定列后：

一、强宗豪右田宅逾制，倍公向私[1]，以强凌弱，以众暴寡。

二、二千石不奉诏书遵承典制，倍公向私，旁招守吏，侵渔百姓。

三、二千石不恤刑狱，风厉杀人，怒则任刑，喜则任赏，烦扰刻暴，剥夺黎元，为百姓所疾。山崩川溢石裂，訞详讹言。

四、二千石选补不平，苟阿所好，蔽贤宠顽。

五、二千石子弟怙恃荣势，请托所监。

六、二千石违公下比，阿附豪强，割损正令。

及至东京光武建武十三年，十三部乃定为豫、兖、冀、徐、青、幽、并、雍、荆、扬、凉、益、交趾十三州。先是西汉之末刺史改为牧，至是复称刺史，各领一州。惟豫为中央政府所在之州，不领以刺史而领以司隶校尉。司隶校尉掌巡徼京师。此制沿至晋时，豫州则称司州。刺史岁以八月一日出巡所部郡国。汉时犹存半封建。王国比郡，侯国比县。然皆由中朝代为命官往治，其官谓之相。国君皆不自治其国，不过食其一部分租税而已。然同为刺史所监，故汉时地方往往郡国并称。刺史循察所部，其事为录囚徒，课殿最，岁尽诣京奏事。至东京而后，乃不亲诣京师。初无治所，至东京时始有之。其纠劾二千石长吏不称职者，初必先下三公遣吏按验，然后黜退。建武后始不然。自是刺史之权渐重。刺史至灵帝中平五年复改为牧，而以九卿出任，其权益

---

[1] 倍公向私，此应为衍文。

重。汉末割据，群雄皆自为之。其属有治中从事，主簿功曹等职。

晋太康元年既平吴，乃分天下为十九州。司州治洛阳。兖治廪丘。豫治项。冀治房子，并治晋阳。青治临淄。徐治彭城。荆治襄阳，后治江陵。扬治寿春，后治建业。凉治武威。分汉三辅为雍州，治京兆。分陇西为秦州，治上邽。益治成都。分巴汉之地为梁州，治南郑。幽治涿。分辽东之地为平州，治昌黎。分云南为宁州，治云南。分合浦之北为广州，治番禺。交治龙编。永嘉南渡而后，江表偏隅之地有州一百有七，往往以北方州名为新地之名而冠一南字以别之，谓之侨置。如南徐州、南兖州之类皆是。此亦如英人渡美而以英之旧地名其新移之地，而冠一新字以别者，中外正复相似。晋时极重州权，往往以宗藩领刺史，遂有史所谓八王之乱，而军事、民政遂由此混合。其详俟后论之。

北朝州制大体一如东晋。惟北魏之制特异，即每州刺史凡三人，而以帝室一人为首，以庶姓二人次之。元时地方长官必用蒙古人为首，名曰达鲁花赤，盖本于此。清时地方官往往设置旗缺，非满洲蒙古人不能为之，亦本于此。今日沦陷区内，各县政府、各省政府均以倭人为参事官或顾问，盖亦非无所本。外族钳制深谋，其来久矣。

州之佐属，亦如汉时。有治中、从事、功曹等职。晋时复设祭酒、文学从事以司学校之事。边远之州复有武猛、弓马从事。自刺史兼管军事而后，军曰开府。州府各设僚佐。府僚司军事，州佐理民政。

隋初因都长安，故雍州设牧位在刺史上。外州各设刺史，但分为上中下三级。每级又分上中下共为九等。炀帝大业中乃罢州而以郡统县。迨至唐时，又复州制。畿辅之外，一律设州，而以统县。自此罢郡不设，地方行政乃变为二级。州设刺史，副以别驾一人。四万户以上者为上州，二万户以上者为中州，不满二万户者为下州。其佐属多寡，因等而异。

宋沿唐旧，以州统县。然为制大异，各州无刺史只知州事一人。此为后世地方官称知事之始。虽掌一州之政，然事权旁寄于通判。通判概以京朝官出任。凡州之事，必经通判长史签议联署，方许行下。大州二人，余一人，不满万户者不置，虽为佐属，无异正官。盖当时知州事格于情形多系旧时军人，故以文职之通判济之也。

州制因地方军职日增之故，至元时乃降而与县相等。世祖中统三年定五千户以上之州为上州，二千户以上者为中州，不及二千户者为下州。州设达鲁花赤一人。元时地方长官皆以蒙古人为之，其名大都如此。州尹一人，州同知判官各一人。州制传至明清无大变更。其别有二：一为直隶州，直隶于省而兼有属县，又其一为散州，即上属于该管之府而亦无属县，实无异于县，而其秩较高。直隶州知州清时为知县或散州知州之升阶，而散州知州有时为知县之升阶。其佐有同知判官，但不必按州皆设。其属有主簿、吏目、巡检等。簿检有无不等，视事之繁简、地之大小而异。

第二款　府、军、监、路

中国地方制度，有府之名称，其来实与军制有关。

北周兵制，分全国之兵为府，分属于二十四开府。至唐乃以府名加于京畿地方之上，即西京京兆府，东京河南府，北京太原府。京兆为首都，河南洛阳为汉晋故都，太原为起义之地，故皆设牧一人领以亲王而不视事，位在外州刺史之上。其次设尹一人，理京畿之政，等于外州刺史。明清时代京尹敌于外省督抚，盖本于此。少尹二人，其属有参军，各以司录、功、仓、户、兵、法、士、分曹治事。外有经学博士、助教则为学校之官。有医学博士、药学博士则为卫生之官。京府属僚略如外州属僚，惟其数略多耳。唐时凡天子巡幸之行在所，则升其地为府，如玄宗幸蜀则升益州为成都府，称为南京。德宗幸奉天，即今陕西干县，升梁州为兴元府。此外复有河中府，原为蒲州，称为中京。凤翔府原为岐州，兴德府原为华州，江陵府原为荆州。

宋沿唐旧京畿之地，亦称为府。汴京为开封府，以太宗为晋王时尝领牧事，后遂不设牧，只设权知府事一人。后罢权字只称知府事。徽宗崇宁中复设牧，领以皇子。陪都则有西京之河南府。南京之应天府，即今之商邱。兆京之大名府。南渡后升杭州为临安府，设知府事一人，通判二人。孝宗乾道中以皇太子领府尹，设少尹一人，受理民词以白太子。后复旧。南宋时凡藩王入承帝统者，其藩邸所在之州，则升为府，如高宗潜邸桂州升为静江府，又如孝宗潜藩在洪州，后升为隆兴府是其例也。其余之州，随时升为府者，为数日多。

隋唐及宋，凡天子出征或出巡，京师则设留守、副留守。唐时北京太原府则以少尹为副留守。此制至民国时曾一用之。元年政府北迁，南京设留守，而以黄兴任之，未几而罢。

凡府设官，亦如州制。设知府事一人，始亦带权字，后亦罢焉。通判二人，实握一府事权与州通判无异也。知府事及知州事，其所掌为宣布条教，奖善惩恶，劝课农桑，旌别孝悌，清理赋役，受理讼狱。一切兵民之事皆总理之。

宋时地方府州之外，有军监二种。凡驻军屯田以武职管民政者，其地方谓之军。有似明时内地之卫。卫在清时亦有之，后多并于州县，各路皆有之。监则惟四川诸路中有之，概为产盐之处，设官亦如府州，惟小军监则不设通判官。军则辖县，监则否。

宋时上级地方为府州军监，以其为数甚多，不易分别，乃分全国为路。每路各辖府州军监多少不等。然仅为一种依地区画之名，并无路之本身政府。故府州军监虽各归一路，然仍直达中央，不须本路承转。其时先后设置路，凡二十路，为京畿路、京东路、京西路、河北路、河东路、陕西路、淮南东路、淮南西路、江南东路、江南西路、荆湖北路、荆湖南路、福建路、成都府路、潼川府路、利州路、夔州路、广南东路、广南西路、燕山府路。

宋时路制至元时则一变而又与府制相合。至元二十年，普设各路总管府，凡十万户以上者为上路，以下为下路。地当冲要，虽不及十万户，亦为上路。每府达鲁花赤一人，总管一人，江北诸府则兼奥鲁同知，为专理蒙古人词讼之官，其属有治中。惟下路不设判官、推官。三人主治刑狱。复有学校官为儒学教授、学正、学录、蒙古教授、医学教授、阴阳教授。此等各路总管府，于腹里则隶于中书省，外则分隶于中书行省。

异于总管府者为散府，其秩较总管府为略卑。设达鲁赤❶、府尹各一人，并设同知、判官、推官、提控案牍各一人。所在有隶于路者或行省者，亦有直隶都省者，有统州县者，亦有不统者。

由元时之散府降至明清而为各省所属之府，有统县者，边地则有不统县者，或有兼统州者。其分等已见于前。

第三款　郡

郡制较古，战国时凡各国取得新地，则置以为郡。秦始皇二十五年，既定江南，降越君，置会稽郡。次年平齐，乃因李斯之议分置三川、颖川、南阳、南郡、河东、太原、上党、代郡、云中、北地、雁门、九原、上郡、陇西、钜鹿、邯郸、上谷、渔阳、右北平、辽西、砀郡、泗水、薛郡、东郡、齐郡、琅邪、辽东、九江、鄣郡、汉中、巴郡、蜀郡、黔中、长沙、会稽、合内史而为三十六郡。内史者中央政府所在之地，虽不名郡而与郡等。

内史之地不设守，其官即名内史。汉武帝时，始改为京兆尹。所治之地，即名京兆。余郡各设守一人曰郡守。汉景帝中元二年改为太守，秩二千石，月支米百二十斛。掌治民、进贤、劝功、决讼、检奸。每以春出巡属县。秋多遣按狱之吏名曰无害吏，按问平其罪法。岁尽则遣上计掾史各一人，入京条上郡事，谓之计偕簿，即述职书也。其属都凡二十六职，分曹治事，统称曰郡

---

❶　疑为"达鲁花赤"。

掾。由太守自辟本郡人为之。太守之次为丞，亦曰郡丞，掌佐郡守为一郡之二。

守丞之外有郡尉。汉景帝时更名都尉。典主郡兵，禁备盗贼。汉制，凡郡每人口二十万人举孝廉一人，即以之为都尉。若郡有屯田，则置农都尉。有蛮夷降附之郡，则置属国都尉。东汉建武时都尉并于太守，不复设焉。郡在汉时，极为重要，乃地方上级正官。太守可直达天子，九卿可出守郡，太守亦可入为九卿，其例甚多。

魏晋南北朝之时，各郡亦如前制，各设太守一人，岁以春日一巡属县，由晋至梁陈，除有急要事故而外，凡迁调郡县长吏皆不以春月，因恐道途供役，有扰农事也。

北魏郡制亦与州同，太守凡三人，帝室一人，庶姓二人。六年为一限，一限者即一任也。凡太守能静一郡者令兼二郡。能静二郡者令兼三郡。三年擢为刺史。北齐之时分郡与州同为九等。其上上郡，太守秩为从三品，岁奉帛五百匹。以次递降。北周之时，凡郡皆以户口多少定其等第。

至于有隋炀帝大业中曾一度废州，郡为地方最上级。唐复设州而即以州统县，郡遂从此不置。明清以来，以当时之府比于秦汉之郡。凡位至知府者人即以太守称之，然极不符实，此于秦汉之郡守不侔远甚。

第四款　道

道之地方名称首见于汉。凡县有蛮夷者曰道，与清时之厅略相似。当时县、邑并列，统称曰县、道、邑。

至唐时，内于御史台内设监察御史，分十道，以巡按天下。此为明时各省巡按御史之所由来。外则于贞观元年分天下为十道：一、关内雍州之地；二、河南兖豫二州之地，三、陇西雍梁等地；四、河东冀州等地；五、河北冀州等地；六、山南荆梁等地；七、淮南扬州等地；八、江西扬州等地；九、剑南梁州等地；十、岭南荆州之地。

自唐地方设道之后，凡遇地方增设大官，则分道为之。其官多以使为名。始则只为民政性质，且多系暂置。至军兴之后，其数益多，多关军事，亦且久置。择其要者举之——诸道检点使，太宗贞观元年置，检点兵马囚徒。观风俗使、黜陟使，皆贞观八年置。巡察使，分十七道，贞观十八年置。巡抚使，高宗仪凤二年置，分三十道。存抚使，中宗天授二年置，分四十六道。采访处置使，玄宗开元二十二年置，分十道。防御使，玄宗天宝中置。劝农宣慰使，代宗广德中置。团练使，代宗天历中置，大者十州，小者三五州。观察使，德宗建中中置。营田使，德宗贞元中置。此外复有运粮和籴盐铁、度支、屯田、水运等使，大都以京官出任，随时随事设立，久暂不一，而其权力则远过于地方常官之上。

自唐分道，广设使职，历五代及宋乃分路设使，以关于财政、军事者为多，其中以都转运使为最要，当时谓之都漕。使职之中，或不称使，而以司为名者亦有之。凡司之长官，皆以提举为名，如提举常平、提举茶马、提举坑冶、提举市舶等类皆是。南渡之后，使职尤多，复有以总领为名，使朝臣出任措办财政，亦使职之类也。

元时中央既依汉唐旧制设御史台，外则分道以设御史行台。世祖至元十二年始设江南诸道行御史台，设于扬州，后徙杭州，又徙江州，最后徙建康。统淮东、淮西、湖北、浙东、浙西、江东、江西、湖南八道。成宗元贞中定为江东、江西、浙东、浙西、湖南、湖北、广东、广西、福建、海南十道。行台设行御史大夫一人，中丞二人，侍御史二人，监察御史二十八人，内蒙右御史十四人。陕西诸道行御史台，始设于河南，称为河南诸道行御史台，后罢不设，而设云南诸道行御史台。成宗大德元年移置京兆，改称陕西诸道行御史台，统汉中、陇北、云南、四川四道。台内设行御史大夫一人，御史二人，治书诗御史二人，监察御史二十人。

行御史台每台各统数道。至依道而设者，则有次列二官：

一、宣尉使。分道以掌军民之政，下统府州县，上隶于都省或行省，凡六道：各分路置司，如山东东道则置司益都路，曰山东东西道，曰河东山西道，曰淮东道，曰浙东道，曰荆湖北道，曰荆湖南道。边远之处，则兼都元帅府。凡八道：一、广东道；二、大理金齿等处；三、蒙庆等处；四、广西两江道；五、海北海南道；六、福建道；七、八番顺元等处；八、察罕脑尔等处。每司设使二人，同知一人，副使一人。兼都元帅府者使一人之外，有都元帅、副元帅、金都元帅各二人，及其余司属。元时，各道宣尉使司为明时各省承宣布政使司之所由来。

二、肃政廉访使。初名提刑按察使，止山东东西道、河东山西道、山北东西道、河北河南道共四道。至成宗大德元年定为二十二道。其中直隶御史台者凡八道，隶于江南行御史台者凡十道，隶于陕西行御史台者凡四道。各分路置司。司设使二人，副使二人，佥事四人，及其余司属。肃政廉访使司为明时各省提刑按察使司之所由来。明制盖仍取元初旧名也。

道制传至明清而成为两司之分司。明初永乐时以藩臬两司居于省会。地方辽远，乃以六部司员、给事中等官出为布政使司参政参议，使之分守各属，或曰督粮，或曰督册。仁宗洪熙元年以地方武官不谙文辞，乃使布政使司参政、参议或按察使司副使、佥事等分往各总兵官驻处，为之整理文书、商榷机宜。至应宗[1]弘治中，凡有总兵官之地，概以按察使司副使、佥事往司粮饷，谓之兵备副使或佥事。又或随事为名，如驿传、清军、水利、屯田、招练、监军等类，或一事专置，或数事相兼，无一定也。至于南北两直隶因不设三司之官，其分巡或分守地方者，则带邻省两司司官之衔。如分巡北直隶易州、口北等处地方者，则带山西按察使司副使之衔。分巡南直隶苏、松等处地方者，则带浙江按察使司副使、佥事之衔。其名曰借衔。至于清代南畿既改为省，雍正以后，直隶亦依省制设官，借衔之制因而不存。然各省各道仍兼司官之衔，其秩则视所兼之衔为定。至高宗乾隆十八年始废此制，一律改称道员。盖以按察使司佥事，虽可分巡各府，而秩反在知府之下也。明清之道，有以全省为一而不分设者。如明之提学道，清之盐法、粮储、巡警、劝业道皆是。道制至民国五年

---

[1] 原文如此，弘治为明孝宗年号。

之后，曾行道尹之制。十七年后国民政府继起，遂罢不置。及至二十年之后，各省复创行分区督察专员之制。于其所属各县之中择兼一县，后不复兼。虽名曰区，殆亦与昔时分巡之道相似。

第五款　省

省本为中央官府之名。汉时称宫内之地为宫禁，后因避讳而改称为省。汉时尚书、中书、侍中原属少府，皆在禁内。自武帝后，权位日重，成为中枢重地。魏晋沿此而为尚书、中书、门下三省。至隋时讳中字，改中书省为内史省，又增秘书、内侍二省而为五省。至唐内史省复称中书省。宋时虽仍有三省之名，因不除长官，其实乃与前大异。元时中央政府为中书省，亦称都省，仍因宋制而与专掌军政之枢密院并设。中书省、枢密院，宋时称为二府。

元时地方制度，有腹里与行省之别。凡路州直隶于中书省者，谓之腹里。凡河北、山东之地属之。其中计路二十有九，为：大都、上都、兴和、永平、大同、泰宁、全宁、应昌、宁昌、真定、保定、顺德、广平、大名、怀庆、卫辉、彰德、河间、东平、济宁、益都、东昌、济南、般阳、晋宁、净州、集宁、德宁、冀宁。直隶中书省之州有八：为曹、高唐、泰安、德、恩、冠、濮、宁海。各路有属府者共三府，即大都路都总管府、上都路都总管府、真定路总管府。各路属州属县为数不等。直隶都省之州其属县为数亦不等。

行省即行中书省。元初有征伐之事，皆称行省无定制。至元元年始定为行中书省，与都省相为表里。其数凡十：一、河南江北，至元二十八年由河南移于汴梁，领路十二、府七、州一，属州属县多少不一。二、辽阳等处，领路七、府一，其余为州县。复有仅有州县之名，而无城邑者，为数不一。三、陕西等处，领路四、府五、州二十七。各路属州属县多少不等。四、四川等处，领路九、府三。属于路之府二、军一，其余为属州及县。五、甘肃等处，领路七、州二、属州五。六、云南等处，领路三十七、府二、属府三，其余为属州及县。七、江浙等处，领路三十、府一、州二，其余为属州及县。八、江西等处，领路十八、州九，其余为属州及县。九、湖广等处，领路三十、府三、州十三、属府三、军三、安抚司十五、管番民总管一，其余为州县。十、征东等处，至元二十年以东征日本，命高丽王[1]置省典军，师还而罢。三十年复设治以中国之法，后以不便而罢。成宗大德时复设，仁宗皇庆元年又罢。

行中书省设官亦略如都省，为丞相一人，平章二人，左右丞各一人，参知政事二人。此外复有郎中、员外郎、都事均各二人。征东行中书省以高丽王兼领丞相，自奏选属官。

明太祖既下集庆路，即自领江南行中书省，后得地辄设之。洪武九年，改浙江、江西、福建、北平、山东、山西、陕西、河南、湖广、广东、广西各行中书省为承宣布政使司。十五年设云南承宣布政使司。成祖北迁，改北平承宣布政使司为北京。永乐五年设贵州承宣

---

[1] 原文如此，系当时称呼，后弃用。

布政使司，又设交趾承宣布政使司。宣宗宣德五年弃交趾罢司不复置。除两畿直隶中央而外，共有十三承宣布政使司。

明时各省承宣布政使司设使左右二人，实权则掌于左，右联署衔名而已。至清时始改为一人，其佐贰则有参政、参议。明时亦分左右无定员。掌一省吏治、财政，统率知府以下各官。其始遇事径达六部、都察院，自设巡抚、总督及巡按后，则必先请白，有大政则与都按会议，而请决于督抚。明时各省藩司之位甚重，布政使可入为卿贰，卿贰亦可出为布政使。英宗天顺而后始渐不然。清时各省亦沿明制，按省设司，惟因苏松财赋过多，乃于江宁增设一司，分管江宁、淮安、扬州、徐州、通州四府一州。

明初甲辰元年即韩林儿龙凤十年，元至正二十四年，始于湖广各道置提刑按察使司。洪武三十年增云南一司。永乐五年增贵州一司。十五年又增设交趾一司。宣德五年既弃交趾，乃与承宣布政使司同罢，共为十三提刑按察使司。

提刑按察使司设使一人，其佐为副使、佥事无定员，统率知府以下各官，掌一省刑名之政。初只司察访，自辽时始兼管刑名。省有大政则与都布两司会议而请决于督抚。清末改定地方官制，改称提法使司。

清初直隶不设各司，康熙末设守道二人。至雍正中始同外省一律，设布按两司。然其职事亦与外省微有不同，即乡试不归直隶，而由顺天府府尹办理。学政一官不以直隶为名而以顺天名之。自清末罢学政，各省改设提学使，顺属学务乃由直隶提学使统之。

明时各省提学不由内简，而以按察使司、副使或佥事为之，故当时称为学道。惟南北两直隶则以御史为视学。至于清时一律简派由翰林出身之京官为各省学政，与督抚合称三大宪。惟台湾学政初由台湾道员兼任，后归台抚兼理。清末既罢学政，各省概设提学使与藩臬，并列为司而隶于督抚。

清时东三省本行特别官制。三省各设将军一人，奉天府设尹与丞各一人，府尹兼管学政。清末改制，亦如他省设督抚、司道各官，惟不设承宣布政使，而曰民政使。凡通商之省，皆设交涉使，故奉天、吉林两省亦有之也。

明时略依唐制，简派都察院监察御史巡按各省。每省一人，所至必先盘查仓库，录囚放告，秩卑而权重，当时合称抚按。清初亦有之，后乃不设。

明清外省长官为督抚，所谓封疆大吏也，然亦有变迁。明初外省最高长官为都、布、按三司之长。洪武二十四年既定天下，意将迁都西安，乃命太子巡抚陕西，是为巡抚之始。永乐中时遣京堂大员出外按事往往以此为名。自宣德五年始择地专设，然并不限省，亦无定秩，而以所带之官衔为秩，如带都察院左右副都御史衔，或左右佥都御史衔是也。有军务之地方，则加提督衔。有总兵官之地方，则加赞理或参赞军务等字样。军务多者则加总督。明季军兴，设巡抚之地益多。初设时每年须入京奏事，边省以四月，腹里以八月。补官时内地由吏户两部会推，边省由吏兵两部会推，孝宗弘治后改为由九卿会推。九卿者六部、都察院通政使司、大理寺堂上官是也。初任者内地三年、边省五年满任。

总督之设原以督兵，职权推广乃兼管民政。明英宗正统六年命兵部尚书王骥总军务征麓川。七年设于两广。宪宗成化十年于甘肃、延绥、宁夏等处设总督，名曰三边总督。世宗嘉靖时倭寇起，则于福建、浙江设之。为备蒙古，则于宣府大同设之，名曰宣大总督。为备东胡，则于蓟州、榆关等处设之，名曰蓟辽总督。流寇起，则于川陕湖广等处设之。

　　清初沿明之旧，督抚之设，皆不限于省，其兼衔亦无一定。康熙中如川陕等处有定为旗缺者，即非满洲蒙古之八旗人不得任之也。且有因人而为之者，如雍正时因李卫督两江而兼令督浙，李去则罢。因鄂尔泰之督云贵，特令广西亦归滇督兼管，鄂去复旧。然从此两广督辕遂自肇庆移至广州，而与巡抚同城。浙江只设巡抚。乾隆时因稽曾筠❶之故而改浙抚为总督，至嘉庆时始归一律。清时总督如直隶四川，则一省专设，皆兼巡抚事，其余则兼管两省者，有闽浙、湖广、陕甘、两广、云贵等处。兼管三省者，只两江，后有东三省。自同治九年裁三口通商大臣，直隶总督则兼北洋大臣。三口者，天津、牛庄、烟台也。两江总督则兼南洋大臣，管理通商之事。东三省总督因管理旗人之故，则兼将军事。有盐政之处，则兼管盐政。

　　巡抚除直隶四川而外省各一人。光绪十年新疆改省，乃移甘肃巡抚于乌鲁木齐，改名迪化，称为甘肃、新疆巡抚。十一年台湾改省，移福建巡抚于台北，曰福建台湾巡抚。巡抚以山东、河南、山西、江西、安徽为

---

❶ 乾隆的老师之一。官至文华殿大学士兼吏部尚书，曾总督浙江等地方。

重要，概兼提督衔。贵州巡抚则兼节制兵马衔。奉天、吉林、黑龙江三抚因辖旗人之故，皆兼副都统衔。清末改制，凡与总督同城之巡抚，如湖北、广东、云南等省，皆罢归总督，惟奉天一省不罢。

省制自元历明逮清已六百余年。民国肇兴，元年各省概设都督一人，下设民政、教育等司。惟直隶、山东、河南、东三省至次年始改设新司。三年则设将军巡按使各一人。五年民国重光，各省改设督军与省长，分掌军民之政。然督军皆手握私兵，必须把握财赋，方可自肥，非自兼省长，即以其所私之人为省长。因此中央简放省长，若非得同省督军之默许，即无由到官，即或为之，亦皆浮沉默尔于军权之下。美其名曰军民分治，实则以军驭民。又复追拟总督之制，于数省之上而设巡阅使。末流至于十二年之后，竟有割裂四五省归于一方，而自称为联帅者。此等地方军职，什九怒则任刑，喜则任赏，实无一可道也。

十七年国民政府兵至幽燕，全国各省乃一律施行委员制之省政府制。其详均见现行法令，惟先后亦有更易。

第二节　下级各地方

第一款　县

地方以县为名，由来綦古，本在郡上，传云上大夫受县，下大夫受郡，是其明证。封建时代，凡取得他国之地，或灭人之国，皆以其地为县。县之长官曰宰，曰尹，或曰公大夫，其职一也。自秦而后，始属于郡。万户以上者，其官曰令，减万户即不满万户者，其官曰长。

汉因秦旧，万户以上之县，其官曰令，秩千石，月支米九十斛。下至六百石，月支米七十斛。不满万户之县，其官曰长。长之秩为五百石，下至三百石。令长之职掌：治民、显善、劝义、禁奸、恤民、理讼、罚恶、平贼。令长之次，有丞县各一人，主署文书，典知仓狱；复有尉，大县二人，小县一人，主治盗贼。县之掾属有户曹掾史、门下掾史令、校经师功曹等，共十八职，统由令长自辟县人为之。

魏晋之时，县官仍用令长之名。晋时颇重视县治。令长有治绩者报以大郡。非曾经宰县者，不得入为台郎。北魏之县则置三令，能静一县者，兼理二县，并食其禄。能静二县者，兼理三县。三年擢为郡守。北齐分县为九等，如上上县，其令其秩为从五品岁奉帛一百五十匹，以下递减有差。

县之佐为丞，晋以后唐以前多不置，然要县亦有之。如宋之建康，及北齐之邺、成安、临漳三县是也。丞而外有主簿县尉，要县不只一尉，故晋时洛阳置六尉。南渡后建康亦置六尉。此等之尉，盖与后世之巡检相等。

地方官至北魏时渐不重视。当时士大夫被刑者往往没为奄人❶，而即以此等奄人出为守令之官。北齐佞幸用事者，往往赐敕许其卖官，分占州郡，依价而沽。郡

---

❶ "奄"古同"阉"，"淹人"即"阉人"。

县掾属亦因货买而敕授。至是地方长官自辟掾属之权始断被夺。

隋时，京县为大兴、长安两县。唐时为长安县，大兴则改为万年。其长为令，其佐为丞。隋时县令三年一迁，佐官四年一迁。掾属有主簿、功曹等职。外县隋时为九等。唐时依户数定为三等，六千户以上为上，五千至四千户为中，不满四千户为下。

宋之县制系沿唐及五代之旧，有赤畿、望紧、上、中、下之分。凡京朝官出为县令，则曰知县事。县有戍兵，则兼兵马都监，或称监押。概以文人为之。建炎南渡而后，专用武人。绍兴以后又复旧。然沿边溪洞❶诸处仍许武人为之。唐宋之时，亦重视县官。进士出身者，初至授簿尉之职，积资始迁丞令，非初授之官也。

元时县制亦依户数定等。世祖至元三年，合并江淮，定六千户以上者为上县，二千户以上者为中县，不及二千户者为下县。平宋之后，更定三万户以上者为上县，万户以上者为中县，不及万户者为下县。上县以蒙古人为首，即达鲁花赤及县尹一人，丞簿尉各一人，中县以下员不备置。

明清时代之县，其编定之法已述于前。明初极重视县令，其有治绩者，天子敕赐金帛羊酒。甚至可以超拜卿贰❷即侍郎、副宪或金宪。宣德以后，始渐不然。然知县行取御史以及擢任部曹，沿至清初仍复有之。授官则恒以地分，如腹里诸省恒用甲科之人即进士出身者，

---

❶ 亦作"溪峒"。古代指今部分苗族、侗族、壮族及其聚居地区。
❷ 超拜，越级升授官职。卿贰，次于卿相的朝中大官。即二品、三品的京官，特成一个阶级，称为"卿贰"。卿是指大理寺正卿等三品京堂，贰是各部侍郎。

远省则用乙科之人，即举人出身者。至于边徼则任以杂途。当时咸谓其不善，后乃略改。

清时县令任用，其途甚多。凡由翰林院庶吉士、散馆出任进士，分省即用。进士由部选出。举人大挑，拣选截取拔贡生员、优贡生员。朝考一等、分省试用以及由荫生为之者，概称为正途人员。后捐例既开，捐有新海防、旧海防，即因鸦片战争以来之筹饷捐及郑工捐（即黄河郑州决口之河工捐）。凡由此捐纳出身者以别于正途人员，名曰"捐班"。其补缺迟速、指定所分省分皆可按价捐买，谓之"花样"。花样又有大小之分。补官照例须先仅正途人员，然为捐班所挤，虽系正途亦必捐买某种花样，而后可以望补实官。不只县官可捐，外可捐至监司，即道员，内可指至部郎。光绪甲午与日本开战，因集饷之故，曾悬价两万金捐售举人，准其一体会试。清至中叶之后，吏治日趋卑下，仕途无异市井，盖由于此。惟京官虽亦可捐，然终不能补实，且有特定官曹绝对不容捐买者。故当时官场虽甚腐恶，而京曹终较外吏为稍善也。及至清末，捐买实官之弊政始行革除，然已晚矣。

清时取官之道，捐纳之外，有所谓保举，即由某种劳绩如军功、河工、海运等类得保之谓也。劳绩有异常、寻常之分，而保举之程度亦因此而有别。如异常之保，可超越原职而为之。如县令寻常之保，只为应升之阶之同知直隶州知州，异常则可免经此阶而至知府。清季滥保实官，乃当时捐纳以外之一大弊政。营缘奔竞，其污下有不堪言道者。县至民国时代，始则一律设置知事一人。并曾一度择地增设县佐。十年广东改设县长。

自此各县皆设县长，其详则有现行关于县之法规。

第二款　邑

地方以此为正式名称者，只于两汉见之，即皇太后、皇后或公主所食之邑。邑中治民之官，亦如令长，命自中朝，岁时以所收租赋纳之邑主而已。盖与县无异，不过租赋别有所归耳。此与有蛮夷之县称为道，在汉时统称为县道邑。至后世邑乃为州县之别称，亦如后世郡为府之别称焉。

第三款　厅

地方以厅为名者，惟清有之。其佐贰杂职之官司，往往概称为厅。然有专管之地方，而可与府州县并列者，则惟本款所称之厅。以边省惟最多，非边省亦有之。然亦多在省之偏隅，或为新辟之地。其地方官概以府同知任之，并带抚民名衔。此等厅在沿边地方多不设学校。虽亦录取生员，而必附于邻近州县之学校。清时中下地方概称府厅州县。

第四款　乡官

自秦而后，乡有乡官，汉时尤重。县下为乡，大乡置本郡太守，所署之有秩三老一人。小乡本县为置啬夫一人，皆掌治一乡。主知民之善恶，为役先后。知民之贫富，为赋多寡，平其等差，并掌教化。凡有孝子、顺孙、贞女、义妇、让财、救患及学士为民法式者,三老、啬夫皆扁其门,以兴善行。乡置游徼一人,掌禁盗贼。乡下为亭,亭有长。主求盗贼,承望都尉,即秉承县尉之指挥也。亭下为里,其长曰魁。一里之中民有什伍。什主十家,伍主五家,以相检察,民有善恶,以告监官。

汉时重视下级地方,县令长可入见至尊,上书言事,虽至乡官亦可如此。且有国家大事,危疑所在,而由乡官上书,得而转移者,其重要可以想见。至于魏晋之世,因地方大官日多,乡官乃日趋微末,不为世重。至于有隋,乃终废焉。后世虽有里长、乡约、地保等名,大都州县爪牙,差于隶役,自爱之人,鄙而不为,远非两汉之乡官可比者也。

第三节　地方军职

地方军职,依今日行政统系立论,本宜自有所归,而与地方官制有别。然在中国往时,恒与地方一般组织有关,而且势力极大。若置而不论,则于吾国地方自昔变迁之故,未能得其要领。为求其详备,所以有本节所述之地方军职。

汉之刺史,不过司巡视之责,秩止六百石。自灵帝中平五年之后,复改为牧,位在二千石之上,而以九卿出任。其时奄寺弄权,中朝失政,四方盗起,群牧专征,成为汉末割据之局。自是递嬗以至于晋,地方军职日多,其权亦日重。

晋既代魏，因承兵战之后，地方军职有三。至上为都督诸军事，皆兼使持节，得杀二千石以下官。次为监诸军事，皆兼持节，得杀无官位人。若有军事，得与使持节同。以次为督诸军事，皆兼假节。惟有军事时，得杀犯军令者。

武帝太康时，曾罢州郡兵。都督知军事，刺史理民事，分别任人，各不相越。至惠帝后乃并于一人。自是军民相混。然非要州则单为刺史，而不兼军职，时称单车刺史。当时最高军职，又有都督中外诸军事，皆假黄钺❶专杀戮，如桓温曾至八州之多。

此等地方军职，北朝如元魏高齐亦皆仍之。北周有大都督、帅都督等名。然如前所称都督诸军事者，则改为总管。魏晋之时，刺史既兼军职，各郡太守，亦复如是，皆兼将军名号，无之则以为耻。于是地方军权乃陵越民政之上焉。

有唐按道设置军职以统戍兵，大者曰军，次曰守捉，又次曰城曰镇，皆统于道。各设主将一人，依北周制，称大总管。后改为都督。行军出征时曰大总管。在其本道曰大都督。高宗永徽而后，凡都督带使持节者，皆曰节度使，然尚非正式官名。睿宗景云二年以贺拔延嗣为凉州都督河西节度使。自是以至开元，时有朔方、陇右、河东、河西、幽州、剑南、碛西、岭南及范阳九节度使。安史叛后，郭、李❷诸将平乱，自是列将皆除节度使，大者连州十余，小者不下三四，或兵骄逐帅，或悍将叛国，或父死子继，或士卒自立主帅，名曰留

---

❶ 以黄金为饰的斧。古代为帝王所专用，或特赐给专主征伐的重臣。
❷ 郭，指郭子仪。李，指李光弼。

后。于是方镇之祸，遂与唐室俱终矣。

宋时既收方镇军权，归之于内，前此节度使之所掌归之知州、通判，而只存其名，以待勋劳之臣。神宗元丰改定官制遂罢之，而改为仪同三司。南渡以后，因用兵之故，各州往往升为节镇，诸将为节度使，有兼两三镇者。

元时地方军职，以行枢密院为最高。枢密使始于唐代宗，永泰中，本为中官所任，掌奏宣之事。至五代时，遂为枢密院。至宋，遂为国家最高军枢机关，与中书省称为二府。元承宋制，中央既设枢密院，外省亦设行枢密院。其初有征伐之事则设之，事已则罢，或与行省代设。后乃按地常设，其数凡九：一、西川；二、荆湖等处；三、甘肃；四、河南；五、岭北；六、江南；七、淮南；八、江浙；九、福建、江西。然亦非出于同时。

明时各省军事机关为都指挥使司，而与布按并称为都布按三司，为一省最高正式长官。明初既于京师置五军都督府，在外亦设行都督府。至洪武中，始设都指挥使司。至十五年，增设云贵两司，共为十三司。后复有大宁、辽东、万全三司。又于山西、陕西、福建、湖广、四川设行都司。每司设指挥使一人，掌一方军政。内隶于五军都督府而转听于兵部。复有同知一人，佥事四人。诸人之中，以其一统司事，名曰掌印。一人掌练兵，一人掌屯田。凡巡捕、军器、漕运、京操、防御诸务，皆其所司。其不治事者，则曰带俸。都指挥使司各官，勿论流官，即由部按资选出者，或世官皆可任之。

除都指挥使掌全省军政而外，各地有镇守之官。其镇守一方者曰总兵官，率以公侯伯为之。凡以本官而挂将军印者，谓之为挂印总兵官，如宣府曰镇朔，大同曰征西，辽东曰征虏，云南曰征南，湖广曰平蛮是也。其副曰副将，其独守一路者曰分守，与主将同城者曰协守。宣德以前，皆非常设，以后则按地添设。天启崇祯之时，外虏内寇并炽，其数益多。然自设督抚以来，皆受其节制。总兵官而外，有总理只一有之。万历时张居正信任戚继光，崇其职位，乃令以蓟镇总兵官为总理与蓟辽总督谭纶专理军务，戚而后则无之也。

最大而不常见之军职名号，则有经略。唐边地设经略使，宋有经略安抚使。明永乐十年命杨荣经略甘肃。其后隆庆万历间因备倭，天启崇祯间因守辽，经略之官始屡有之。清初以明降臣洪承畴为七省经略。近至民国七年，北京政府竟用此名以御南方护法之军，而以曹锟为五省经略。此名苟非不得已而对外，吾甚愿其不再见也。以上所举之外，有时以重臣出任地方军职，则有督师。凡以阁臣即大学士督师于外者，曰督师大臣。明时出关征辽尝行之。清时平内战亦有之也。

清沿明旧，各省皆有镇守之官，皆统于该省之督抚。军事重要省分，并设提督。其沿江海者复有水师提督。山东、河南、山西三省以巡抚兼提督。山西雍正时曾设之，后乃罢焉。清时，凡此等地方军职为别于旗营之故，概名之曰绿营。

清时地方军职，当时视为最要者，为驻防旗营。旗营分满洲、蒙古、汉军三种，分以黄、白、红、蓝四色而再分正、镶二种，故称八旗。满族镶黄旗为皇帝所隶，故以此为首。镶黄、正黄、正白为上三旗，其余为下五旗。在京曰京旗，在外曰驻防。其驻省会者为江宁、福州、杭州、西安、成都、广州，皆以将军统之，位在督抚之上。保定、开封、太原以都统统之。省外驻防之地，有荆州、绥远城，亦统以将军。其余如镇江、德州、青州、察哈尔、热河等处，概统以都统或副都统。驻防旗人无论于其地居住若何之久，概不视为本土之人，故可任所住地之文官而不须回避。各设专理旗人词讼之官，谓之理事官，而以同知或通判任之。如词讼两造涉及旗人民人，则由理事官与该管地方官会合审理。清末举办地方自治，始令旗人悉以所在地为本籍，而与本地人民一律享有选举及被选举权。各省咨议局议员之中，亦各依其人口之数而为之设定专额。

第四节 边 官

中国地方制之中，为安抚内附外族，或为防备羌胡寇钞[1]，又或得有新地，历代恒于沿边地方，设立边官。汉时于轮台、渠犁分两地以护西域，谓之护西域校尉。后两路归一，乃名都护。武帝开河西四郡以隔羌胡，设护羌校尉。又徙乌桓胡于辽东塞外，设护乌桓校尉。东汉既服南匈奴，于其地设渡辽将军。晋时边官多称中郎将。武帝时设护匈奴中郎将、护羌中郎将、护西戎中郎将。广州设平越中郎将。各蛮夷亦皆设中郎将以护之。刘宋时，边官多改为州，如襄阳之南蛮校尉改为荆州刺

---

[1] 也作"寇抄"，攻劫掠夺。

史，长安西戎校尉改为雍州刺史，宁州之南夷校尉改为宁州刺史，护羌校尉改为凉州刺史是也。

唐时版图极大，东不及汉而西过之。凡地管蕃胡者，概设都护府。一、单于都护府，本云中都汉府。二、北庭都护府设于西域。三、安东都护府，高宗败日本定朝鲜时设，设于平壤。四、安西都护府，太宗平高昌时设，设于龟兹。五、安南都护府，初置交州，后移河南。六、安北都护府，太宗时置，设于漠南。

沿边各地，复有都督府，其长为都督刺史，择其首领任之，准其世袭。都督府亦有隶于都护府者。其下设有羁縻州。而官概为世承，与后世沿边土司相似。

元时疆土既广，边官尤多。一、元帅府达鲁花赤及元帅各一人，设于今川陕、西康沿边等地，其数凡九。二、安抚司司设达鲁花赤宣抚使、同知副使各一人，其数凡十五。三、宣抚司司设达鲁花赤宣抚使、同知副使各一人，其数凡六。此为明清以来川、滇、黔、桂、湘、鄂沿边土司之所由来。清雍正中厉行改土归流❶之策，滇、黔、川土司多归入流。然至今尚未能尽。惟鄂省西南之田氏旧为土司大族，已归流久矣。

明时边地多设卫所。驻军屯田以资防守。卫有指挥使，设官亦如各省都司。卫所皆统于本省之都指挥使司或行都指挥使司。所有千户所，其中有正千户、副千户、镇守等官，明初最要之卫有开平（今多伦）、大宁（今热河）、东胜（今绥远）。永乐而后，皆弃而内徙。

---

❶ 废除西南各少数民族地区的土司制度，改由中央政府委派流官直接进行统治，实行和内地相同的地方行政制度。"流官"是相对于"土官"而言，所谓"土官"，是指王朝封赐的独霸一方能世袭的统治者。

西北边患，从此日炽，而九边遂为极要国防地带矣。清时特设之边官镇守外蒙者，有库伦办事大臣。镇守乌里雅苏台、乌梁海者，有科布多定边左副将军。镇守青海者，有西宁办事大臣。镇守前后藏者，有驻藏办事大臣。概为旗缺。惟驻藏大臣季年有改任汉员者。朝鲜未弃时，有驻扎朝鲜大臣，但非旗缺而统于北洋大臣。

第五节 结 论

综观以上各节所述，实觉其官重位复，层节繁多，若无端绪可寻者。然其中亦非无一定所循之道。于此约之，盖有三故，一即因人设官，及其人已往，不但其官不废，久之非其人者亦得受之。此如唐之使相，本所以崇任中兴有功将领，如郭、李之辈，后则凡方镇之首皆膺其职焉。二因事设官，后则非其事亦复设之。此如明时巡抚，因一时出而调查地方之事而设，后则不必因何特定之事，乃择地偏设焉。三因地设官，后则非其地者，亦复设之。此如明时总督，本因特定地方一时有征讨之事而设者。后则凡有军事之地方，则皆设之。最后则不必专为军事而亦设焉。

上举三故，亦有其发生之原因，即平时地方增官甚少。军事一起，则连翩激增。军事之起也，不外内盗外寇，而内盗又为速招外寇之原因。汉末盗起，州牧擅兵，晋因宗藩互哄，借重外人，而胡祸始炽。唐因用回纥兵平乱，而河湟不守，秦陇残破。因募集军旅，措办饷糈，增设治军筹饷之官，因以日增。

即以平时言之，设官本为治事理民，恐其治理之不善，故又以官督责之，所谓以官治官也。治官之官，其官自必较所治之官为大。治官之官，有时嫌其权轻望微，又复以再大之官治之，因而大官渐多。官大而嫌其疏远，于是又出京朝官以治之。京朝官虽尊，又嫌其尊而不亲，又出宦官以治之。唐宋明季世，宦官之典兵、监军、按狱，盖尝有之。

勿论平时或用兵之时，大官之多，总不外以中驭外，以大临小，归于以官治官。故其所增者皆在上级地方。居其下者但见层层供应，处处钳制，少所展布，多得过失。有时一纸命令自上而下，勿论有何不当，凡居中承转之官，绝不敢挺身而出，为其属下正言力争，反苛求责备，借以邀功取巧。故中级官吏愈多，下级地方政治愈觉其弊多于利也。

汉时号称政简，其时设官注重下级与佐属。其时地方长官皆自辟掾属，县令为事择人，各得其用。长官虽来自外乡，掾属则辟自本地，其不然者，惟三辅而已。逮至有隋，尽罢此制，极端集中，一命之吏，亦必选自中朝。如司收发之司府经历，记录功过之司府照磨，典主仓库文书之州县主簿，亦必经由部选。为之长官者，与之素昧生平，概不加以倚任，乃不得不信任幕友、家丁与书吏。官则迁转无常，无异传舍❶，吏则世守其职，居然封建。所赖以运筹借箸者，惟幕友而已。故当清时地方官无论高下，凡其幕中得人多才者，其治绩必较佳。雍正时之豫抚田文镜，咸同中江督之曾国藩，皆其

---

❶ 古时供行人休息住宿的处所。

著者也。

居官为政，受教于幕吏，乃官治制度必至之势。律令非所素习，吏事非身亲历。知古而不知今，一旦使其治事理民，自觉其无所措手。非假借熟手，问诸能者，则钱谷兵刑，无一能举。所以浙绍刑幕，部曹胥吏，隐然左右国家用人、赏罚之权，而又居于法律上不负责任之地。诚中国政治上之独有之事也。然以官治官，乃已往地方政治上之所不得不然者，而以民监官，则为现代地方自治之所应然。其义俟于下章中论之。

本章参考各书

《前汉书》百官公卿表。

《后汉书》、《晋书》、《魏书》、《新旧唐书》、《宋史》、《元史》、《明史》、《各职官志》、《地理志》。

《西汉会要》、《东汉会要》、《唐会要》、《宋会要》、《明会要》各职官部。

《唐六典》。

《皇朝掌故汇编》、《清会典》。

第二十章　将来中国地方自治之拟议

第一节　上级之部

今人恒言县为地方自治单位。凡不论何种组织，言其单位，则为其中之至小至下者。地方自治之组织，而以县为其单位，自必为下级之自治，亦为至小之自治组织。同时居于其上之地方，亦自应有其自治组织，如日本之府县及法国之州，其自治程度，以与英美相较，虽不甚高，然其为上级之自治之地方，则为世所公认。吾国广土众民，远在日本法国之上，而谓自治之地方，只设县之一级，实非所宜。故本著始终主张省之一级，应于此设定自治制度。其中所应置论者，则有下列各款。

第一款　区域

上级地方各有疆界，此即其区域也。此种区域之变更，在单一国家，概为国家立法之事。若在二重宪法之国家，则有二例，一概依原状。纵然有应行变更之处，亦惟于国家成立时，于宪法上明定整理之法。一经整理之后，即不再更改，如墨西哥是。二为特别立法程序与原地同意或住民自决。此谓不论变更何州疆界，或于此分立新州，其立法须依修正宪法之法出之，如原州同意则可不拘此法。即或原州不同意，而地方住民要求如是时，或于国家有重大利益时，亦可不依特别立法之法。如其出于地方住民要求，则须有有选举国会议员之选举权者三十分之一以上人数之发起，过半数人数之决定，提出创制案于国家政府，再交国会议决。此为德国前次战后曾行之例。二者均已于第五章中述之矣。至但由行政机关以命令为之者，则勿论为单一国家，或二重宪法之国家，皆视为非法之事。自非非法治国家无肯为之者也。

中国为单一国家，上级地方疆界，通常法律原可有权加以变更；但其事有关地方历史民情生活，就此立法必须充分审慎。考变更地方区域，不外二种意义。其一为自下而观，着眼地方之自治，即区域之画定与变更，必注重地方本身如何有利于自治。文化则求其易于沟通，民情则求其易于融合，生活则求其易于互利。求其合乎此义，或由当地住民创制或复决，皆可行之。如此乃真正民主政治也。其二为自上而观，着眼于上级官府之如何控制如何驾驭，苟便于此，即或有碍于地方之自治，亦所不顾。此乃纯粹官治主义，揆以地方真正自治之义，乃至不足取者也。

吾国当袁氏专国时代，绝对主张中央集权。其时旧国民党于各省颇有相当势力。一时政论，迎合权要，乃有化省为道之说。曾记进步党众议院议员孙洪伊氏于五年之秋出长内务，即有此具体议案。因恐国会不予通过，卒未提出。及至今日，此论仍然未息，而倭寇竟于沦陷区内毅然行之，故东北四省至今竟分割为十数省之多。其用意盖纯然出于前段所举第二种意义，为求便于征服者，控制驾驭地方，减杀地方势力之意耳。在彼如此，自不足怪。

自十七年之后，国内增设新省数处，其中如西康固为适当之至。然仅有十数县之地，亦使之为省。所有省之一级机关，一律如数设立，使此十数县之人民，一如他省，担负一省之担负，如察哈尔省者，则自然觉其非常偏重不胜。又如甘肃一省，向以宁夏为财赋命脉，自宁夏分出，而甘省经济之力，为之锐杀。此曾任甘省教育厅厅长某君二十三年之春于南都曾对著者叹息而言者也。若真行化省为道之说，他且不论，但就江浙两省各分为一，则江北与浙东，以视江南与浙西，恐不免有偏枯之感。中国既本来甚大，只宜顺其大而治之，所谓治大国若烹小鲜也。治大国如小国，其不得治要，亦如居大官问小事之不得政体也。

第二款　事权

本著一贯之例，谓省之一级地方，应于此设定自治制度。夫既有自治组织，自应有其自治事权。凡在国家宪法所列举中央事权之外，或非全国一律通行之事，又或非国家所禁于地方之事，省均得保留相当立法行政之权，已于第七章之中稍稍置论。如此国中论者，必谓必为联邦国家而后如此。然亦不尽然。如苏联本非联邦，不过其中有不同之民族分居各地而已。但其一九二四年一月三十一日之宪法，则以七邦定为联邦，至一九三六年十二月五日之新宪法，则增为十一邦。此本无联邦历史，而以宪法便之成为联邦者也。又如革命以后佛郎哥专政以前一九三〇年之西班牙宪法，乃仿一九二四年苏联之旧宪法而来者。此亦非联邦国家，而采用联邦形式之宪法，而其程度微有不同者也。

考国人所用联邦一语，系日本人译自西文 Federal 一字而来者，其义非一定单指联邦而言。凡由数个公私机关联合而为一团体者，皆可以此名之也。中国虽与美德不同，然亦不妨不拘历史而径以宪法定之为略近联邦形式之国家，苏联之例固可仿也。故孙中山先生当民国十三年四月于其所著之《建国大纲》中第十七条主张中央与各省应取均权主义，分配事权。细释均权之义，并非不论性质，但举若干事权名称，归而为一，再以中央各省双方平分，乃系按照性质，其全国应归一致者，归之国家，其应因地制宜者归之各省，如此之说，可谓与近世中央地方分权之国家所取之事权分配标准，殆无大异。其所异者，不过术语不同已。

二十五年立法院所定之宪法草案，自谓本诸总理遗教，然如此重要关节，宪草竟未采用，未免不备。关于此节，其重要问题，为遇有新事权发生之时，中央各省应归何方耳。在行分权制之国家，遇此等事时，概以归之地方为通行之例。然依事权性质言之，此例未可谓为尽善。诚以新生之事，依其性质，有不尽应归之于地方者，如航空即其一端也。对此问题，以《天坛宪法》❶第五章第二十六条之所定可称为至当。即各款所列举事项之外，如有新事项发生时，其性质关系国家者属之国

---

❶ 即《天坛宪法草案》。因于北京天坛祈年殿起草而得此名。

家，关系各省者属之各省。遇有争议时，由最高法院裁决之。今此宪法虽然见废，然但就学理及立法技术言之，仍不失其参考之价值也。兹将其第五章所定各条款录之于下，以资参证。

章中首先标明分权之旨，故于第二十二条明文规定中华民国之国权，属于国家事项依本宪法之规定行使之。属于地方事项，依本宪法及各省自治法之规定行使之。其事项则分为三类，列举如下。

（一）由国家立法并执行者：一、外交；二、国籍法；三、刑事、民事及商事之法律；四、监狱制度；五、度量衡；六、币制及国立银行；七、关税、盐税、印花税、其他消费税及全国税率应行画一之税；八、电报、邮政及航空；九、国有铁道及国道；十、国有财产；十一、国债；十二、专卖及特许；十三、国家文武官吏之铨试任用纠察及保障；十四、其他依本宪法所定属于国家事项。

（二）由国家立法并执行或令地方执行者：一、农工矿业及森林；二、学制；三、银行及交易所制度；四、航政及沿海渔业；五、两省以上之水利及河道；六、币制及交通；七、公用及征收；八、全国户口调查及统计；九、移民及垦殖；十、警察制度；十一、公共卫生；十二、救恤及游民管理；十三、有关文化之古籍、古物及古迹之保存。

上列十三款之中，除其第一、第四、第十、第十一、第十二、第十三各款于国家未立法以前，省得立法外，其余于不抵触国家法律范围内，省亦得立单行之法律。

（三）国家对于各省之课税之种类及其征收方法，

为免下列诸弊或因维持公益之必要得以立法者：一、妨害国家之收入或通商；二、二重课税；三、对于公共道路或其他交通设施之利用课以过重或妨害交通之规费；四、各省及各地方间为保护其产物对于输入商品为不利益之课税；五、各省及各地方间为物品通过之课税。

除上举三端之外，为美、德、瑞士宪法之所无，而为《天坛宪法》所独有者，复有二端。一为国家特别财政征求权，即国家预算不敷，或因财政紧急处分，经国会议决得比较各省岁收额数，用累进率分配其负担。二为地方财政补助权，即财力不足或有非常灾变之地方，经国会议决得由国库补助之。一则为谋中央财政之巩固，一则谋各省各地方间之平流共进，不免畸形特绌之势也。

第三款　议会

本著既主于省之一级设定自治制度，自应于此设立议会。其最应讨论者，为构成议会分子之如何产生。

今日各省皆有省参议会。其中参议员系由省政府提名推荐，而由中央圈定。圈定亦非创例，中外皆尝有之。清末政府设立资政院，其中议员共分为八类。其中四类、五类皆由同类之人互选一定人数，而由政府从中圈定。六类由特定官阶保荐，开单请圈。七类由同资格者每省互选三人由督抚奏请圈定。圈定名曰钦选。此中国之例也。一九二九年之后，意大利下议院议员由十三种职业团体共同提名，而由法西斯党干部从中圈定四百人之名单。干部亦可于原提名之外别行加入。然后交由合格选民就全单而为可否之投票。是亦一种圈定而为选举之形式者也。此外国之例也。二者一为帝制时代之一种特权，一为法西斯党之愚民玩具，皆不足道者也。

《五五宪草》❶亦规定省参议会其议员名额为每县市一人，由各该议会选出。去岁政府亦有省参议会暂行条例之提出，嗣经立法院议决。其中规定省参议会亦系由每县市参议会选出之参议员组织而成。此系暂行性质，且未颁行，姑且不论。若就永久高级地方议会以言，如宪草所拟，尚有讨论之余地。名额为每县市一人，是以一县市为一选举区，乃所谓单员选举区也。此种选制，往往易为一党所垄断，其他社团所提出之候选人恒至见遗。言选制者，为救此弊，乃有比例制之创行，亦为近今新行宪政国家中央地方选举通行之制，如苏联以及一九三三年以前之德国是也。

省参议会参议员，如宪草所定，由县市参议会选举，是则间接之机关选举制也。此称选制，欧陆国家虽多行之，然论者多谓其不能直接表见民意，后乃易以直接普通选举之法。自一九一九年德国新宪法，以直接、比例、普通、密秘定为中央地方选举之四大原则❷，故间接选制已为世所不尚。苏联旧宪法曾取间接选制，故其各级地方议会，皆自下而上，层累而选，如宝塔然。及至一九三六年新宪法颁行，旧行之间接选制，无论中央地方，概行作废，乃仿德国宪法而易以直接、比例、普通、密秘之法。因此新宪法颁行之后，人称为苏联选制之绝大进步，诚非虚语。

---

❶ 即《中华民国宪法草案》。因发表于一九三六年五月五日，故名。
❷ 本句表述有误。该宪法原文是："依照比例选举之原则，用普遍、平等、直接、秘密选举方法选出之。"

由上举二端以观之，无论国中有何成说，将来地方正式高级议会，为求合乎现代真正民主精神，必以采取直接、比例、普通、密秘之制为当。市在吾国为新兴之制，设市之时，皆有一定人口标准。至于县则人口相差极大，其多者有至逾二百万者，其少者有仅及三五万者。如是使一律一县选一省参议员，未免失均太甚，故地方议会特别为上级地方议会，其构成议会分子之选举，要以人口比例为至当。议席人口相差甚远，往往成为选政上之极大纷争，实未可从者也。

选举不能以运动为讳，而选举运动，乃极大之政治教育。求其奏效，则非公开不可。间接之机关选举，其运动范围，只限于寥寥数十人县市参议会议员之内，极易流于不公开之弊。同时有志竞选之人，亦无庸向广大地方民众之前宣布政见，而地方民众，亦无机会可以聆其言论，瞻其丰采。无论何人当选，自一般大众视之，则视为漠然与己无与。故此种选制，可谓只求行事一时便利，至与真正选举之意，则相差甚远。

尤有进者，吾国人口久废调查。但调查人口，必须先有在所必行之事，为举其事，而后人口乃不得不从事调查。吾国往时人口，系取定期调查之制，所谓十年一造黄册也。其事一为征兵，自唐天宝乱后，籍账散佚，简阅无由，征兵变为招募，从此调查人口之事乃缺其一。又其一为税收。往时计口出税，不论男女，一至一定年龄，皆须纳税。故人口之有登耗，国家税收即因而有增减。自清康熙中举丁税而并于田赋，人口多少，无关国家税收，从此调查人口之事又缺其一。其三为选举。此为吾国近三十年来始有之事。然内政未修，人口总调查至今尚未举行。今者兵役法既已颁行，若再推行直接普通选举之制，则将来人口总调查，或可借此早日举办也。

第四款　省政府

上级自治之地方，其行政机关，在单一国家，其长官有出于国家政府之任命者。如法国之州长，日本之府县知事是也。然日本当滨口内阁时代，于普选运动既成之后，其国内亦曾有府县知事改为民选之运动。英国上级自治地方，行政机关为州议会，自系出于民选。其余凡非单一国家如美、德、苏联地方长官，概由民选。德国自一九三三年法西斯党专国之后，始不然耳。其无足取，自不待论。

本著主张省长民选，已见于前。义有未尽，兹再论之。《五五宪草》对于省长一职，主由中央任免。此节实不无讨论之余地。《五五宪草》，执笔者谓系一本总理遗教。然考《建国大纲》第十六条本主省长民选，惟须俟至全省之县皆达自治之时而后可。然县之自治依大纲所定，须由政府与人民协力举办应办各事。其发动之权，仍然在官而不在民。政府不加发动，因而稽延县自治之成立，因县自治成立之稽延，而复稽迟省长民选，人民固不任其责也。若必待全省各县全达自治之时，证以往事，殊难预期，而关系民治根本之省长民选，殆如河清之难俟。故鄙见以为，为求各级地方自治之早日观成，自上而下，先行建立省自治，再由此推及于县市各地方，似亦未为不可。

若以为省为中央行政区域，于此即可不设自治。然中央行政区域，何只于省，县市亦然。又何只县市，三家之村，十室之邑，苟有一火车站、邮务代办处、中央观象台，亦一中央行政区域也。同一地方，本身为地方自治区域，而与中央行政区域原可并行，各有其事，不相扰也。且虽不选举地方长官而仍不失为自治之地方者，如适所举之法国之州与日本之府县皆是。若既明认其有选举地方长官之权，而仍不认其为自治之地方，揆之于理，实有难通。《建国大纲》，今既言人民可选举省长，则可知省一面为中央行政区域，又一面仍有本身自治人格。省长为本省自治监督，殆含有监督省自治与县市自治之意。至于于本省以内之国家行政，受中央之指挥，是则以地方自治行政长官之资格，受国家行政之委托，法重自治一面，其意可谓至明。

大纲第十条言，凡一省全县皆达完全自治者，则为宪政开始时期。此处所谓宪政，盖指本省之宪政而言。必待至第二十三条所云，全国有过半数省分达至宪政开始时期，国民大会决定宪法之后，始可谓入于全国宪政时期。由此推论，纵然全国宪政尚未观成，而一省全县皆已完成自治，则即于此一省之内，施行一省之宪政，固无不可也。

关于本节所论各端，当代明公，讨论《五五宪草》者，亦谓其出于一时不得已之通融办法，而有待于异日之修正。然修正宪法，程序繁重，甚不易举，何日举行，颇难预料。即使举行，而其结案，是否即如吾人今日之所预期，亦难预料。故本节所论各端，若听其久悬不决，非但于宪法本身觉其有所缺漏，而于国本之奠定，亦有未宜也。

第二节　下级之部

本节所论，为县市以下地方，关于此节，大都详见于第十四、十六章中。国内论者于此亦无甚异见。惟应再三置议者，即选举、复决、创制、罢免所谓四权皆须求其实际，凡渺不可期，别以法律定之之空文、与夫附以难以成立之条件，皆非妥善之立法例也。至于县长、市长之必由民选，固所应然，惟必出以直接，始可谓为真合民治之精神。间接之机关选举方法，欧陆地方虽有行之者，甚不足取。故将来之下级地方长官，如县长、市长，其选举必须直接由人民行之，而不假手地方代表机关。民国十年广东举办县自治，尝实行直接民选县长，先例固曾有之也。

第三节　结　论

地方自治，其精神在于于地方上尽其可能减少官治，而引导人民使其发挥自动精神，出而自理地方之政。同时于特定门类之中，承受中央委托，代管中央之事，借此可减少国家用人，节省国家经费。此非谓官治之皆不善也。史所谓循吏者，即官吏之能举其职者也。然有时而仅见，非必人人能之。且视乎其人，非关制度。

所以同在此制度之下，循吏固有之，而酷吏、贪官亦除之不尽。英国之州与市，昔日皆在官治之下。其官治亦皆甚善，而地方人民必欲于此设定自治制度者，则以官治纵然无害，总不如自治之于人民较为亲切。为能出乎己意，为系本乎对于地方义务精神，与彼官治主义之中，一时偶有二三略可称道之措施，而于地方稍有利益，即视为在上者之恩惠德政，人民即须感戴颂扬者意义大不相同。况此所谓恩惠德政，又非时时可见，而能保其必能如此者耶，所以官治非可常恃，而自治可以经久也。

自中央言之，中央行政概为国家直属之事，因行事而设官，则有种种机关。因官而置吏，则有种种人员。原系事非得已，不得不然。但因事设官，因官用人，反事乱于官，而人败其事。良法成为弊薮，美意变为恶政。官僚政治，什八九皆如是也。商鞅为中国法家之祖，虽极端主张君权，然因官吏之蒙蔽侵欺，妨害政事，而尝痛斥官僚政治之弊。其言极为透辟。其《禁使篇》有言曰"……官立丞监。夫置丞立监者所以禁人之为利也。而丞监亦欲为利，则又何以相禁。故恃丞监而治者，仅存之治也"。官僚政治，即商氏所谓恃丞监而为治者也。夫国家行政，因其去民较远，无法难以自治替代。杜绝官僚之弊，其事在于考试、保障、考课、惩戒等法。若地方之事，则直可自治行之。若于此而亦必封殖官僚，其与现代同趋之民主政治则将日离日远矣。